図解 でわかる！

はじめての

英検®
文部科学省後援

2 級

総合対策

三屋 仁・菅原 由加里

全面改訂版

ask

執筆協力 ┈┈┈┈┈┈┈┈ 英検問題研究会
　　　　　　　　　 Heaven's Valley
ナレーター ┈┈┈┈┈┈┈ Greg Dale
　　　　　　　　　 Julia Yermakov
　　　　　　　　　 Deirdre Merrell-Ikeda
　　　　　　　　　 Joanna Chinen
　　　　　　　　　 Christine Lundell
　　　　　　　　　 Malcolm Hendricks
　　　　　　　　　 夏目 ふみよ
イラスト ┈┈┈┈┈┈┈┈ 矢井 さとみ
　　　　　　　　　 島津 敦（Pesco Paint）

はじめに | Preface

　英検®は年間受験者数が390万人（英検 Jr. および英検 IBA を含む）！　日本最大級の英語検定試験です。スゴイですね。でも何かが足りない──

　ずっとそう感じてきました。何が足りないのか？　それは、これから英検に挑戦しようというみなさんが、最初に手に取るテキスト。それにふさわしい1冊です。はじめて受験する人の気持ちに寄り添った、わかりやすく、使いやすい参考書が見当たらないのです。本書は、その欠けた「何か」を埋めるべく作られました。

　この本は、そもそも「英検って何？」、「申込方法は？」、「試験当日の持ち物は？」という素朴な疑問に答えるところから、始まります。それは、学習者の余計な不安を取り除いて勉強に専念してもらうためです。

　その次は、攻略のコツです。おそらくみなさんがいちばん知りたいポイントですよね。出題傾向を徹底的に分析し、図解を用いてわかりやすく解説しました。でも、解説を読むだけでは力はつきません。だから豊富な練習問題も用意しました。本書で解説するコツをしっかり身に付ければ、初受験であっても、自信を持ってテストに臨めるはずです。

　加えて、学習の総仕上げと本番前の腕試しができる完全模試があり、さらには、二次面接の対策だって収録されています。受験申し込みから、合格まで──必要なことがすべて詰まっているのが、本書なのです。また、本改訂版では、さらに効果的に受験対策を進めていただくために、二次面接試験のシミュレーション動画もご用意しました。

　はじめて受験される方に自信を持ってオススメできる1冊です。本書を使って、英検をぜひ楽しんでください。その先に、きっと「合格」の2文字があなたを待っています。本書が、そこにたどり着くための一助となれば、それにまさる喜びはありません。

2021年6月吉日
アスク出版 編集部

目 次 | Contents

| 英検って何？ | 008 |

● 筆 記

DAY 1 大問1 《短文の語句空所補充問題》はこう解く！ 025

❶ 全体を見る！…026／❷ 形＆意味で攻める…032
❸ to 不定詞・動名詞・分詞…038／❹ 接続詞＆比較…040
❺ 時制…042／❻ 仮定法…044
実戦練習…050
必ず出る！　合格にグッと近づく単語01-30…058

DAY 2 大問2 《長文の語句空所補充問題》はこう解く！ 063

❼ 頭からしっかり読もう…064
実戦練習…074
必ず出る！　合格にグッと近づく単語31-60…082

DAY 3 大問3 《長文の内容一致選択問題》はこう解く！ 085

❽ 質問の先読みテクニック…086／❾ 言い換え表現に要注意…094
実戦練習…104
必ず出る！　合格にグッと近づく単語61-90…116

DAY 4 大問4 《英作文問題》はこう解く！ 119

❿ 基本構成を確認する…120／⓫ 賛成か反対かをはっきり決める…124
⓬ 有効な書き出しパターンを覚える…128
実戦練習…134
必ず出る！　合格にグッと近づく熟語01-30…138

● リスニング

DAY 5	第1部	《会話の内容一致選択問題》はこう解く！	141

⑬ 選択肢から〈質問〉を予測しよう！…142
⑭ 出だしに集中！…150
実戦練習…158

DAY 6	第2部	《文の内容一致選択問題》はこう解く！	175

⑮ 起承転結を追おう！…176
⑯ 最初の文で話題をつかもう！…184／⑰ 要点を聞き取ろう！…192
実戦練習…200

● 模擬試験

DAY 7	模擬試験	215

筆記　大問1…216
筆記　大問2…220
筆記　大問3…224
筆記　大問4…230

リスニング　第1部…232
リスニング　第2部…234

● 二次試験

《二次試験 面接》対策	237

● 別冊 解答・解説

模擬試験の解答・解説

二次面接試験シミュレーション動画の利用法	024

本書の使い方 | How to use this book

大問ごとに章が分かれています。各章は、次のように学習を進めていきます。

❶〈攻略ポイント〉

合格への最短距離!

すばやく、確実に正解するためのコツをわかりやすく解説。

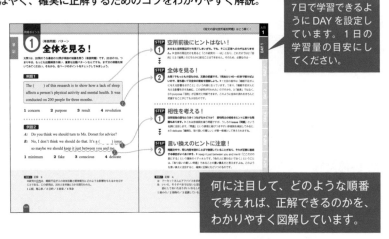

> 7日で学習できるようにDAYを設定しています。1日の学習量の目安にしてください。

> 何に注目して、どのような順番で考えれば、正解できるのかを、わかりやすく図解しています。

❷〈確認問題〉

確実に身につく!

〈攻略ポイント〉で学習したコツを、問題を解きながら、しっかり定着させます。

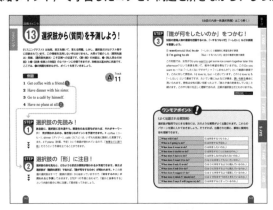

※❶と❷をいくつかくり返す。

❸ 〈実戦練習〉
大問の総仕上げ！
本番と同じ数の問題にチャレンジ！

❹ 〈必ず出る！　合格にグッと近づく単語・熟語〉
単語・熟語も学べる！
章末では、合格に必須の単熟語を音声付きで紹介（※筆記セクションのみ）。

● 〈模擬試験〉
傾向を徹底分析した完全模試
すべての大問を学習し終えたら、全69問の完全模試で本番の雰囲気を体験できます。

● 〈二次試験・面接対策〉
二次対策も充実！
イラストで面接の流れをわかりやすく解説しているのに加え、CD音声および
YouTube動画を使って、シミュレーションもできます！

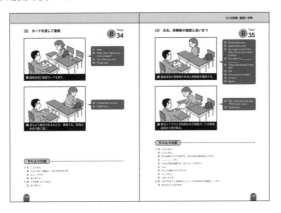

英検って 何? Q&A

Q1 英検って何?

A 「英検」とは公益財団法人 日本英語検定協会が実施している「実用英語技能検定」の略称です。60年（!）もの歴史を誇るうえに、文部科学省の後援を受けており、信頼性の高い英語検定試験です。

1級～5級まで、7つの級（準1級、準2級がある）にわかれており、自分のレベルにあったテストを受けられるのが大きな特徴。TOEIC® テストとならんで、いま日本でもっとも人気のある英語検定試験といえます。その TOEIC と比較をすると、どちらかというと、英検は小・中・高校生に人気が高く、大学生・ビジネスマンとなると、TOEIC のほうへの関心が高い傾向があります。

Q2 なぜ英検を受けるの?

A 英検は級が細かくわかれているので、自分のレベルにあった試験を受けられます。ふだん英語を勉強していても、その成果を試す機会が少ない人にとっては、とてもよいチャンスになります。加えて、高校や大学での**入試における優遇**や、英語科目の**単位認定**があり進学にも役に立つのです！

（☞入試優遇・単位認定の詳細については、公式 Web サイトを参照してください）

Q3 どんな人が英検2級を受けている?

A 英検2級は**高校卒業レベル**の英語力を測ります。年間受験者数の230万のうち、2級が占めるのは**約30万人**（2013年時点）。やはり**高校生**の受験者が最も多く約20万人（約67%）となっています（2013年時点）。ただ、英語力を見直すために受験する社会人も多くいます。

合格率は25%。つまり4人にひとりしか合格できないのですね。意外に難しいテストといえるかもしれません。

Q4 英検2級って、どんなテスト?

A 〈一次試験〉と、その合格者だけが受験できる〈二次試験〉にわかれています。

一次試験は、さらに〈筆記〉セクションと〈リスニング〉セクションにわかれています。どちらも**マークシート**に解答する選択式の問題です。2016年度から、英文を書く記述問題も加わりました。また、二次試験が面接形式なので、ここで、発音や英語を話す力が試されます。

〈一次試験〉

		形　式	問題数	制限時間
筆　記	大問1	短文の語句空所補充	20問	85分
	大問2	長文の語句空所補充	6問	
	大問3	長文の内容一致選択	12問	
	大問4	ライティング	1問	
リスニング	第1部	会話の内容一致選択	15問	約25分
	第2部	文の内容一致選択	15問	

〈二次試験〉：面接

問　題	形　式	点数	制限時間
音　読	与えられる60語程度の英文を声を出して読む。	5点	約7分
質問 No. 1	音読した英文の内容に関する質問に答える。	25点	
質問 No. 2	3コマのイラストに描かれている人物の状況や行動を、英語で描写する。		
質問 No. 3	問題カードに関連したトピックについて質問されるので、自分の意見を答える。		
質問 No. 4	日常生活の一般的なトピックについて質問されるので、自分の意見を答える。		

※〈アティチュード〉の3点を加えて、33点満点

Q5 合格点は？

A 素点ではなく CSE スコアにより決定されますが、2級の場合、**満点の60% 前後**が合格の目安です。一次試験はライティングを除くと全部で68問あるので、**40問以上の正解**を目指しましょう。二次試験は33点満点なので**20点前後で合格**ということですね。

　一次試験の合否通知は、試験の約3週間〜1カ月後に郵送され、合格なら、それがそのまま二次の受験票となります。二次試験の合否通知は、試験の約2〜3週間後に郵送されます。

（※「一次試験は合格したけど、二次で落ちた」という場合、1年間は一次の合格実績が有効。その間は、一次試験免除で、二次だけを受験することができます）

Q6 いつ、どこで受験できるの?

A どの級も**年3回実施**され、**47都道府県で受験可能**(※1級の二次のみ会場が限定されます)。日にちは年によって異なりますが、以下の月の日曜日に開催されます。開始時刻は級によって異なりますが、2級は**一次・二次ともに午後**(正確な時刻は受験票で指定)となっています。

	一次試験	二次試験
第1回	6月	7月
第2回	10月	11月
第3回	1月	2月

※正確な日程は公式 Web サイトに掲載されます

Q7 どうやって申し込むの?

A 2級の受験料は**9,700円**です[2021年6月時点](※一次試験免除者も同額を支払う)。申込方法には、次の3種類があります。いずれかの方法で申し込んだあと、試験日6日前までに一次試験の受験票が郵送されます。なお、準会場およびCBT形式は料金が異なります。

① 〈インターネット申込〉	英検の公式 Web サイト(http://www.eiken.or.jp/eiken/)にアクセスし、画面の指示に従って操作する。申込期間中であれば、24時間申し込むことが可能。支払い方法は、次の3種類が用意されている。❶コンビニ/❷郵便局 ATM/❸クレジットカード
② 〈コンビニ申込〉	コンビニエンスストアに設置されている情報端末機を使って申し込む方法。24時間申し込みできる。画面の指示に従って操作すると、〈申込券〉が発行されるので、それをレジに持っていき検定料を支払う。以下のコンビニで申し込みできる。❶ローソン・ミニストップ/❷セブン・イレブン/❸ファミリーマート
③ 〈特約書店申込〉	〈英検パンフレット(願書付)〉の無料配布を行っている特約書店店頭で検定料を支払う方法。支払い後、〈書店払込証書〉と〈領収書〉が発行されるので、〈書店払込証書〉を記入済みの〈願書〉とともに専用封筒(願書に付属)に入れて、協会に郵送する。※郵送しなければ、申し込みは完了しないので要注意。

試験当日持ち物リスト

- □ **一次受験票** ････写真（タテ3cm×ヨコ2.4cm、上半身脱帽、正面、モノクロ・カラーどちらも可）を必ずはり付けること。
- □ **身分証明書** ････学生証、生徒手帳、運転免許証、パスポートなど。
- □ **鉛筆2～3本**（シャープペンシル）
  ･････････････････マークしやすい鉛筆のほうがおすすめ。シャープペンシルの場合は、替え芯を忘れないこと。
- □ **消しゴム**
- □ **時　計** ･･････････学校の教室が会場となることが多いので、掛け時計がある場合が多いが、念のため。
- □ **スリッパ** ･･･････玄関で靴を脱ぎ、建物内はスリッパに履き替えなければいけないことがある。

公式Webサイト／問い合わせ先

公式Webサイト
英検に関する最新情報が掲載されているので、受験前に必ずチェックしよう！

http://www.eiken.or.jp/eiken/

公益財団法人 日本英語検定協会 英検サービスセンター

〒162-8055　東京都新宿区横寺町55
TEL：03-3266-8311

※平日9:30～17:00（土・日・祝日を除く）　ただし試験前日・当日は以下の通り窓口開設
　試験前日9:30～17:30／試験当日8:00～17:30

《短文の語句空所補充問題》の特徴を知ろう！

短文または対話文中の空所にもっとも適切な語句を、4つの選択肢の中から選ぶ問題。短文と対話文の割合は、回によってバラつきがありますが、対話形式のほうが少なくて、20問中平均して約6問出題されます。

●基本データ

問題数	20問［(1)〜(20)］
目標解答時間	15分（1問あたり45秒）
合格ライン	12問正解／20問中

［例題］

この空所に入る語句を選ぶ

短文（ふつうの文）と対話形式のもの、2種類がある

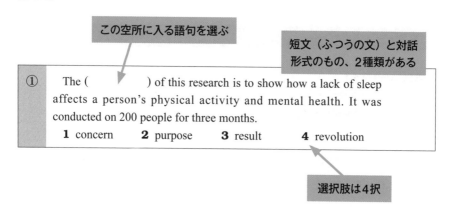

① 　The (　　　　　) of this research is to show how a lack of sleep affects a person's physical activity and mental health. It was conducted on 200 people for three months.

　　1 concern　　**2** purpose　　**3** result　　**4** revolution

選択肢は4択

■ こんな問題がでる！

❶ 単語問題
(1) ▶▶▶ (10)
計10問

〈単語問題〉

はじめの10問は、単語の知識を問う〈単語問題〉。英検2級で求められるのは、高校卒業程度の約**5,100語レベル**と言われています。問われる品詞は、名詞と動詞が4問ずつ、と大半を占めます。残りの2問が形容詞と副詞というのが一般的です。

❷ 熟語問題
(11) ▶▶▶ (17)
計7問

〈熟語問題〉

続く7問は、熟語・慣用表現の知識を問う〈熟語問題〉。前置詞中心の前置詞句、動詞中心の句動詞がよく出題されます。

❸ 文法問題
(18) ▶▶▶ (20)
計3問

〈文法問題〉

最後の3問が文法に関わる〈文法問題〉。問われる文法ルールは、〈不定詞／動名詞／分詞〉などの準動詞や〈仮定法〉が多く、ほかに〈接続表現〉、〈比較〉、〈倒置〉も重要です。〈前置詞の用法〉が問われることもあります。

> このように出題パターンは毎回決まっています。特に重要なのが、単語と熟語の知識。20問中17問！　これらをすべて正解できれば、ラクラク合格ラインを突破できます。

■ 基本テクニック！

●ヒントは全体

英検は、スピードよりも正確性が重要な試験です。大問1にかぎらず、落ち着いて英文全体の意味を理解するようにしましょう。焦って、空所前後や選択肢だけ見ていても、正答できません。まず、英文をしっかり読み、それから答えを探る。それが攻略への近道です。

> 英検では、筆記もリスニングも問題冊子への書き込みは自由！　筆記問題では意味の切れ目に斜線をいれて、英文の構造をわかりやすくしたり、リスニングでは重要だと思うことを書き留めたり。余白への書き込みを、ぜひ有効活用しましょう。

《長文の語句空所補充問題》の特徴を知ろう！

長文中に3つの空所が設けられています。それぞれに最も適切な語句を、4つの選択肢の中から選ぶ問題。長文は［A］と［B］の2題、出題されます。

●基本データ

問題数	6問［(21)〜(26)］
目標解答時間	16分（1問あたり2分）
合格ライン	4問正解／6問中

［例題］

長文は250語程度。

The Birds That Cannot Fly

There are many reasons that flying is important for birds' survival. The ability to see food from the air is a great advantage, and being able to take off into the sky can also save a bird's life when another animal is hunting it. (　21　) the power of flight helps some birds to travel thousands of kilometers during winter, helping them to stay alive in areas where it is warmer and there is more food available.

However, many birds, such as penguins and ostriches, spend their entire lives on the ground. Most of these flightless birds are found on islands where (　22　). And when there are no other animals trying to kill a bird species, they gradually stop flying because it wastes too much energy. Their bodies begin to evolve, and sometimes they become able to survive with less food. Some even become able to swim, as penguins have done very successfully.

Surprisingly, researchers have found that even birds that must fly to get food, such as hummingbirds, have weaker flying muscles when they live on islands that are safer. There is a (　23　) this. Birds use the most energy when they are quickly taking off from the ground, so when they are in less danger, they do not have to be quite as good at flying. It therefore seems that when there is less pressure on them, birds are less likely to fly.

3つの空所に入る語句をそれぞれ選びます。

(21)	**1** In contrast	**2** For instance
	3 Even so	**4** Furthermore
(22)	**1** they have no enemies	**2** food is easier to find
	2 the winds are stronger	**4** temperatures are lower
(23)	**1** minor exception to	**2** good reason for
	3 great danger from	**4** quick way to do

選択肢は4択。複数の語句からなる選択肢から選ぶ。

■ こんな問題がでる!

《長文のテーマ》

長文は大きく分けると、社会問題や文化、歴史を扱う**文系的**なものと、環境や科学技術、自然を扱った**理系的**なものがあります。どちらも、ほぼ同じ頻度で出題されます。2016年度から空所の数などが変わりましたが、今後も同じようなテーマが出されると思われます。

《問われる品詞》

6問のうち、必ず1問は、文と文をつなぐ**接続表現**が問われます。その他の空所では**熟語**や**動詞句・副詞句**などが問われます。

■ 基本テクニック!

●文脈から解く

大問1の《短文の語句補充問題》と同じく、空所の周りを読むだけでは答えはわかりません。段落全体、場合によっては、段落をまたいだ意味の流れを理解していないと、正答できないようになっています。まず**長文全体の意味**をとらえてから、空所に取り組むようにしましょう。

《長文の内容一致選択問題》の特徴を知ろう!

《筆記》セクション最後の大問です。英文を読んで、その内容に関する質問に答える問題。英文は [A] [B] [C] の3題が出題され、それぞれに複数の質問が設定されています。

●基本データ

問題数	[A]：3問 [(27)〜(29)] [B]：4問 [(30)〜(33)] [C]：5問 [(34)〜(38)]
目標解答時間	34分（1問あたり約3分）
合格ライン	8問正解／12問中

[例題]

From: Bobby Shermer
To: Daniel Hernandez Date: February 23
Subject: Etiquette lessons

Dear Daniel,
This is Bobby Shermer of the Bronx School of Etiquette. I received your e-mail asking about etiquette lessons at our school. Thank you for contacting us about applying for our General Manners course. This course will teach you how to move your body properly when sitting, standing and walking, as well as how to carry yourself when walking around town.
This is a very popular course that I teach personally. We have also recently introduced a new course called Speech Etiquette that will teach students things like how to speak to superiors in a business environment as well as when it may be best not to speak at all. Please check this class out too if you are interested. The people who take this class work in various jobs. Some work at factories and some are sales managers. We also have students who are specialists in the field of medicine.
Our new semester of classes started about a week ago, and we will be offering trial classes to the general public. I have attached our school schedule. Please find a day and time work best for you and come by. I'm sure that you will be satisfied because all of our instructors are willing and able to provide any lessons you need. I hope to see you soon.
Sincerely,
Bobby Shermer
Bronx School of Etiquette, Headmaster

> 長文を読んで…

> 複数の質問に答える。

(27) What does Bobby teach students in his class?
1 Applying for many different jobs.
2 Walking in the right manner.
3 Placing plates on the dinner table correctly
4 Making business presentations to large crowds

(28) The Speech Etiquette course is designed to teach students
1 how to make speeches at ceremonies.
2 how to manage factories more efficiently.
3 how to speak properly at work.
4 how to choose appropriate medical products.

(29) What does Bobby want Daniel to do?
1 Order a course textbook.
2 Review a school schedule.
3 Join a newly created class.
4 Make a class presentation.

■ こんな問題がでる！

3 [A]

250語程度の E メールに対し、設問が3つ。チャリティ活動への協力要請、店へのクレーム、ビジネス上のやり取りなど、少しかしこまった内容の英文が出題されます。

3 [B]

360語程度の記事形式の英文に対し、設問が4つ。環境をテーマにしたものが非常に多く、温暖化防止への取り組みや、最新の省エネ技術の紹介といった内容が出題されます。そのほか、医療や健康に関する内容など、どちらかというと理系的トピックが多いです。歴史や社会事情など、文系的テーマの場合もありますが、近年は出題される回数が減ってきているようです。

3 [C]

380語程度の記事形式の英文に対し、設問が5つ。英文のテーマは3 [B] と同じです。

■ 基本テクニック！

●最初に注目

E メールでは「差出人」「宛先」「件名」を、記事形式では「タイトル」をチェックしておくと、テーマ（話題の中心）がわかり、本文を読む際に内容を理解しやすくなります。

●質問の先読み

本文を読むまえに、質問にも目を通しましょう。質問を先に読んでおくと、正解するために必要な情報を素早く見つけられます。また、本文を読むときの内容理解を手助けもしてくれます。

《英作文問題》の特徴を知ろう！

英検の「4技能化」に伴い、2016年度から加わった問題です。与えられたトピックに関する意見と、その理由を2つ書きます。書く際の参考になる POINTS が示されていますが、必ず参考にする必要はありません。80～100語の英文を書く問題です。

●基本データ

問題数	1問
目標解答時間	20分

[例題]

● 以下の **TOPIC** について、あなたの意見とその理由を2つ書きなさい。
● **POINTS** は理由を書く際の参考となる観点を示したものです。ただし、これら以外の観点から理由を書いてもかまいません。
● 語数の目安は80語～100語です。
● 解答は、解答用紙のB面にあるライティング解答欄に書きなさい。なお、解答欄の外に書かれたものは採点されません。

TOPIC
Today, more and more people in Japan are moving to major cities like Tokyo and Osaka. Do you think more people will move to major cities in the future?

POINTS
● *Quality of life*
● *Location*
● *Employment*

トピックに対して賛成あるいは反対の意見を書く。

ポイントは使わなくてもいいが、理由を2つ示す必要がある。

■ こんな問題がでる!

《出題されるトピック》

「インターネットを利用する時間は減らすべきか」「ペットを飼えるアパートを増やすべきか」などのトピックが、これまでに出題されています。英検2級では、ライティング能力の審査基準として「社会性のある話題について書くことができる」という設定をしていますので、今後もこのような社会的な話題が出題されていくと予想されます。

■ 基本テクニック!

●基本のフォーマットに従う

英作文問題では、「賛成か反対か」という自分の立場をはっきり示したあとで、その「理由」を2つ示すという、基本のフォーマットどおりに書くことが大切です。

●議論を展開しやすい立場を選ぶ

議論型の英作文問題では，平易でかまいませんが間違いのない英文で自分の立場を支持する具体的な理由を示さなければなりません。ですから，根拠を書きやすい立場を選ぶことが重要です。

《会話の内容一致選択問題》の特徴を知ろう！

ここから《リスニング》セクションのスタートです。男女のペアによる2往復（A⇒B⇒A⇒B）の対話が流れ（まれに2.5往復もあり）、続けて、その内容に関する質問が読まれます。答えは問題冊子に印刷された4つの選択肢から選びます。対話と質問は1度しか読まれません。

●基本データ

問題数	15問 [No. 1〜No. 15]
対話の長さ	40〜75語程度
解答時間	1問10秒
合格ライン	9問正解／15問中

[例題]

Track 01

問題冊子には選択肢だけが印刷されている。4択。

No. 13　　**1** She wants to join a band.
　　　　　2 She enjoyed viewing a performance.
　　　　　3 She can play the guitar.
　　　　　4 She is afraid of being in front of crowds.

この対話と質問（Question）は音声のみで、1度だけ読まれる。

W: Maria, I loved your performance at last night's concert!

W: Thanks, Jim. My band and I practiced for months.

M: That's great! I had no idea you could play the guitar so well.

W: Well, I've only been playing for about a year now, but playing in a band has really helped me improve.

Question:　　What is one thing we learn about the woman?

■ こんな問題がでる！

対話の種類 最新傾向

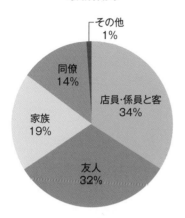

その他 1%
同僚 14%
家族 19%
店員・係員と客 34%
友人 32%

対話の種類は、大きく以下の2パターンに分類できます。

《店員・係員との対話》

店やレストラン、図書館、博物館、ホテルや病院の受付などでの会話。

《知人同士の対話》

友人や家族、同僚による会話。

質問は、ほとんどが What で始まる疑問文ですが、Why で始まる疑問文も1・3問出題されます。

電話を使った対話が毎回2題ほど出題されます。その場合は必ず対話の前に電話の呼び出し音が流れるので、それとわかります。

■ 基本テクニック！

●選択肢の先読み

対話が放送される前に、問題冊子に印刷されている選択肢に目を通す〈選択肢先読み〉が正答へのカギとなります。そうすることで、対話内容を予測できるうえに、集中して聞き取るべきポイントが明らかになるので、正答率がグッと高まります。

《文の内容一致選択問題》の特徴を知ろう！

いよいよ最後の問題。英文と、その内容に関する質問を聞き、問題冊子に印刷された4つの選択肢から適切な答えを選ぶ問題。英文も質問も1度しか放送されません。

●基本データ

問題数	15問［No. 16〜No. 30］
英文の長さ	50〜75語程度
解答時間	1問10秒
合格ライン	9問正解／15問中

［例題］

Track
A 02

> 問題冊子には選択肢だけが印刷されている。4択。

No. 24　**1** He greets people as they enter.
　　　　2 He feeds the animals.
　　　　3 He teaches classes about animals.
　　　　4 He helps with medical care.

> この英文と質問（Question）は音声のみで、1度だけ読まれる。

Kevin works at a zoo, and his job is to greet visitors at the entrance and answer any questions they may have about the animals. Ever since he was a kid, Kevin loved learning about animals. Now, he can see all kinds of rare animals every day. Kevin hopes to become one of the zoo's animal care takers and help keep the animals happy and healthy.

Question:　What is Kevin's job?

■ こんな問題がでる!

英文の種類
最新傾向

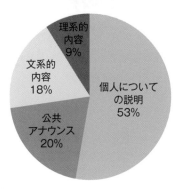

理系的
内容
9%

文系的
内容
18%

公共
アナウンス
20%

個人について
の説明
53%

英文は、大きく3つのパターンに分類できます。

《個人についての説明》

架空の人物の習慣や、ある日の出来事を紹介するフィクション。

《一般的事実の説明》

歴史的エピソードや社会事情を説明する文系的内容のものと、自然・生物、テクノロジーを紹介する理系的内容のものがあります。

《公共アナウンス》

空港や駅、病院、イベント会場での構内放送。学校や会社におけるスピーチなど。

質問は、What 疑問文が多いのは、第1部と同じですが、Why に加え、How や When で始まる疑問文も出題されます。

■ 基本テクニック!

●選択肢の先読み

ここでも第1部と同様に、選択肢を先読みしましょう。また、英文にまぎらわしい情報が複数出てくる場合には、整理するためにもテスト用紙にメモを取ってみてもいいでしょう。

二次面接試験シミュレーション動画の利用法

　本書に収載されている二次面接試験の実戦練習①（p.245）および実戦練習②（p.255）は、インターネット上の準拠動画を利用して受験することもできます。本番の面接テストの雰囲気を味わいながら、面接テストの対策をすることができます。

　各「実戦練習」の最初のページに入っている QR コードを利用することで、動画にアクセスすることができます。QR コードがうまく利用できない場合には、以下の URL を直接入力してください。

実戦練習①（カード A）

https://www.ask-books.com/youtube/eikentaisaku2/test1.html

実戦練習②（カード B）

https://www.ask-books.com/youtube/eikentaisaku2/test2.html

大問
1

DAY 1

DAY 2

DAY 3

DAY 4

DAY 5

DAY 6

DAY 7

《短文の語句空所補充問題》は
こう解く！
合格への攻略ポイント

大問1は p.012で説明したように、《単語問題》
《熟語問題》《文法問題》の3つのパターンに分類
できます。

パターン別に「攻略ポイント」と「確認問題」
を学習しましょう。そして、最後に、本番同様の
20問の「実戦練習」にチャレンジ！

1

〈単語問題〉パターン

全体を見る！

大問1は、20問のうち最初の10問が単語の知識を問う〈単語問題〉です。20分の10。つまり半分。もっとも出題頻度の高い、重要な出題パターンなんですね。まず次の例題を解いてみてください。それから、右ページのポイントをチェックしてみましょう。

例題1

The ( ) of this research is to show how a lack of sleep affects a person's physical activity and mental health. It was conducted on 200 people for three months.

1 concern　　**2** purpose　　**3** result　　**4** revolution

例題2

A: Do you think we should turn to Ms. Dorset for advice?

B: No, I don't think we should do that. It's a ( ) issue, so maybe we should keep it just between you and me.

1 minimum　　**2** fake　　**3** conscious　　**4** delicate

例題1　正解　2

本研究の目的は、睡眠不足が人の身体活動と精神衛生にどのような影響を与えるかを示すことである。この研究は、200人を対象に3か月間行われた。

1 心配、関心事／2 目的／3 結果／4 革命

《短文の語句空所補充問題》はこう解く！

大問
1

DAY 1

DAY 2

DAY 3

DAY 4

DAY 5

DAY 6

DAY 7

STEP 1 空所前後にヒントはない！

あせると空所周辺だけを見てしまいがち。でも、そこに正答へのカギはありません。▶空所の周辺だけを見ると「この研究の……は」となり、これだけでは2「目的」と3「結果」のどちらかに絞ることはできません。そのため、必要なのは…

STEP 2 全体を見る！

大問1でもっとも大切なのは、文脈の把握です。1問あたり40〜45秒で解けばよいので、落ち着いて文全体の意味を理解しよう。▶1文目の後半は「睡眠不足が人に与える影響を示すこと」という内容になっています。つまり、「睡眠不足が人に与える影響を示す**ために**、この研究が行われた」のですから、3「結果」ではなく、2の purpose「目的」が正解だと判断できます。このように全体の流れをきちんと把握することがとても大切なのです。

STEP 1 相性を考える！

空所前後の語句とうまくつながるかどうか？　語句同士の相性をヒントに解ける問題もあります。▶これは形容詞を補う問題ですが、うしろの issue「問題」という名詞に注目します。「問題」という表現と結びつきやすい形容詞を検討してみると、4の delicate「繊細な、取り扱いの難しい」が第一候補として考えられますね。

STEP 2 言い換えのヒントに注意！

問題文中で、同じ内容を別のことばで表現していることがあり、それが正解に直結する場合がよくあります。▶ keep it just between you and me は「ここだけの話にする」という意味のイディオムです。「他の人に言わないでおく」ということは、「取り扱いの難しい問題」であることの**言い換え**だと言えますよね。このような言い換えに注目すると、確実に正解にたどりつけるのです。

例題2 正解　**4**

A:　ドーセットさんにアドバイスを求めるべきでしょうか？

B:　いいえ、そうすべきではないと思います。取り扱いの難しい問題なので、ここだけの話にしておいたほうがいいかもしれません。

1 最小の／2 偽物の／3 意識している／4 繊細な、取り扱いの難しい

筆記

 **確認問題** （　　）に入るのに適切なものをひとつ選びましょう。

(1) Zack often (　　　　　　) his stories. The other day, he told us that
☐ he had been seriously sick in bed for a week, but what actually
happened was that he just caught a slight cold.

1 appeals　　**2** entertains　　**3** exaggerates　　**4** represents

(2) *A:* The new material that ABC has developed would be best for
☐ our new line of products that we are going to release next year.

B: We only have a limited (　　　　　), so we need to find
lower-cost materials.

1 expense　　**2** number　　**3** budget　　**4** debt

(3) Mick's efforts greatly (　　　　　) to the success of this product.
☐ He worked late into the night almost every day to develop this
splendid design.

1 contributed　**2** purchased　**3** rebuilt　　**4** protested

(4) *A:* Do you think we can use the rooftop deck to have a barbecue?
☐ *B:* I think so, because I've seen several residents having parties
there. Anyway, we'll have to get (　　　　) from the owner.

1 request　　**2** permission　**3** responsibility　**4** basement

(5) The lack of rainfall caused a serious (　　　　) in that country.
☐ Every day, thousands of people, young and old, are dying from
hunger there.

1 mammal　　**2** agriculture　**3** atmosphere　**4** famine

(1) ザックは、しばしば自分の話を**大げさに言う**。先日、彼は重病のために1週間横になっていると言ったが、実際には、軽い風邪を引いただけだった。

正解 3

1 訴える、引きつける／2 ～を楽しませる
3 ～を大げさに言う／4 ～を代表する

解説 第2文は「ただの風邪なのに、重い病気であるかのように言った」という内容であるが、これは「大げさに言う」ことの具体例であるので、選択肢3の exaggerates が正解となる。なお、exaggerated advertisement「誇大広告」のように、exaggerated は「大げさな」「誇張された」という意味の形容詞として使われる。

---

(2) A: ABC社が開発した新素材は、私たちが来年リリースする予定の製品群に最適でしょう。
B: 限られた**予算**しかないので、もっと安い素材を探す必要があります。

正解 3

1 費用／2 数／3 予算／4 負債

解説 「～が限られて（limited）いるので、安いものを使わなければならない」という文脈。expense は「使ったお金」、つまり「出費、費用」のこと。また、debt は「借りたお金」、すなわち「負債」である。number は「数、数字」という意味しかない。文脈に合致するのは、選択肢3の budget のみで、「使えるお金」→「予算」という意味である。

---

(3) ミックの努力は、この製品の成功に大きく**貢献した**。彼はほぼ毎日夜遅くまで働いて、このすばらしいデザインを開発したのだ。

正解 1

1 貢献した／2 ～を購入した／3 ～を建て直した／4 ～に抗議した

解説 「夜遅くまで働いて努力することで、製品の成功に何をしたのか」を考えよう。purchase「購入する」、rebuild「立て直す」、protest「抗議する」はいずれも文脈に合わない。選択肢1の contributed を用いれば、「成功に貢献した」という自然な文になる。なお、うしろに前置詞の to が続いていることもヒントになる（contribute to ～「～に貢献する」）。

---

(4) A: バーベキューをするために、屋上のデッキを使えると思う？
B: そこでパーティをやっている複数の住人を見たことがあるので、使えると思う。とにかく、大家さんから**許可**をもらわないといけないだろうね。

正解 2

1 要求、依頼／2 許可／3 責任／4 地下

解説 「地下」や「責任」の話は出てこないので4および3は不適。get は「～をもらう」ということなので、「お願いする」立場の人が request を使うのはおかしい。正解は選択肢2の permission で、get permission from ～で「～から許可をもらう」という意味になる。なお、「～に許可を与える」は give permission to ～と表現できる。

---

(5) 降雨量の不足は、その国に深刻な**飢きん**を引き起こした。毎日、何千人もの人々が、若い人も年老いた人も、飢えのためにそこで命を落としている。

正解 4

1 哺乳類／2 農業／3 大気、雰囲気／4 飢きん

解説 「降雨量が不足している」「何千人も死んでいる」という文脈から、選択肢4の famine が正解だとわかるはず。drought「干ばつ、渇水」、starvation「飢餓」などの関連表現も、ここでまとめて覚えておこう。

(6) □ *A:* The doctor told me to eat regularly even when I have no
(   ), but I'm not really hungry.

    B: Just follow his advice, or you'll get sick.

    1 disadvantage **2** appetite **3** checkup **4** fitness

(7) □ *A:* Hi, my name is Donald, Donald Becker. I'm from Austin,
Texas.

    B: What a (   )! I'm from Austin, too! My name is
Larry Fagen. It's a great pleasure to meet you.

    1 graduation **2** pedestrian **3** surgery **4** coincidence

(8) □ Dean went to the grocery store to buy some sugar, but it was
(   ) out of stock. He was asked to visit again the next
week when it would likely be available.

    1 temporarily **2** proudly **3** repeatedly **4** endlessly

(9) □ *A:* Does this store only sell (   ) products?

    B: We used to, but not anymore. We now have products from
other countries such as Mexico and Portugal.

    1 foreign **2** domestic **3** natural **4** ancient

(10) □ Sandra Burke had to endure many years of (   ) before
she secured her place as one of the leading artists of the 21st century.

    1 hardship **2** legend **3** justice **4** success

《短文の語句空所補充問題》はこう解く！

大問
1

DAY 1
DAY 2
DAY 3
DAY 4
DAY 5
DAY 6
DAY 7

(6)
A: お医者さんから、食欲がないときでも定期的に食事をとるように言われた
　　 けど、本当におなかが空いていないんだ。
B: 彼の助言に従いなさい。さもないと病気になるよ。

正解 **2**

1 不利／2 食欲／3 健康診断／4 健康

解説 「たとえ～がなくても、食事をとるように言われた」という内容から、選択肢2の **appetite** を正解として選べるだろう。なお、appetite for glory「名誉欲」や appetite for knowledge「知識欲」のように、appetite は「食べること」以外に対しても用いることができる。

- -

(7)
A: こんにちは、私の名前はドナルド、ドナルド・ベッカーです。テキサス州
　　 のオースティン出身です。
B: すごい偶然ですね！　私もオースティン出身です！　私の名前はラリー・
　　 フェイゲンです。お会いできてとてもうれしいです。

正解 **4**

1 卒業／2 歩行者／3 手術／4 偶然

解説 「出身地が同じだったこと」を「すごい○○」と言っているので、正解は選択肢4の **coincidence**「偶然」だとわかる。ちなみに、A が ... Donald, Donald Becker と言っているのは、ファーストネームを強調しているから。自己紹介するときには、このようにファーストネームを繰り返すことがよくある。

- -

(8) ディーンは砂糖を買いに雑貨店に行ったが、それは一時的に在庫が切れていた。彼は、来週にはおそらく買えるようになるので、また来てほしいと頼まれた。

正解 **1**

1 一時的に／2 誇らしげに／3 たびたび／4 果てしなく

解説 適切な副詞を選ぶ問題である。第2文で「来週には在庫が復活するかもしれない」と言われていることから、「一時的に在庫がない」という内容だと判断できる。「一時的に」という意味である選択肢1の **temporarily** が正解である。

- -

(9)
A: この店では、国産の製品しか売っていないのですか？
B: 以前はそうだったのですが、今はそうではありません。メキシコやポルト
　　 ガルでつくられた製品も扱っていますよ。

正解 **2**

1 外国の／2 国産の、国内の／3 自然な／4 古代の

解説 「今はメキシコなどの製品も扱っているが、以前はどうだったのか」を考えよう。「メキシコなどの他の国の製品を扱っていなかった」わけだから、空所には「国産の」という意味をもつ選択肢2の **domestic** が入る。「家庭内暴力」の DV は、domestic violence の略だが、このように domestic には「家庭の」という意味もある。

- -

(10) 21世紀の一流の芸術家のひとりとして地位を確立するまでに、サンドラ・パークは何年もの苦難に耐えなければならなかった。

正解 **1**

1 困難、苦労／2 伝説／3 正義／4 成功

解説 「一流の芸術家として確固たる地位を築くまで、何年も〈何〉に耐えた」のか。「売れない芸術家として貧しい暮らしを送った」「他の仕事をして糊口をしのいだ」などといったことが想像できるように、「苦労、苦難」に耐えたという内容にするのが最も自然である。選択肢1の **hardship** がそのような意味なので、これが正解である。

② 〈熟語問題〉パターン
形 & 意味で攻める

問題番号 (11)〜(17) は、熟語や慣用句の知識を問う〈熟語問題〉。この7問は、熟語の形と意味を覚えていなければ、はじまりません。ただ、出題されるのは高校レベルのものばかり。攻略ポイント❶の〈全体を見る！〉を意識しつつ、次の例題を解いてみましょう。それから右ページのポイントをチェック！

例題

> *A:* Why were you late for school, Jim?
>
> *B:* I overslept because my alarm clock didn't go (   ) this morning. The battery was dead.

1 up   **2** over   **3** off   **4** away

例題 正解 **3**

A: ジム、どうして学校に遅刻したのですか？

B: 今朝は目覚まし時計が鳴らなかったので寝坊しました。電池が切れていたのです。

〔選択肢訳なし〕

DAY 1

DAY 2

DAY 3

DAY 4

DAY 5

DAY 6

DAY 7

形をチェック！

空所直前・直後の単語と結びついて、熟語になる選択肢を探ろう。いろいろな熟語が出題されますが、前置詞・副詞を含むものが頻出。 ▶選択肢にある前置詞・副詞は、すべて go と組み合わせて使うことができる。ただし、go over は、go over a report「レポートを見直す」のように他動詞的に用いられることが多い。また、「行く」という意味の自動詞用法もあるが、この場合は go over <u>to</u> you「あなたのところへ行く」のように、通常は前置詞の to を一緒に用いる。この時点で、選択肢2は除外することができる。

意味も大切！

熟語の形だけで決められない場合は、全体の文脈から判断しよう。 ▶ The battery was dead. は「電池が切れていた」という意味なので、「電池が切れていたから、目覚ましが~しなかった」という文脈で考えてみよう。そうすると、go up「上がる」や go away「逃げる」ではなく、選択肢3の off を用いた go off「（目覚ましなどが）鳴る」という熟語が適切だということがわかるはずだ。なお、go off には The bombs went off.（爆弾が爆発した）のように「爆発する」という意味もある。

ワンモアポイント！

《過去複数回出題された熟語リスト》
近年、複数回出題された熟語には次のようなものがあります。ぜひ覚えておきましょう！

□above all	とりわけ	□in vain	むだに
□before long	まもなく	□of use	役に立つ
□burst into ~	急に~する	□on duty	当番で、勤務中で
□by accident	偶然に	□on purpose	故意に
□come across ~	~に出くわす	□stand by	待機する、~を支持する
□for good	永久に	□take after ~	~に似ている
□for short	略して	□to the point	要領を得た
□get over ~	~を克服する		

筆記

確認問題 （　　）に入るのに適切なものをひとつ選びましょう。

(1) Although the team of scientists (　　　　　) a four-month study
□　　in the hope that they would be able to determine the cause of the
　　　disease, it still remains unknown.

　　1 carried out　　**2** put aside　　**3** made up　　**4** took place

(2) **A:** I seem to have gained a lot of weight since last year, so I'll
□　　　　be on a diet from tomorrow.

　　　B: Make sure you keep your (　　　　　), Mike.

　　1 word　　**2** mouth　　**3** letter　　**4** book

(3) Some students at our school want to dress more freely, so they
□　　submitted to the school principal a request to do (　　　　　)
　　　with uniforms last week.

　　1 off　　**2** away　　**3** out　　**4** about

(4) **A:** Where are you, Bob? How much longer do I have to wait
□　　　　for you?

　　　B: I'm really sorry, Nadine. I'm trying to find my (　　　　　)
　　　　　out through the underground mall. I'll be there in five minutes.

　　1 road　　**2** map　　**3** way　　**4** street

(5) **A:** I wonder why James didn't (　　　　　) up at Carly's
□　　　　farewell party. Has something happened to him?

　　　B: I heard he got into a traffic accident on the way and was
　　　　　taken to a hospital.

　　1 show　　**2** come　　**3** break　　**4** lead

《短文の語句空所補充問題》はこう解く！

大問
1

DAY 1

DAY 2

DAY 3

DAY 4

DAY 5

DAY 6

DAY 7

(1) その科学者チームが病気の原因を特定できることを期待して4か月間の研究を行ったのにもかかわらず、それはいまだに未知のままである。

正解
1

1 ～を実行した／2 ～を脇に置いておいた
3 ～を構成した、化粧した／4 発生した

解説 take place は「～が起こる」「～が発生する」という意味の熟語で、目的語をとることはない。空所のうしろに a four-month study があるので、選択肢4は用いることができない。study「研究」という名詞と最も相性がいいのは選択肢1の **carried out** であるため、これが正解。この carry out は conduct や perform などと言い換えることもできる。

(2) A: 昨年からだいぶ体重が増えた気がするので、明日からダイエットするよ。
B: ちゃんと約束は守ってね、マイク。

正解
1

1 言葉（約束）／2 口／3 手紙、文字／4 本

解説 keep と結びついて熟語になるのは選択肢1の **word** のみ。keep one's word で「約束を守る」という意味になる。なお、keep books であれば「帳簿をつける」という意味になるが、ここでは文脈に合わない。keep a book は「本を手元に置いておく」という意味にしかならないが、keep a diary は「日記をつける」という意味の熟語である。

(3) 私たちの学校の一部の生徒はもっと自由な服を身につけたいので、彼らは先週、校長に制服を廃止する要求を提出した。

正解
2

〔選択肢訳なし〕

解説 「自由に服を着たいので、制服を〈どう〉したい」のか。選択肢中で、do ... with の形で用いることができるのは、選択肢2の **away** のみ。do away with ～は「～を廃止する」という意味であり、文脈にも合致する。なお、do away with ～は、abolish という1語の他動詞で言い換えることもできる。

(4) A: 今どこにいるの、ボブ？　あとどのぐらいあなたを待たないといけないの？
B: 本当にごめん、ネイディーン。地下街から抜け出そうとしているところなんだ。あと5分でそっちに着くよ。

正解
3

1 道路／2 地図／3 道／4 通り

解説 「地下街で出口がわからず迷っている」という文脈なので、選択肢3の **way** を用いて、find one's way「進むべき道を見つける」という表現を完成させる。out がついているので、ここでは「出口を見つける」というニュアンスになる。なお、find one's way の反意表現は lose one's way「道に迷う」。

(5) A: なぜジェイムズは、カーリーの送別会に来なかったんだろう。何かあったのかな？
B: 彼は来る途中で交通事故にあって、病院に運ばれたらしいよ。

正解
1

1 現れる／2 来る／3 壊れる／4 指揮をする

解説 「交通事故で病院に運ばれたので、パーティに来なかった」という文脈である。「来る」に近い意味を持つ熟語が必要であるが、選択肢1の **show** と up を組み合わせると show up「現れる」「やってくる」という意味になるので、これが正解。show up とほぼ同じ意味の表現として turn up も覚えておきたい。

(6) **A:** There's a long line of people waiting to take a taxi. It might take longer than an hour. What should we do?

　B: Why don't we call Daniel and ask him to pick us （　　　　）?

　1 up　　　　**2** over　　　　**3** by　　　　**4** around

(7) **A:** I'm exhausted from all the stress at work. Having to commute in crowded trains also puts me under severe stress.

　B: Why don't you get a massage for a （　　　　）? I'm sure it will make you feel a lot better.

　1 heart　　　**2** change　　　**3** sleep　　　**4** pace

(8) （　　　　） of the company, Wendy apologized to the customer for the trouble they had caused him due to their misunderstandings.

　1 In terms　　**2** On behalf　　**3** By means　　**4** By way

(9) **A:** Excuse me. Do you happen （　　　　） how to get to the library?

　B: Sure. Go straight and turn right at the post office. You'll see it on your left.

　1 to know　　**2** knowing　　**3** knows　　**4** knew

(10) **A:** We are out of butter, so we can't make egg sandwiches.

　B: Oh, I'm sorry I used it all up when I made pancakes for breakfast. Why don't we make do （　　　　） mayonnaise?

　1 on　　　　**2** up　　　　**3** with　　　　**4** after

《短文の語句空所補充問題》はこう解く！

大問 1

DAY 1
DAY 2
DAY 3
DAY 4
DAY 5
DAY 6
DAY 7

(6)

A: タクシー待ちの長い行列ができている。1時間以上かかるかもしれない。どうしたらいいだろう？

B: ダニエルに電話をして、車で迎えに来てもらおうよ。

〔選択肢訳なし〕

正解 **1**

解説 「タクシーに乗れないので、ダニエルに〈何をして〉もらう」のかを考えよう。選択肢2を用いた pick over「〜を細かく調べる」という熟語もあるが、文脈に合わない。選択肢1の **up** を用いれば pick 〜 up「〜を車に乗せる」「〜を車で迎えに行く」という熟語になり、「タクシーの代わりに、車で来てもらう」という自然な話の流れをつくれる。

---

(7)

A: 職場のストレスで疲れ果ててしまったよ。満員電車で通勤しなければならないことも、相当ストレスになっている。

B: **気分転換**にマッサージを受けてみたらどう？　きっと気持ちが楽になると思うよ。

1 心／2 変化／3 睡眠／4 速さ、ペース

正解 **2**

解説 「ストレス解消のためのマッサージ」なので、選択肢2の **change** を用いた for a change「気分転換に」が文脈に最も合致する。なお、for a pace という表現はないが、for a change of pace という表現はよく用いられる。こちらも「気分転換に」という意味である。

---

(8)

会社を**代表して**、ウェンディは、誤解から会社が与えた迷惑のことをその顧客に謝罪した。

1（〜に）関して／2（〜を）代表して／3（〜に）よって／4（〜を）経由して

正解 **2**

解説 選択肢にある表現はいずれも of と結びついて熟語になるが、文脈にマッチするのは選択肢2の **On behalf** のみ。「会社を代表して（会社の代わりに）謝罪した」という内容になっている。

---

(9)

A: すみません。図書館への行き方をご存じではありませんか？

B: ええ。まっすぐ行って、郵便局のところを曲がってください。そうすると、左手に図書館が見えます。

1 know の〈to 不定詞〉／2〈動名詞・現在分詞〉
3〈3人称単数現在形〉／4〈過去形〉

正解 **1**

解説 An accident happened.（事故が起こった）のように、happen には「〜が起こる」という意味があるが、うしろに to 不定詞をとると「たまたま〜する」という意味になる。Do you happen to 〜? は「ひょっとして〜ですか？」のようなニュアンスで、押しつけがましくない感じで質問したいときによく使われる表現。1の **to know** が正解で、全体としては「もしかして〜をご存じではありませんか？」のような意味になる。

---

(10)

A: バターが切れているから、玉子のサンドイッチがつくれないよ。

B: ああ、ごめんなさい。朝食にパンケーキをつくったときに、全部使ってしまったの。マヨネーズで代用したらどう？

〔選択肢訳なし〕

正解 **3**

解説 「バターがないのでマヨネーズで〈何をする〉」のか。選択肢中、make do 〜 の形で熟語になるのは3の **with** のみ。make do with 〜で「〜で代用する」という熟語になる。in place of 〜「〜の代わりに」を用いて、use mayonnaise in place of butter とも言える。

攻略ポイント

〈文法問題〉パターン①

to不定詞・動名詞・分詞

大問1で文法知識を問う問題は、実はたったの3問だけ。問題 (18)~(20) で出題されます。近年、出題される文法項目は、ほぼ決まっています。もっともよく出題されているのが動詞の語形を選ぶ問題。しかし、基本的な時制の問題ではなく、多くの場合、準動詞（to不定詞・動名詞・分詞）の問題として取り組む必要があります。

例題1

Paula had more than half an hour until the next train arrived, so she sat on the bench with her legs (　　　　) and started reading a magazine.

1 crossing　　**2** cross　　**3** to cross　　**4** crossed

例題2

Brandon regretted (　　　　) Kelly the truth the other day. She was so shocked that she shut herself in her room all day long.

1 having told　　**2** told　　**3** had told　　**4** to have told

---

例題1　正解　**4**

　ポーラには次の列車が到着するまで30分以上の時間があったので、彼女は足を組んでベンチに座り、雑誌を読み始めた。

1 cross の〈現在分詞・動名詞〉／2〈原形〉／3〈to不定詞〉／4〈過去形・過去分詞〉

《短文の語句空所補充問題》はこう解く！

大問
1

DAY 1
DAY 2
DAY 3
DAY 4
DAY 5
DAY 6
DAY 7

 文の構造を見抜く！

〈文法問題〉全般に言えることですが、文の構造、つまり主語（S）・述語（V）・目的語（O）・補語（C）を把握しよう。それが正解への第一歩です。▶ここでは、she ＝ S、sat ＝ V です。on the bench は「ベンチの上に」という意味の副詞句で、空所を含む with her legs（　　）が文中でどのような役割を果たしているかを考えます。

 付帯状況を表す with

〈with ＋ O ＋ C〉のパターンは「付帯状況」と呼ばれるもので、「どういう状態で」を表します。▶付帯状況の場合、C の位置に入るのは現在分詞または過去分詞です。ここでは「足が組まれている」という意味になるので、現在分詞ではなく、過去分詞の 4 crossed が正解です。

 文の構造を見抜く！

一見すると複雑そうですが、regret は「〜を後悔する」という意味の他動詞なので、空所を含む（　　　）Kelly the truth が regret の目的語になるようにすればいいのです。

 to 不定詞 vs. 動名詞

〈to 不定詞〉と〈動名詞〉のどちらが適切かを判断する問題は頻出！ ▶ regret は to 不定詞と動名詞の両方を目的語にとります。to 不定詞の場合は「残念ながら（これから）〜する」という意味になり、I regret to say this, but 〜「本当は言いたくないんだけど〜」のような前置き表現でよく使われます。動名詞を使う場合は「〜したことを後悔する」という意味になります。ここでは「本当のことを言ってしまったことを後悔した」という文脈なので、完了動名詞の 1 が正解です。

《to 不定詞をとる動詞と動名詞をとる動詞》——→ p.060へ

例題2 **正解** **1**

ブランドンは先日ケリーに本当のことを言ったことを後悔した。彼女はとてもショックを受け、一日中部屋に閉じこもってしまった。

1 tell の〈完了動名詞・完了現在分詞〉／ 2〈受動態動名詞・受動態現在分詞〉
3〈to 不定詞〉／ 4〈完了不定詞〉

攻略ポイント

④ 〈文法問題〉パターン②
接続詞 & 比較

節と節、語句と語句を自然につなぐ接続詞を選ぶ問題。そして、比較の応用知識を問う問題も出題されます。それぞれの例題を解いてから、右ページのポイントを見ていきましょう。

例題1

A: Are you really sure (　　) he'll be here on time?

B: He's always punctual. Besides, he is a man of his word and can always be trusted.

1 but　　**2** than　　**3** that　　**4** unless

例題2

A: How far is it from here to the station?

B: I'd say it's about two kilometers. You could walk there, but if you take a taxi, it'll take (　　) than 10 minutes.

1 any other　　**2** no more　　**3** so little　　**4** few more

例題1　正解　3

A: 彼は時間通りにここに来るでしょうか？
B: 彼はいつも時間に正確だよ。それに、彼は必ず約束を守るから、常に信頼できるよ。
1 しかし／2 ～より／3 ～だと／4 から

《短文の語句空所補充問題》はこう解く！

大問
1

DAY 1

DAY 2

DAY 3

DAY 4

DAY 5

DAY 6

DAY 7

前後の意味を正確にとらえる

節と節、語句と語句をつなぐのが接続詞。選択肢に接続詞が並んでいたら、まず問題文全体の文脈を理解しよう。▶空所の前は「あなたは〜を確信していますか」、そして空所の後は「彼は時間通りにここに来るだろう」という内容になっています。he'll be here ... を名詞節として Are you really sure に続けると、すんなり意味が通ります。

前後がスムーズにつながるのは？

次に、前後の意味を論理的につなぐ接続詞を見つけよう。応用知識が問われるので要注意。▶ SV を含む語群を目的語に変換するには、「〜ということ」という意味で、名詞節を導ける that が必要です。なお、2級レベルで接続詞を問う設問では、even if や now that のように2語以上からなる群接続詞が出題されることもよくあります。

ワンモアポイント !
《2級に出題されやすい群接続詞》 —————→ p.060へ

比較の構文で試される基本と応用！

比較の基本的知識は2級でも大切ですが、同時にやや高度な応用知識も必要です。▶この問題では空所のあとに than があるので、それより前に比較級が必要。これだけで、1や3が不適当だとわかります。「歩いて行けなくもないが、タクシーだったら10分で行ける」という文脈なので、当てはまる表現は「たったの〜」を意味する **no more than 〜** のみになります。

no more than = only と覚えよう！

2級では比較の慣用表現が特に出題されやすいことを覚えておこう。▶ no more than 〜はその代表例。あとに数詞を伴って「たったの〜」という意味を表します。「数量や時間が少ない」という気持ちを込めた表現です。

例題2 正解 2

A: ここから駅までどのくらいありますか？

B: 2キロぐらいですね。歩いて行けなくもないですが、タクシーに乗れば10分足らずです。

攻略ポイント

⑤ 〈文法問題〉 パターン③
時制

「現在形」と「過去形」という基本時制を、助動詞の will や完了形・進行形と組み合わせることで、「過去進行形」「現在完了進行形」「未来完了形」などの複雑な時制の表現をつくることができます。文脈を正しく把握して、適切な時制表現を選択することが大切です。

例題

Nicky's mother taught him how to play the piano when he was three. He (　　　) playing it for longer than 20 years by the time he graduates from college.

1 will be　　　**2** will have been　　　**3** has been　　　**4** was

---

例題 正解 **2**
ニッキーの母親は彼が3歳のときに、彼にピアノの弾き方を教えた。大学を卒業するころには、彼はピアノを20年以上弾き続けていることになるだろう。

《短文の語句空所補充問題》はこう解く！

大問
1

DAY 1
DAY 2
DAY 3
DAY 4
DAY 5
DAY 6
DAY 7

STEP ① 文脈を考える！

正しい時制表現を選ぶには、話の時間的な流れをきちんととらえることが重要です。

▶1文目では「ニッキーが3歳からピアノを弾いている」ことが示されています。そして、2文目は「大学を卒業するころは、ピアノを20年弾いていることになるだろう」という内容です。「未来の時点における完了」の話をしていますので、未来完了形が考えられます。空所のうしろを見るとplayingという形になっていますので、「未来完了」＋「進行形」、すなわち**未来完了進行形**という、さらに複雑な形が必要だとわかります。

STEP ② 未来完了進行形の基本

未来完了進行形とは、未来のある時点までの「継続時間」を述べ、さらに「その後も、継続して行われる」ことを表現するために用いられます。▶未来進行形は「未来のある時点で何かをしていること」という意味を表します。さらに「どのくらい継続しているか」も示す場合には、未来完了形を使うことになります。for longer than 20 years（20年以上もの間）という表現が「継続時間」を示す表現です。

ワンモアポイント！

《その他の注意すべき時制表現》
その他の注意すべき時制をここで押さえておきましょう！

●「過去完了形」
過去完了形（had ＋過去分詞）は、「過去より前」について述べる際に使われます。たとえば She had lived in Los Angeles for 5 years before she moved to New York. は「ニューヨークに引っ越す前に、彼女は5年間ロサンゼルスに住んでいました」という意味ですが、「ニューヨークに引っ越した」という過去の出来事より前のことについて描写するために、過去完了形が使われています。

●受動態との組み合わせ
時制表現が受動態で用いられると、少し複雑な形になります。たとえば The book will have been read ten times if she reads it.（彼女がその本を読むと、その本は10回読まれたことになります）という文は、未来完了形と受動態が同時に用いられているため、「will have been 過去分詞」という形になっています。

6 〈文法問題〉パターン④
仮定法

「仮定法」と聞くだけで拒絶反応を示す人も多いでしょう。毎回必ず出題されるわけではありませんが、重要な文法項目の1つですから確実に押さえましょう。しっかりポイントをつかんでおきましょう。まず、例題を解いてから、右ページをチェック！

例題

A: We are going to town to see a movie tonight. Why don't you join us?

B: I wish I (　　　), but I have to study. I have to prepare for my biology test tomorrow.

1 can　　**2** will　　**3** could　　**4** would

例題　正解　**3**

A: 今夜、街に映画を見に行くんだ。一緒に行かない？

B: そうしたいところだけど、勉強しなければならないんだ。明日の生物のテストの準備をしないと。

《短文の語句空所補充問題》はこう解く！

大問
1

DAY 1

DAY 2

DAY 3

DAY 4

DAY 5

DAY 6

DAY 7

 ## 現在、それとも過去？

事実に反する内容を「もし〜ならば、…だろう」と仮定して述べるのが仮定法。まず〈現在〉の事実に反するのか、〈過去〉の事実に反するのかを把握しよう。▶ Bの発言の後半（I have to prepare for ...）は「明日の生物のテストの勉強をしなければならない」という内容。have to は現在形です。そして、Aの発言で使われている動詞もすべて現在形ですので、この会話は〈現在〉の事実を表現していることがわかります。

 ## 仮定法の応用形に注意！

2級では単純な仮定法だけでなく、少しひねった問題が出題されるので要注意！▶この問題には if 節がないので、仮定法ではないと思った人も多いでしょう。しかし、wish の後に置かれる節では仮定法が用いられるので、「現在」の話であっても、空所に入る動詞は現在形にはならないことに注意する必要があるのです。つまり、選択肢のうち、1の can と2の will は除外できるわけです。

公式に当てはめて解く！

仮定法では何よりも基本公式が重要。最後は、公式にのっとって答えを選びます。現在の事実に反する仮定を表すのは〈仮定法過去〉です。公式は次の通り。

If ＋ S' ＋ V'（過去形）... , S ＋助動詞の過去形＋原形 ... .
[if 節（条件節）]　　　　　　　　[主節（帰結節）]

問題文で使われているパターンは、この公式とは異なり、if 節は使われていません。しかし、意味的に内容を補って考えると、If I could go, it would be great.（もし行くことができたら、すばらしいのに）という形が浮かび上がってきます。この it would be great. という帰結節を省略して、「行けたらいいのに」という気持ちを表すために I wish ... というパターンが用いられています。そのため、空所には選択肢3の **could** を入れることができます。なお、この I wish I could. は、遠慮がちに誘いを断る場合に用いられる婉曲的な表現です。

ワンモアポイント
《仮定法の公式》
⟶ p.061へ

確認問題 （　）に入るのに適切なものをひとつ選びましょう。

(1) **A:** I'm always ready to help you (　　　　) you have a
problem.

B: Thanks for saying so. I'll be sure to let you know when I
need a hand.

1 wherever　　**2** however　　**3** whichever　　**4** whenever

(2) **A:** Is Bob sleeping on the couch? I was thinking of asking him
to do the dishes.

B: I'm sure he's just pretending (　　　　) asleep. He was
wide awake just a minute ago.

1 to be　　　　**2** was　　　　**3** be　　　　　**4** being

(3) Lucille (　　　　) in the hospital for three months, but she
returned home the day before yesterday.

1 has been　　**2** is　　　　　**3** had been　　**4** will be

(4) Jonathan had been buried in thought with his eyes closed, but
suddenly opened his eyes wide as if he (　　　　) something
important.

1 remembers　　　　　　**2** remembering

3 to remember　　　　　**4** had remembered

(5) **A:** Have you seen my car keys? I can't find them anywhere.

B: You (　　　　) have left them in your jacket pocket. You
always put them there.

1 should　　　**2** will　　　　**3** must　　　　**4** shall

(1)
A: あなたが困っているときは、<u>いつでも助けるつもりです</u>。
B: そう言ってくれてありがとう。助けがいるときは、あなたに知らせるようにします。
1 どこで〜しても／2 どのように〜しても
3 どちらの〜でも／4 いつ〜しても

正解 **4**

解説 適切な接続詞を選ぶ問題。B が … <u>when I need a hand.</u> と言っていることから、「場所」「方法」などではなく「時・時間」の話であることがわかる。選択肢4の **whenever** は「いつ〜しても」という「時」を表す接続詞なので、これが正解である。

(2)
A: ボブったら、ソファーで寝てるの？　皿洗いを頼もうと思ってたのに。
B: 彼はきっと寝たふりをしているだけだよ。ほんの少し前は、ちゃんと起きていたから。
1 be 動詞の〈to 不定詞〉／2〈3人称単数過去形〉
3〈原形〉／4〈動名詞・現在分詞〉

正解 **1**

解説 pretend は「〜のふりをする」という意味の他動詞。We pretended (that) we had never met.（初対面であるふりをした）のように that 節をとることもできるが、to 不定詞も目的語としてとることができる。動名詞や原形などはうしろに置けないので、1の **to be** が正解。

(3)
ルシールは3か月入院していたが、一昨日家に戻った。
1 be 動詞の〈3人称単数現在完了〉／2〈3人称単数現在形〉
3〈過去完了〉／4〜になるだろう

正解 **3**

解説 正しい時制表現を選ぶ問題。「入院していた」のは「家に戻った」のよりも前の出来事であるため、「過去形」ではなく「過去完了」が必要。したがって、正解は選択肢3の **had been** である。

(4)
ジョナサンは目を閉じてじっと考えていたが、まるで何か重要なことを思い出したかのように、突然目を大きく見開いた。
1 remember の〈3人称単数現在形〉／2〈動名詞・現在分詞〉
3〈to 不定詞〉／4〈過去完了〉

正解 **4**

解説 as if 〜「まるで〜のように」という表現は、通常仮定法を用いる（用いないこともある）。suddenly opened his eyes wide「突然目を大きく開けた」は過去形であるので、as if 内は「仮定法過去完了」にするのが自然。そのため、正解は選択肢4の **had remembered** となる。仮定法を伴わないことはあるものの、「過去の話」をしているのだから、1の remembers は不適当（remembered なら可能）。

(5)
A: 私の車の鍵を見なかった？　どこにも見当たらないの。
B: ジャケットのポケットに入れたまま忘れたにちがいないよ。君は、いつもそこに入れるからね。
1 〜するべき／2 〜だろう／3 〜にちがいない／4 当然〜だろう

正解 **3**

解説 〈助動詞＋完了形〉の意味をきちんと押さえておこう。〈should ＋完了形〉は「〜すべきだった（のにしなかった）」、〈will ＋完了形〉は「未来完了形」。そして、〈must ＋完了形〉は「〜したにちがいない」で、ここでは「鍵をポケットに入れっぱなしにしたに違いない」という文脈にマッチした内容をつくれる。したがって、3の **must** が正解。

(6) **A:** Why don't we go to a party at John's house together? It'll be a lot of fun.

　　 B: I hate to be difficult, but I won't go (　　　　) I'm invited.

　　 1 that　　　　 **2** unless　　　　 **3** how　　　　 **4** what

(7) **A:** How is Kate getting along in your band?

　　 B: We all have a lot of respect for her. Not only (　　　　) well, but she is also a great guitarist.

　　 1 does she sing　　　　　　 **2** she sings
　　 3 she is singing　　　　　　 **4** should she sing

(8) This company's profits for this year were about three times (　　　　) large as the last year's.

　　 1 than　　　　 **2** more　　　　 **3** that　　　　 **4** as

(9) James missed the last train yesterday. If he (　　　　) his office five minutes earlier, he wouldn't have ended up having to take a taxi back home.

　　 1 leave　　　 **2** leaves　　　 **3** left　　　 **4** had left

(10) **A:** Don't forget (　　　　) an umbrella with you, Jimmy. The weather forecast said it would rain in the afternoon.

　　 B: I already put a folding umbrella in my bag.

　　 1 taking　　　 **2** took　　　 **3** to take　　　 **4** taken

(6)
A: ジョンの家でやるパーティに、いっしょに行かない？　すごく楽しそうだよ。
B: 聞き分けのないことを言って悪いけど、自分が招かれ<u>ないかぎり</u>、行くつもりはないよ。
1 〜ということ／2 〜しないかぎり／3 どのように〜か／4 〜なもの

正解 2

解説 適切な接続詞を選ぶ問題。「自分が招待されないなら、行かない」という文脈なので、「〜しないかぎり」「もし〜でなければ」という意味になる選択肢2の **unless** を選ぼう。なお、I hate to be difficult の difficult は「難しい」ではなく、「気難しい」「聞き分けのない」「強情な」といった意味である。

(7)
A: ケイトは、あなたのバンドでうまくやってる？
B: みんな、彼女のことをすごく尊敬しているよ。歌がうまいだけでなくて、ギターも凄腕なんだ。

正解 1

〔選択肢訳なし〕

解説 Not only という否定表現が出ているので、空所内には倒置表現が用いられることになる。倒置は「疑問文と同じ語順」にすることがポイントなので、選択肢1の **does she cing** が正解となる。選択肢4も疑問文の語順だが、should を使った倒置表現は、例えば <u>Should you</u> wish, I can write him a letter.（もしお望みでしたら、彼に手紙を書きますよ）のように、「もし〜だったら」や「万一〜のときは」といった場合に使われる。

(8)
弊社の今年の利益は、昨年の利益のおよそ3倍でした。
1 〜よりも／2 もっと〜、より〜／3 それ／4 同じくらい

正解 4

解説 large の直後に置かれた as がヒントとなる。選択肢4の **as** を用いると、three times as large as 〜「〜よりも3倍大きい」という意味になる。一般に、X times as 〜 as … で「…よりもX倍〜」という意味になるが、「2倍」の場合は two times ではなく twice が用いられる。

(9)
ジェームズは昨日、終電に乗り損ねた。もし彼が会社をあと5分早く<u>出ていた</u>ら、家までタクシーに乗ることにならずにすんだだろう。
1 leave の〈原形〉／2〈3人称単数現在形〉
3〈過去形・過去分詞〉／4〈過去完了〉

正解 4

解説 he wouldn't have ended up … という部分から、仮定法過去完了の文になっていることを見抜こう。「タクシーに乗らずにすんだだろう」という帰結節に合わせるために、選択肢4の **had left** を空所に入れて、If he had left his office … という正しい形にする。if節中を過去完了にすることで、「過去における仮定の話」をすることができるのだ。

(10)
A: 傘を忘れずに<u>持って行き</u>なさいね、ジミー。天気予報によると、午後は雨が降るらしいから。
B: もうカバンに折り畳み傘を入れたよ。
1 take の〈動名詞・現在分詞〉／2〈過去形〉／3〈to 不定詞〉／4〈過去分詞〉

正解 3

解説 forget は to 不定詞と動名詞の両方を目的語にとるが、動名詞の場合は「〜したことを忘れる」、to 不定詞の場合は「これから〜することを忘れる」という意味になる。ここでは「（これから）持って行くことを忘れないようにね」と注意されているので、選択肢3の **to take** が正解となる。

本番形式に挑戦！

実戦練習

目標解答時間
15分

さあ、本番と同じ**20**問です。巻末のマークシートを使って、解いてみましょう！ 必ず時間を計って、〈目標解答時間〉内に解き終えることが大切です。

次の *(1)* から *(20)* までの（　　）に入れるのに最も適切なものを **1**、**2**、**3**、**4** の中から一つ選び、その番号を解答用紙の所定欄にマークしなさい。

---

(1) Greg usually works out at the gym on weekday evenings, but he (　　　　　) goes for an extra workout on Sundays if he has extra time.

1 occasionally **2** honestly **3** rudely **4** severely

(2) Rebecca felt (　　　　　) after failing her driving test. She decided to eat some ice cream to make herself feel better.

1 purified **2** depressed **3** surrounded **4** estimated

(3) Allen said he was going to (　　　　　) from his job because he wants to change careers. Today, he is going to tell his boss that he is leaving.

1 persuade **2** appreciate **3** deposit **4** resign

(4) The book that Carrie borrowed is (　　　　　) at the library in a few days, so she is trying to finish it quickly.

1 exact **2** curly **3** due **4** insane

DAY 1
DAY 2
DAY 3
DAY 4
DAY 5
DAY 6
DAY 7

(5) Last week, Trevor bought a book on magic. It (　　　　) the secrets of how many well-known tricks are done.

1 installed　　**2** revealed　　**3** motivated　　**4** punished

(6) *A:* Excuse me. How much is the (　　　　) from Central Station to Redmond Station?

B: It's $2.40 for one-way.

1 fare　　**2** miracle　　**3** detail　　**4** brass

(7) Although Yusuke speaks English very well, you can still hear a Japanese (　　　　) in his voice. He sometimes has trouble with "L" and "R" sounds.

1 canal　　**2** storage　　**3** theory　　**4** accent

(8) Jonathan's company is going to do a (　　　　) of its customers to find out which of its products is the most popular. They are going to ask about 1,000 people to answer their questions.

1 continent　　**2** thunder　　**3** survey　　**4** vacancy

(9) Richard's boss was (　　　　) because he was late three times in one week. He called Richard into the office and shouted at him for 10 minutes.

1 furious　　**2** permanent　　**3** religious　　**4** ambitious

(10) When she saw that she had failed her history test, Barbara (　　　　) that she had not studied harder for it.

1 advanced　　**2** regretted　　**3** translated　　**4** distinguished

(11) Karen is (   ) the best player on her soccer team. She always scores many more goals than any other player.

1 at length   **2** under way   **3** on demand   **4** by far

(12) **A:** Are you going to take the job you were offered last week?

     B: I'm still thinking it (   ). It's a really big decision, and I don't want to make a mistake.

1 over   **2** around   **3** down   **4** by

(13) **A:** Have you finished your report?

     B: No, I showed it to my mom, and she (   ) some problems. I'm going to fix them tonight.

1 held up   **2** took off   **3** passed by   **4** pointed out

(14) Unfortunately, the concert had to be (   ) off because of the heavy snowstorm last night.

1 called   **2** made   **3** set   **4** blocked

(15) The park was very crowded, so the children had to (   ) turns playing on the swings and the slide.

1 do   **2** wait   **3** take   **4** get

(16) Laura (   ) to stay up too late at night, so she sometimes finds it difficult to wake up in the morning.

1 admits   **2** finds   **3** protects   **4** tends

(17) It rained ( ) all afternoon. Every time Jack thought he could go outside to play, it started again.

1 in and out   **2** on and off
3 around and around   **4** down and out

(18) Allen was surprised when his mother suddenly came to visit him. If he had known she was coming, he ( ) cleaned up his apartment.

1 will have   **2** would have   **3** has   **4** had

(19) *A:* Do you mind ( ) me to the station? I'm late for work.

　　B: Sure, no problem. I'll get my keys.

1 to drive   **2** driven   **3** drive   **4** driving

(20) *A:* Is it faster to take Springbank Drive or Oxford Street to get to the library?

　　B: Oxford Street is faster ( ) about five minutes.

1 by   **2** at   **3** with   **4** through

正解と訳　次ページ

(1) グレッグはたいてい平日の夜にジムで運動をするが、時間に余裕があるときは、**ときどき日曜日にもさらに運動をしている**。 正解 **1**

1 ときどき／2 正直に／3 無礼に／4 厳しく

解説 この文の前半は「いつもやっていること」なのに対し、if he has extra time「時間に余裕があるとき」という表現があることから、後半は**「いつもやっているわけではない」**内容になっていると予測できる。つまり「ときどき」やっていることを説明しているので、選択肢1の **occasionally** が正解である。

---

(2) レベッカは運転免許試験に落ちた後、**意気消沈した**。彼女は気分をよくするために、アイスクリームを食べることにした。 正解 **2**

1 浄化されて／2 意気消沈して／3 囲まれて／4 見積もられて

解説 to make herself feel better（気分をよくするために）という表現から、レベッカが「落ち込んでいた」ことがわかるため、2の **depressed** が正解とわかる。depress は「〜を落ち込ませる」という意味の他動詞であり、過去分詞の depressed は「落ち込まされた」→「落ち込んで」「意気消沈して」という意味になる。

---

(3) アレンは転職したいので、仕事を**辞める**つもりだと言った。今日、彼は上司に辞めることを伝えるつもりだ。 正解 **4**

1 〜を説得する／2 価値が上がる、〜を正しく評価する
3 〜を預ける／4 辞める

解説 文法的に考えると、空所のうしろに前置詞が続いているため、まず他動詞である1と3を排除できる。そして、文脈から判断すると、第2文に leaving「職場を去る、辞める」が登場していることから、選択肢4の **resign** が正解だとわかるはずだ。

---

(4) キャリーが借りた本はあと数日で図書館の**返済期限が過ぎる**ので、彼女は早く読み終えようとしている。 正解 **3**

1 正確な／2 縮れた／3 期限が来て／4 常軌を逸した

解説 「なぜ急いで読み終えようとしているのか」を考えると、「返済期限が迫っているからだ」という理由が妥当であるため、正解は選択肢3の **due** だと判断できる。なお、due には The train is <u>due</u> in an hour.（列車はあと1時間で来る予定です）のように「〜する予定で」という意味や、When is she <u>due</u>?（彼女の予定日はいつですか?）のように「出産する予定で」という意味もある。

---

(5) 先週、トレヴァーは手品に関する本を買った。その本は、有名な多くのトリックがどのように行われているかを**暴露していた**。 正解 **2**

1 〜を設置した／2 〜を暴露した／3 〜をやる気にさせた／4 〜を罰した

解説 how many well-known tricks are done は「いくつの〜」ではなく、「多くの有名なトリックがどのように行われているか」という意味である。「トリックの方法を○○する」という文脈から考えれば、選択肢2の **revealed** が正解だとわかる。

(6)
A: すみません、セントラル駅からレッドモンド駅までの<u>運賃</u>はいくらですか？
B: 片道で2ドル40セントになります。
1 運賃／2 奇跡／3 詳細／4 真ちゅう

正解 **1**

解説 How much is ～?「～はいくらですか？」という表現から、空所には「金額」を表す表現が入ることがわかる。選択肢中で「金額」を表すのは1の **fare** だけなので、これが正解。なお、fare は「乗り物の料金」を表す名詞で、入場料や授業料などといった「サービスに対する料金」は fee、橋や道路などの「通行料」は toll である。

(7)
ユウスケは英語をとても上手に話すが、それでも彼の声には日本語<u>なまり</u>があるように聞こえる。彼はときどき "L" と "R" の発音に苦労しているようだ。
1 運河／2 貯蔵（庫）／3 理論／4 なまり、強勢

正解 **4**

解説 have trouble with ～は「～に苦労する」「～に問題がある」という意味である。「L とR の発音に苦労している」のは「日本語なまり」のせいだと考えられるので、4の **accent** が正解。accent には「アクセント（単語の中で強く読むところ）」だけでなく、「口調」「なまり」という意味もあることを覚えておこう。

(8)
ジョナサンの会社は、自社のどの製品に最も人気<u>がある</u>のかを調べるために、顧客に対して<u>調査</u>を行う。同社はおよそ1,000人に対して質問への回答を依頼する予定だ。
1 大陸／2 雷／3 調査／4 空き、欠員

正解 **3**

解説 2文目の ask about 1,000 people to answer their questions「およそ1,000人に質問に答えてもらう」という内容を具体的に表している3の **survey** が正解。なお、4の vacancy「欠員」「空き」は、vacant「空きがある」の名詞形である。

(9)
リチャードが1週間に3回遅刻したので、リチャードの上司は<u>激怒した</u>。彼はリチャードをオフィスに呼び入れて、10分間叱りつけた。
1 激怒して／2 永続的な、普遍の
3 宗教的な、信心深い／4 大望のある、熱望して

正解

解説 選択肢2の permanent 以外は「人」について用いることができる形容詞なので、文脈を頼りに正解を導きだそう。第2文の「10分間叱りつけた」という内容を言い換えた、選択肢1の **furious** が正解となる。

(10)
歴史の試験に落第したことがわかったとき、バーバラはもっと一生懸命試験勉強をしなかったことを<u>後悔した</u>。
1 ～を前に進めた／2 ～を後悔した／3 ～を翻訳した／4 ～を区別した

正解

解説 「ちゃんと試験勉強をしなかった」ことを「後悔する」という文脈なので、2の **regretted** が正解だと判断できる。なお、「～するべきだったのにしなかった」は、I should have studied harder.（もっと勉強しておくべきだった）のように〈should have 過去分詞〉の形で表すことができる。

(11) カレンは、彼女のサッカーチームで群を抜いて一番の選手だ。彼女はいつも、他の選手よりも多くのゴールを決める。

正解 **4**

1 ついに、詳細に／2 進行中で／3 要求に応じて／4 群を抜いて

解説 空所のうしろに the best player という最上級があることがヒントになる。「サッカー選手としてのカレンの優秀さ」が述べられているので、「群を抜いて」「はるかに」という意味で最上級を強調する選択肢4の **by far** が正解。なお、much も最上級を強調する場合に使える表現である。

(12) A: 先週申し出があった仕事を受けるつもりですか？

B: まだ、それについてよく考えているところです。とても重大な決断なので、間違いを犯したくないのです。

正解 **1**

〔選択肢訳なし〕

解説 選択肢に並んでいる前置詞（副詞）の中で think と結びついて句動詞をつくれるのは選択肢1の **over** のみなので、これが正解。この over は「何度も」「じっくりと」といったニュアンスを表す副詞である。

(13) A: レポートは書き終わったの？

B: いや、それをお母さんに見せたら、彼女がいくつかの問題点を指摘したんだ。今夜、それらを修正するつもりだよ。

正解 **4**

1 〜を持ち上げた／2 〜を脱いだ、外した
3 〜のそばを通った／4 〜を指摘した

解説 選択肢に並んでいるのはいずれも目的語をとることができる句動詞だが、some problems「いくつかの問題点」に対して自然に用いられるのは4の **pointed out** だけである。なお、選択肢2の take off には「（飛行機が）離陸する」という意味もあるが、この場合は自動詞用法であるため、目的語をとることはできない。

(14) 残念ながら、昨夜は猛吹雪のためにコンサートを中止せざるをえなかった。

正解 **1**

〔選択肢訳なし〕

解説 make off「こっそり逃げる」、set off「出発する」、block off「（道などを）閉鎖する」のように、その他の選択肢も句動詞をつくるが、文脈に合致するのは選択肢1を用いた **call off**「〜を中止する」のみ。ここでは受動態で使われている。

(15) その公園は非常に混雑していたので、子供たちはブランコやすべり台を交代で利用しなければならなかった。

正解 **3**

〔選択肢訳なし〕

解説 turns を目的語にとって句動詞をつくれるのは選択肢3の **take** のみである。take turns で、「交代で使う」「順番に行う」という意味になる。直後に現在分詞をとって（take turns 〜ing）、「順番に〜する」という意味を表すことができる。また、in[by] turns は「順番に」「代わる代わる」という意味の熟語である。

《短文の語句空所補充問題》はこう解く！

大問

1

DAY 1

DAY 2

DAY 3

DAY 4

DAY 5

DAY 6

DAY 7

(16) ローラは夜遅くまで起きている<u>傾向がある</u>ので、朝起きるのに苦労することがある。

正解 **4**

1 ～を認める／2 ～を見つける／3 ～を守る／4 （～する）傾向がある

解説 後に to 不定詞を目的語としてとれるのは、選択肢4の **tends** のみ。tend to *do* は「～する傾向がある」「～しがちである」という意味のイディオムである。have a tendency to *do* や be inclined to *do* なども、似た意味を持つ表現だ。なお、admit to ～「～を認める」という形は可能だが、この to は前置詞であり、後には名詞や動名詞が続くことに注意（例：admit to being wrong「自分の非を認める」）。

----

(17) 午後中ずっと雨が<u>断続的に</u>降っていた。外に出て遊べるとジャックが思うたびに、また雨が降り出した。

正解 **2**

1 出たり入ったり、内も外も／2 断続的に／3 ぐるぐると／4 打ちのめされて

解説 「雨が降る」という表現と共起できるのは選択肢2の **on and off** のみなので、これが正解。順番を入れ替えた off and on もほぼ同じ意味の表現である。

----

(18) 彼の母親が突然訪ねてきたとき、アレンは驚いた。彼女が来ることを知っていたら、彼はアパートの掃除をしていただろう。

〔選択肢訳なし〕

正解 **2**

解説 文脈から「もし～だったら、…しただろう」という仮定法過去完了が使われていることを見抜こう。選択肢2の **would have** を用いれば、〈If S had 過去分詞 , S would have 過去分詞〉という仮定法過去完了の基本パターンが完成する。

----

(19) A: 駅まで車で<u>送ってもらえない</u>？　仕事に遅れちゃう。
B: いいよ、わかった。車の鍵を取ってくるね。

正解 **4**

1 drive の〈to 不定詞〉／2〈過去分詞〉／3〈原形〉／4〈動名詞・現在分詞〉

解説 mind は「～を嫌だと思う」「～を気にする」という意味で、名詞または動名詞を目的語にとる。選択肢を見ると、動名詞は選択肢4の **driving** なので、これが正解となる。なお、enjoy「～を楽しむ」、give up「～をあきらめる」、avoid「～を避ける」なども、mind と同様に to 不定詞ではなく動名詞を目的語にとる他動詞である。

----

(20) A: 図書館に行くには、スプリングバンク通りとオックスフォード通りのどちらを通ったほうが早いですか？
B: オックスフォード通りのほうが5分くらい早いですよ。

〔選択肢訳なし〕

正解 **1**

解説 A が「どちらが早いか」をたずねているので、B は「どのくらいの差があるか」を述べていると予測できる。選択肢1の **by** は「～の差で」という意味の前置詞なので、これを選んで「オックスフォード通りを言ったほうが5分ほどの差で早い」という意味を完成させる。なお、He beat his opponent by 5 points.（彼は対戦相手を5ポイント差で負かした）のように、by は「時間」以外の「差」についても用いることができる。

出る！ 合格にグッと近づく単語01-30

英検2級合格のために、覚えておきたい単語をリストアップしました。左ページの空所にはいる単語（頭文字だけは提示）を答えられますか？　答えは、右ページに記載しています。

01 a------- a dream 夢を断念する	**16** consume a lot of f------- 燃料を大量に消費する
02 a------- something great 偉業を達成する	**17** g------- someone with a smile 笑顔で人にあいさつする
03 a------- the room temperature 室温を調整する	**18** get rid of a bad h------- 悪いくせを取り除く
04 b------- the use of cell-phones 携帯電話の使用を禁止する	**19** make a choice without h------- ためらうことなく選択する
05 hold an international c------- 国際会議を開催する	**20** i------- *one's* little finger 小指を傷つける
06 act with c------- 自信を持って行動する	**21** make a final j------- 最終的な判断をくだす
07 d------- the meeting 会議を遅らせる	**22** l------- the number of visitors 来場者の数を制限する
08 d------- to succeed 成功したいという願望	**23** a l------- for the rich 金持ちのためのぜいたく品
09 prepare against d------- 災害に備える	**24** build a m------- relationship 成熟した関係を築く
10 d------- rare plants 珍しい植物を展示する	**25** major in p------- 哲学を専攻する
11 e------- look for a job 熱心に職を探す	**26** p------- a business trip 出張を延期する
12 e------- 100 dollars a day 1日に100ドルをかせぐ	**27** r------- *one's* efforts 努力に報いる
13 conduct an e------- 実験を行う	**28** s------- *one's* coffee with a spoon スプーンでコーヒーをかき混ぜる
14 e------- a contract 契約を延長する	**29** perform an important t------- 重要な任務を遂行する
15 f------- plates and glasses 壊れやすい皿とコップ	**30** t------- people with a story 物語で人をわくわくさせる

DAY 1

DAY 2

DAY 3

DAY 4

DAY 5

DAY 6

DAY 7

【単語を覚えるコツ】
単語単体ではなく、フレーズ全体を意味のまとまりとして
覚えたほうが効果的です。

 Track
03~04

01	**abandon** 動 ～を捨てる	16	**fuel** 名 燃料
02	**achieve** 動 ～を達成する	17	**greet** 動 ～にあいさつする
03	**adjust** 動 ～を調整する	18	**habit** 名 くせ, 習慣
04	**ban** 動 ～を禁止する	19	**hesitation** 名 ためらい
05	**conference** 名 会議	20	**injure** 動 ～を傷つける
06	**confidence** 名 自信、確信	21	**judgment** 名 判断
07	**delay** 動 ～を遅らせる	22	**limit** 動 ～を制限する
08	**desire** 名 願望	23	**luxury** 名 ぜいたく品
09	**disaster** 名 災害	24	**mature** 形 成熟した
10	**display** 動 ～を展示する	25	**philosophy** 名 哲学
11	**eagerly** 副 熱心に	26	**postpone** 動 ～を延期する
12	**earn** 動 ～をかせぐ	27	**reward** 動 ～に報いる
13	**experiment** 名 実験	28	**stir** 動 ～をかき混ぜる
14	**extend** 動 ～を延長する	29	**task** 名 任務, 作業
15	**fragile** 形 壊れやすい	30	**thrill** 動 ～をわくわくさせる

ワンモアポイント！

《to 不定詞をとる動詞と動名詞をとる動詞》

〈to 不定詞を目的語にとる動詞〉、〈動名詞を目的語にとる動詞〉、それぞれ2級レベルで気をつけるべきものを集めました。

● to 不定詞を目的語にとる動詞

□ agree to *do*	～することに同意する	□ offer to *do*	～しようと申し出る
□ decide to *do*	～しようと決心する	□ pretend to *do*	～するふりをする
□ determine to *do*	～しようと決心する	□ promise to *do*	～すると約束する
□ intend to *do*	～するつもりである	□ refuse to *do*	～することを拒む
□ manage to *do*	うまく～する	□ wish to *do*	～したいと思う
□ mean to *do*	～するつもりだ		

● 動名詞を目的語にとる動詞

□ avoid *doing*	～することを避ける	□ put off *doing*	～するのを延期する
□ deny *doing*	～したことを否定する	□ postpone *doing*	～するのを延期する
□ escape *doing*	～するのを免れる	□ suggest *doing*	～しようと提案する
□ give up *doing*	～するのをやめる	□ miss *doing*	～し損なう
□ mind *doing*	～するのをいやがる		

《2級に出題されやすい群接続詞》

攻略ポイント❹で紹介した群接続詞ですが、以下のものも覚えておきましょう！

□ as far as ～	～する限りでは	□ no matter wh- ～	たとえ～であっても
□ as if[though] ～	まるで～であるかのように	□ by accident	偶然に
□ as[so] long as ～	～する限りはずっと、～でありさえすれば	□ seeing that ～	～だから
□ except that ～	～という点をのぞいて	□ so that ～	～するように、その結果～
□ for fear that ～	～するといけないので	□ suppose [supposing] that ～	～だとすれば
□ in case ～	～した場合は、～するといけないので	□ the moment [minute] ～	～するやいなや
□ in that ～	～という点で、～なので		

《仮定法の公式》

●仮定法過去

現在の事実に反する仮定、可能性の低い状況を想像するときに用いる

公式

If + S' + V'（過去形）… , S ＋助動詞の過去形＋動詞の原形 … .

例 If I were[was] not busy, I would go traveling with my family.

（もし忙しくなければ、家族と旅行に出かけるのだが。）

※ be 動詞は were が基本であるが、主語が1人称・3人称の単数の場合は was も可。

●仮定法過去完了

過去の事実に反する仮定を表すときに用いる

公式

If + S' + V'（過去完了）… , S ＋助動詞の過去形＋ have ＋過去分詞 … .

例 If he had helped me, I could have solved the problem.

（もし彼が助けてくれていたら、私はその問題を解決できていただろう。）

●未来に関する仮定法

可能性の低い未来の仮定を表すときに用いる

公式①

If + S' + V'（were to ＋動詞の原形）… , S ＋助動詞の過去形＋動詞の原形 … .

例 If you were to study abroad, where would you go?

（仮に海外留学するとしたら、どこへ行きますか。）

公式②

If + S' + should ＋動詞の原形 … , S ＋助動詞の過去形 [現在形] ＋動詞の原形 … .

例 If it should rain tomorrow, I will[would] not go out.

（万一明日雨が降ったら、私は出かけないだろう。）

例 If you should see John, tell him to call me.

（ジョンにあったら、私に電話するように言ってください。）

※主節には命令形が使われることもある。

●そのほかの重要表現

① but for/without/if it were not[had not been] for ...

「もし〜がなかったら」を意味する。

例 If it hadn't been for your advice, I wouldn't have passed the test.
  (あなたの助言がなかったら, 私はテストに合格しなかっただろう。)

② I wish + S' + V' (仮定法過去・過去完了) ...

「〜ならよかったのにと思う」を意味する。

例 I wish I had studied harder when I was at college.
  (大学時代にもっとよく勉強していればよかったのにと思う。)

③ as if + S' + V' (仮定法過去・過去完了) ...

「まるで〜かのように」を意味する。

例 She talks as if she were a friend of the actress.
  (彼女はまるでその女優の友人であるかのような口ぶりだ。)

④ It is time (that) + S' + V' (仮定法過去) ...

「もう〜してもよい時だ」を意味する。

例 It is time we decided where to go for our vacation.
  (私たちは休暇にどこへ行くかをもう決めてもいいころだ。)

大問

2

DAY 1

DAY 2

DAY 3

DAY 4

DAY 5

DAY 6

DAY 7

《長文の語句空所補充問題》は
こう解く！
合格への攻略ポイント

大問2は［A］と［B］、ふたつの長文が出題され、
それぞれ4つの空所に適切な語句を挿入する問題。

長文はどちらも記事形式で、攻略手順も共通です。

まず「攻略ポイント」を理解してから、「確認問題」。
そして、最後、「実戦練習」に挑戦しましょう！

⑦ 頭からしっかり読もう

長文トピックは歴史や文化から医療、最新テクノロジーまで幅広いですが、文系的なものと理系的なものがひとつずつ出題されることが多いようです。空所の答えは、基本的にそこだけを読んでも答えられないようになっています。ひとつの長文を8分以内に解き終えればよいので、あせらず、頭からしっかり意味をとっていくのが基本戦略です。

例題

The Birds That Cannot Fly ❶

There are many reasons that flying is important for birds' survival. The ability to see food from the air is a great advantage, and being able to take off into the sky can also save a bird's life when another animal is hunting it. (**1**   ), the power of flight helps some birds to travel

❸ → p.066へ

thousands of kilometers during winter, helping them to stay alive in areas where it is warmer and there is more food available.

However, many birds, such as penguins and ostriches, spend their entire lives on the ground. Most of these flightless birds are found on islands where (**2**   ). And when there are no other animals trying to kill a bird species, they gradually stop flying because it wastes

❹ → p.066へ

too much energy. Their bodies begin to evolve, and sometimes they become able to survive with less food. Some even become able to swim, as penguins have done very successfully.

Surprisingly, researchers have found that even birds that must fly to get food, such as hummingbirds, have weaker flying muscles when they live on islands that are safer. There is a (**3**   ) this. Birds use the most energy when they are quickly taking off from the ground, so when they are in less danger, they do not have to be quite as good at flying. It therefore seems that when there is less pressure on them, birds are less likely to fly.

(1) **1** In contrast   **2** For instance

      3 Even so   **4** Furthermore

(2) **1** they have no enemies   **2** food is easier to find

      2 the winds are stronger   **4** temperatures are lower

(3) **1** minor exception to   **2** good reason for

      3 great danger from   **4** quick way to do

正解と訳 > p.067

 STEP 1

タイトルでテーマがわかる！

「タイトル＝テーマ」です。本文の内容をつかむには、まずタイトルの確認から！
▶ *The Birds That Cannot Fly* というタイトルから、「空を飛ぶことができない鳥」についての文だということがわかります。ペンギンやダチョウの話題が登場することが推測できますし、そういった鳥が「なぜ飛ばなくなったのか」について説明されているかもしれないなどと推測できます。

 STEP 2

頭から読むのが正解への近道！

空所近辺を読むだけでは正解は得られません。文章の流れを正しくつかむ必要があります。まず一度、最初から最後まで全体を通して読み、それから解答するのが効率的です。▶ (3) は、空所を含む1文だけを読んでも正解がはっきりしません。「これには ------- がある」の答えは、次の文まで読んではじめてわかります。前の文は「安全な土地では、飛ぶための筋肉が弱くなる」という内容で、次の文は「地上から飛び立つときに、最もエネルギーを消費する」と説明されています。「エネルギーを消費する」ことは「筋肉が弱くなる」ことに対する理由だと言えますから、最適なのは選択肢2です。

〈次ページに続く〉

STEP 3 接続表現が問われることもある！

文章の流れをつかむときに役立つのが接続詞や副詞（句）です。これらの語句を空所に入れる問題も、毎回出題されています。▶空所 (1) の選択肢に並んでいる語句は、すべて文章の流れを示す副詞（句）ですね。直前の文は「飛ぶことができれば、敵から逃げられる」、空所を含む文は「冬場に住みやすい土地に移動できる」という内容になっています。空所を含む文は「具体例」ではないので2は不可。また、対照的な内容でもないので1も不適切です。選択肢3の Even so は「たとえそうであっても」という意味で、これも文脈に合いません。正解は4の **Furthermore**。「さらに」という意味で、前の内容に対して新たに事例を追加するための表現です。

STEP 4 言い換え表現にも注意！

空所に入れる表現は、その近くにある語句の「言い換え」になっている場合があります。▶空所 (2) には「飛ばない鳥がいるのはどのような島か」を説明する表現が入ります。次の文の最後に no other animals trying to kill a bird species（ある鳥の種を殺そうとする他の動物がいない）とあります。これは、「敵がいない」ということを意味していますので、選択肢1の **they have no enemies** が正解だとわかります。このように、必ず近くに「元の表現」が出ていますので、冷静に判断するようにしましょう。

《話の方向を示す接続表現》
⟶ p.084へ

DAY 1
DAY 2
DAY 3
DAY 4
DAY 5
DAY 6
DAY 7

例題 正解 *(1)* **4** *(2)* **1** *(3)* **2**

飛べない鳥

　飛ぶことは、多くの理由から鳥の生存にとって重要である。空中から獲物を見つけられる能力は大変有利であり、他の動物に捕まりそうになっても空中に飛び立てる事で命拾いできる。*(1)* **〈さらに〉**、その飛行能力によって冬場に何千キロも移動し、それによってより温暖で食料が豊富な地域で生き延びることができる鳥もいる。

　しかし、ペンギンやダチョウのような多くの鳥は、その一生を陸上で過ごす。それらの飛べない鳥は *(2)* **〈天敵がいない〉** 島に生息している。ほかの動物に命を狙われることがなければ、力を消耗しすぎないように鳥は次第に飛ぶことをやめてしまう。その体には進化が起こり始め、少ない食料で生存できるようになることもある。ペンギンが成功したように、泳ぐことができるようになる鳥もいる。

　驚くべきことに、研究者たちはハチドリのように飛んで食料を確保しなければならない鳥であっても、より安全な島にいる時には飛ぶための筋肉が弱くなるということを発見した。これ *(3)* **〈に関してはちゃんとした理由〉** があるのだ。鳥は素早く飛び立つ時に最も多くのエネルギーを消費するので、危険が少なければ、それほど上手に飛べなくても問題がないのだ。それゆえに、必要に差し迫られていなければ、鳥はあまり飛ばなくなるようだ。

(1) **1** 反対に　　　　　　　　　　**2** 例えば
　　 3 そうであったとしても　　**4 さらに**
(2) **1 天敵がいない**　　　　　　**2** 食料を見つけるのは簡単だ
　　 3 風がより強い　　　　　　**4** 気温がより低い
(3) **1** （…に対しての）ちょっとした例外
　　 2 （…に関しては）ちゃんとした理由
　　 3 （…からの）重大な危険
　　 4 （…する）手早い方法

4つの（　）に入るのに適切なものを、それぞれひとつ選びましょう。

London's Mudlarks

London's mudlarks are people who enjoy searching along the edges of the River Thames for historical objects that were lost or thrown away in the past. The River Thames is affected by the tides, and twice a day, the water level decreases by as much as 7 meters. This allows people to climb down into the mud to enjoy looking for coins, pottery, and other interesting historical items. Originally, however, mudlarking was (　*1*　). Hundreds of years ago, the original mudlarks were poor people who had no way to make money other than to search for objects in the mud that they could sell.

Most of today's mudlarks do it because they love history and the thrill of discovering items that can be hundreds or even thousands of years old. However, the city of London is concerned about people discovering valuable or historically important items and taking them home. Therefore, since 2016, mudlarks have (　*2*　). Before people go into the river area to search, they are required to get a license from the government. In addition, all items they find must be taken to a museum and those that are historically important or valuable will be taken away.

Although mudlarks are not professional historians, museums still appreciate their efforts. Important objects, such as a sword that is over 2,000 years old, have been found and donated. (　*3*　), smaller finds can be important, too. Michael Lewis of the British Museum says, "They are like little pieces in a jigsaw puzzle that help us create a picture of the past."

□ *(1)* **1** much easier　　　　**2** not a hobby

　　　　3 not allowed　　　　**4** more interesting

□ *(2)* **1** polluted the Thames　　**2** been finding better items

　　　　3 increased in number　　**4** needed permission

□ *(3)* **1** For this reason　　　　**2** For example

　　　　3 On the other hand　　　**4** In this way

《長文の語句空所補充問題》はこう解く！

大問
2

DAY 1

DAY 2

DAY 3

DAY 4

DAY 5

DAY 6

DAY 7

A New Kind of Sport

E-sports is a form of competition using video games. E-sports can be defined as competitive gaming on a professional level. Although organized video game competitions have been held since the 1980s, they were only considered amateur-level events until the late 2000s. By the 2010s, e-sports had become a global industry. It is even changing the way many developers (**4**), as more and more games are aimed toward the professional e-sports community.

The majority of popular e-sports are individual or team-based multi-player games played in tournaments held year-round. Nowadays, e-sports events often feature professional commentators and live spectators. E-sports players (**5**) through unique training. E-sports athletes focus on training the mind by doing things like studying strategies and new updates for the game. However, they also have to do a lot of training in the same way as athletes from traditional sports.

Just like any other sport, e-sports have a dark side. There have been cases of match-fixing and the use of illegal drugs that boost players' powers of concentration. Furthermore, some teams have reportedly been made to practice together for at least 50 hours per week, and most players play far more on their own. Due to such hard training schedules for players, e-sports professionals have relatively short careers. Players generally start participating in competitions in their mid- to late teens, and most are retired by their mid-20s. (**6**) these downsides, e-sports continue to grow in popularity and influence. More and more people are watching and participating in e-sports around the world. Some organizations have even proposed making e-sports an Olympic event.　　*match-fixing: 八百長行為

□ *(4)* **1** fire old employees　　**2** design new games

　　　3 prevent more accidents　　**4** compose new music

□ *(5)* **1** start a company　　**2** become an entertainer

　　　3 prepare for matches　　**4** negotiate new deals

□ *(6)* **1** Before　　**2** Thanks to

　　　3 Throughout　　**4** Despite

正解と訳 次ページ

ロンドンのマドラーク

❶ロンドンのマドラークとは、テムズ川の川岸で、過去に紛失あるいは投棄された歴史的遺物の探索を楽しむ人々のことである。テムズ川は潮の影響を受けるため、1日2回水位が7メートルほども低下する。このおかげで人々は泥の中に降りていき硬貨や陶器といった興味深い歴史的遺物の探索を楽しむことができる。しかし、本来は川底をさらうことは *(1)* 〈趣味として行われるものではなかった〉。❷数百年前にいた、元々のマドラークは貧しかったので、泥の中から何か売れそうなものを探すしかお金を稼ぐ手段がなかったのである。

近頃のマドラークの多くは歴史が好きであり、数百年、さらには数千年以上前のものである可能性を秘めた物品を発見するスリルも好きなので、泥の中を探すのだ。しかし、ロンドン市当局は貴重な遺物や歴史的に重要な遺物を発見した人々が、それらを家に持ち帰ってしまうことを懸念している。それゆえに、2016年以降、マドラークは *(2)* 〈許可を受けることが必要になって〉いる。❸河川区域に入って探索をする前に、人々は政府から許可証を取得する必要がある。さらに、すべての発見物は博物館に持参する必要があり、歴史的に重要な遺物や貴重な遺物はそこで回収されることになっている。

マドラークは歴史の専門家ではないが、博物館は彼らの努力に感謝している。❹2000年以上前の刀などの重要な遺物が発見され、寄贈されている。*(3)* 〈一方で〉、❺小さな発見物であっても重要なものになりうる。大英博物館のマイケル・ルイスは「それらはジグソーパズルの小さなピースのように、過去という1枚の絵を完成させるのに役立ってくれるのです」と述べている。

覚えておこう！

☐ **mudlark** マドラーク（川底をさらって価値のあるものを探す人）　☐ **the River Thames** テムズ川　☐ **historical object** 歴史的遺物　☐ **affect** ～に影響する　☐ **water level** 水位　☐ **decrease** ～が減少する、～が低下する　☐ **as much as ～** ～と同じ程度に、～もの　☐ **mud** 泥　☐ **pottery** 陶磁器　☐ **mudlarking** 川底をさらって価値のあるものを探すこと　☐ **valuable** 高価な、価値のある　☐ **license** 許可、免許　☐ **professional** 専門家の、プロの　☐ **appreciate** ～に感謝する、～を正当に評価する　☐ **sword** 剣　☐ **donate** ～を寄付する　☐ **the British Museum** 大英博物館

《長文の語句空所補充問題》はこう解く！

大問
2

DAY 1
DAY 2
DAY 3
DAY 4
DAY 5
DAY 6
DAY 7

 (1)

1 より簡単で	**2** 趣味（として行われるもの）ではない
3 許可されていない	**4** より興味深い

正解
2

解説 選択肢を見ると前後の内容をつなぐ副詞句が問われているので、まずは空所の前後の❶の文で enjoy という動詞が使われているので、「現代のロンドンのマドラークは、過去の歴史的遺物を楽しみながら探している」ことが読みとれる。これに対して、❷では「昔のマドラークは、生活のためにやむなく泥さらいをしていた」と述べられている。つまり、「今は趣味のようなものだが、昔はそうでなかった」という内容なので、空所に入るのは選択肢2の not a hobby である。

(2)

1 テムズ川を汚染して	**2** よりよい物品を発見し続けて
3 数が増加して	**4** 許可を受けることが必要になって

正解
4

解説 最近のマドラークについての説明はあるが、人数が増加しているとは書かれていないので3はおかしい。また「汚染」の話も、「よりよい物品を見つけている」話も出てこないので、1と2も除外できる。❸の部分に they are required to get a license from the government（政府から許可証を取得する必要がある）と述べられている。この get a license「許可証をもらう」という表現を permission「許可」を使って言い換えた選択肢4の needed permission が正解。

「許可証をもらう」→「許可をとる」という、「言い換え」のパターンですね。ちなみに「〜から計画などを進める許可をもらう」は、get a[the] green light from 〜と表現できます。green light とは「青信号」のことです。

(3)

1 この理由から	**2** 例えば
3 一方で	**4** このようにして

正解
3

解説 ❹では「マドラークが歴史的に貴重なものを発見している」ことが述べられている。そして、❺は「たとえ小さな発見物であっても、重要である可能性がある」という内容になっている。❹は❺の「理由」「例」「方法」ではないので1、2、4は選べない。「歴史的に貴重なものを発見してくれることもあるが、小さなものを見つけてくれることもある」という「対比」関係になっているので、正解は選択肢3の On the other hand である。

接続詞や副詞句などの「話の流れ」を示す語句を入れる問題の場合、空所の前後の意味的な関係を正しく見極めることがポイント！「逆接関係」「例示」「言い換え」「要約」など、いろいろなパターンがあります。

筆記

新しい種類のスポーツ

Eスポーツはビデオゲームを使った競技の一形態である。Eスポーツは、プロレベルでの対戦ゲームと定義できる。組織的なビデオゲーム大会は1980年代から開催されていたが、それらは2000年代の後半までアマチュアレベルのイベントとしかみなされていなかった。2010年代には、Eスポーツは世界的産業となっていた。それは多くの開発者らが **(4)**〈新たなゲームを設計する〉方法までも変えつつある。**❶**より多くのゲームが、プロのEスポーツコミュニティを対象としたものになってきているからだ。

❷人気のEスポーツの大半は個人戦あるいはチーム戦の多人数同時参加形式であり、一年中開催されている。最近のEスポーツイベントの特徴として、プロの解説者やライブ観戦客を伴うことも多い。Eスポーツの選手たちは独自のトレーニングで **(5)**〈試合に備える〉。Eスポーツアスリートは、戦略やゲームに関する最新情報などを研究して、頭脳を鍛えることを重視している。しかし、彼らも伝統的なスポーツのアスリートたちと同様にたくさんのトレーニングを積まなければならない。

❸ほかのどんなスポーツにもあるように、Eスポーツにも暗い側面がある。八百長行為や選手の集中力を高める違法薬物の使用などの問題が起きている。さらに、チームによっては、週に最低50時間もの合同練習を強いられているという報告もある。そして、ほとんどの選手はそれよりずっと長い時間をかけて自分でもゲームをしている。そのようなプレーヤーにとって厳しいトレーニングスケジュールのために、Eスポーツのプロのキャリアは比較的短い。選手たちは一般的に10代半ばあるいは後半から競技に参加し始め、20代半ばにはほとんどが引退している。こういった否定的側面 **(6)**〈にもかかわらず〉、**❹**Eスポーツはその人気と影響力を増し続けている。より多くの人々が、世界中でEスポーツを観戦したり、参加したりしている。Eスポーツをオリンピックの種目の1つにすることを提案している団体すらあるほどだ。

覚えておこう！

☐ **E-sports** Eスポーツ（ビデオゲームを競技としてとらえる際の名称） ☐ **define** ～を定義する ☐ **competitive** 競争の ☐ **organized** 組織化された ☐ **global industry** 世界規模の産業 ☐ **developer** 開発者 ☐ **team-based** チームで行う ☐ **multi-player** 多人数同時参加型の ☐ **year-round** 一年中 ☐ **feature** ～を呼び物にする ☐ **commentator** 解説者 ☐ **live spectator** ライブ観戦客 ☐ **strategy** 戦略 ☐ **update** 最新情報 ☐ **traditional** 伝統的な、昔ながらの ☐ **boost** ～を強化する ☐ **concentration** 集中（力） ☐ **reportedly** 伝えられるところによると ☐ **participate in ～** ～に参加する ☐ **be retired** 引退する ☐ **popularity** 人気

《長文の語句空所補充問題》はこう解く！

大問
2

DAY 1

DAY 2

DAY 3

DAY 4

DAY 5

DAY 6

DAY 7

(4)　1　年配の従業員を解雇する　　2　新しいゲームを設計する
3　これ以上の事故を防ぐ　　4　新しい音楽を作曲する

正解
2

解説　「解雇」「事故」「音楽」の話は一切出てこないので、選択肢1、3、4を選ぶことはできなそうである。そこで、❶を見ると「ゲームをつくる際に想定する対象者が変化してきている」という説明がされている。これは、選択肢2の **design new games** の理由や事例を具体的に述べていると言えるので、これが正解。

> このように「消去法」でも問題に答えられることもありますが、必ず空所の前後の話の流れを確認して、本当にその答えで大丈夫かを確認しましょう。

(5)　1　会社を立ち上げる　　2　芸能人になる
3　試合に備える　　4　新しい取引の交渉をする

正解
3

解説　「Eスポーツの選手たちは独自のトレーニングを通じて〈何をする〉」のか。その段落の主な内容は、最初の文（トピックセンテンス）で示されていることが多い。❷を見ると、この段落は「個人戦やチーム戦などの、Eスポーツの試合」について書かれたものだと予想できる。選択肢3の **prepare for matches** 以外は、この段落のトピックである「試合」とは無関係の内容であるため、これが正解だと判断できる。

> 段落の「トピック」を提示する文を「トピックセンテンス」と呼ぶのに対し、トピックに関する定義・手順・事例などを述べてトピックセンテンスを「サポート」する文のことを「サポーティングセンテンス」と言います。

(6)　1　～以前に　　2　～のおかげで
3　～の間　　4　～にもかかわらず

正解
4

解説　適切な接続表現を選ぶ問題。空所の前後の話の流れをきちんと把握しよう。❸の部分では「八百長問題、薬物使用、長時間のトレーニング、現役時代の短さ」ということが上げられており、空所直後にある these downsides「こういった否定的側面」の具体的内容になっている。そして、空所の後を見ると、❹に「Eスポーツの人気は増し続けいる」とある。つまり、「否定的側面があるのに、人気は増し続けている」ということなので、逆接関係を示す選択肢4の **Despite** が正解である。

> despite は接続詞ではなく前置詞なので、うしろに文を続けることはできません。後に来るのは名詞や動名詞です。

本番形式に挑戦！

実戦練習

さあ、本番と同じ6問です。巻末のマークシートを使って、解いてみましょう！　必ず時間を計って、〈目標解答時間〉内に解き終えることが大切です。

次の英文 $\boxed{A}$ 、$\boxed{B}$ を読み、その文意に沿って (1) から (6) までの (　　) に入れるのに最も適切なものを 1、2、3、4 の中から一つ選び、その番号を解答用紙の所定欄にマークしなさい。

$\boxed{A}$

Tardigrades

Tardigrades are animals with long, round bodies and eight legs. They are on average only about one millimeter long. Tardigrades have been found living in some of the toughest environments on earth. They can survive large amounts of radiation, temperatures as high as 150 degrees Celsius and as low as -272 degrees Celsius. (　　*1*　　) that tardigrades can endure being under pressures more than five times as strong as those in the deepest parts of the ocean. They can even survive in outer space.

In 1922, a German scientist named Hans Baumann discovered that when a tardigrade dries out, it enters a state where they stop all movement known as a "tun state." (　　*2*　　), tardigrades can survive being in this strange state for over a decade. Some researchers believe certain species of tardigrades might even be able to remain in this state for up to a century, even though the average normal lifespan of a tardigrade is only a few months.

Interestingly, tardigrades may also hold the key to surviving long-term space travel for humans. With our current rocket engine technology, the time it would take to arrive at even the closest planets would be longer than the average human's lifetime. According to researchers, when a tardigrade enters its tun state, it does not grow older, and can wake up years later and (　　*3*　　). If humans could find a way to get into this sleep-like state, it

《長文の語句空所補充問題》はこう解く！ 大問 2

DAY 1
DAY 2
DAY 3
DAY 4
DAY 5
DAY 6
DAY 7

would be possible to use this for space exploration. Being able to put space explorers in a tun state would allow them to explore distant planets.

---

(1) **1** Experiments have proven **2** Surveys show

3 Time will tell **4** Logic can explain

(2) **1** On the other hand **2** Surprisingly

3 In the meantime **4** Fortunately

(3) **1** remain awake for days **2** be very thirsty

3 still be the same age **4** shrink in size

B

Desalination

For most people living in developed countries, clean water is easy to come by and inexpensive. All they have to do is turn on the faucet. But this is not true for all countries. (　4　), more than half of the world's freshwater is contained in just nine countries. In many regions of the world, access to clean water resources such as rivers, lakes or wells is extremely limited. These countries are increasingly turning to the ocean for their water-related needs using a method known as desalination.

Desalination, which means "taking out salt", is a process of removing salt and other minerals from seawater to produce clean water that is safe for use by humans. It is used on some types of boats and submarines to (　5　). There are currently 177 countries that have desalination plants. The biggest users of desalination water are countries in the Middle East such as Saudi Arabia, Kuwait and the United Arab Emirates. For people living in such countries, desalination can help improve their quality of life.

However, desalination has its disadvantages as well. In addition to producing clean water, the desalination process also creates brine—a salty, chemical-filled substance. One study found that desalination plants produce an average of 1.5 liters of brine for every liter of clean water. Furthermore, desalinating seawater is (　6　) due to the large amount of energy required. While the current methods of desalination could actually change the world, the high costs prevent it from being used more widely. Perhaps future advances in technology will allow for more universal usage of desalination.

*faucet: 蛇口

DAY 1

DAY 2

(4) **1** On the contrary　　　**2** On occasion

　　 3 In fact　　　　　　　 **4** Frequently

(5) **1** make drinkable water　**2** add salt to water

　　 3 sail the ship　　　　　 **4** communicate with others

(6) **1** very expensive　　　　**2** often successful

　　 3 rarely dangerous　　　 **4** increasingly popular

正解と訳 〉次ページ

DAY 3

DAY 4

DAY 5

DAY 6

DAY 7

A

クマムシ

クマムシは、長くずんぐりとした体を持つ8本足の動物である。それらは平均してわずか1ミリほどの体長だ。❶クマムシは、地球上の最も過酷な環境といえるような場所に生息していることがわかっている。それらは、大量の放射線下や、最高150℃から最低で-272℃の温度においても生き延びることができる。クマムシが海の最深部でかかる水圧の5倍以上の圧力にも耐えることができることを、*(1)*〈実験は証明した〉。❷それらは宇宙空間ですら生き残ることができるのだ。

1922年に、ドイツの科学者バウマン・ハンズは、クマムシが乾燥すると「樽（たる）状態」と呼ばれる活動休止状態に入ることを発見した。*(2)*〈驚くべきことに〉、❸クマムシはこの奇妙な状態で10年以上も生き延びることができる。❹クマムシの平均寿命はわずか数か月であるにもかかわらず、ある種のクマムシは1世紀に渡りこの状態を維持できるかもしれないと考える研究者もいる。

興味深いことに、クマムシはさらに、人間が長期宇宙旅行を果たすための鍵を握っている可能性もある。現在のロケットエンジン技術では、一番近い惑星にたどり着くだけでも、人間の平均寿命よりも長い時間がかかってしまう。研究者によれば、❺樽状態に入ったクマムシは老化せず、数年後に目覚めても*(3)*〈同じ年齢のままで〉あるという。もし人間がこのような擬似睡眠状態に入る方法を見つけることができれば、それを宇宙探査に応用することができる。宇宙探索家をたる状態に入らせることができれば、遠く離れた惑星を探索することが可能になるだろう。

覚えておこう！

☐ tardigrade クマムシ（緩歩動物） ☐ on average 平均して ☐ radiation 放射能 ☐ endure ～に耐える ☐ outer space 宇宙 ☐ dry out 乾燥する ☐ tun state 乾眠（tunは「樽（たる）」のこと） ☐ decade 10年 ☐ lifespan 寿命 ☐ interestingly 興味深いことに ☐ long-term 長期の ☐ space travel 宇宙旅行 ☐ current 現在の ☐ enter ～に入る ☐ sleep-like 睡眠に似た、疑似睡眠の ☐ space exploration 宇宙探査 ☐ explore ～を探索する ☐ distant 遠くにある

《長文の語句空所補充問題》はこう解く！

大問
2

DAY 1
DAY 2
DAY 3
DAY 4
DAY 5
DAY 6
DAY 7

(1)

1 実験は証明した	2 調査が示している
3 時間が解決するだろう	4 論理によって説明できる

正解
1

解説 ❶に書かれているのは「クマムシが実際に生息している場所」の説明。これに対して、「深海の水圧の5倍以上の圧力がかかる場所」や❷で述べられている「宇宙空間」は、クマムシの本来の生息地ではない。つまり、クマムシをそのような過酷な条件にさらすという「実験」を行ったのだから、選択肢1の **Experiments have proven** が正解だと判断できる。なお、選択肢2の survey「調査」は、「アンケート調査」や「測量」などに対して用いる言葉で、「ある生物種の生態の調査」という意味では通常用いられない。

---

(2)

1 一方で	2 驚くべきことに
3 その間に	4 幸運なことに

正解
2

解説 空所に入れる適切な副詞（句）を選ぶ問題。このようなパターンの問題では、前後関係を正しく把握することが大切だ。空所の前ではクマムシの「樽状態」について述べている。そして，空所のうしろでは、❸「10年以上も樽状態で生き延びられる」、❹「平均寿命はほんの数か月なのに、樽状態であれば1世紀ほども生きられると考える科学者もいる」と書かれている。❸❹は「樽状態」に関する「驚くべき事例・予想」を述べているわけだから、正解は選択肢2の **Surprisingly** である。

---

(3)

1 数日間眠らない	2 とても喉が渇いて
3 同じ年齢のままで	4 萎縮する

正解
3

解説 wake up という表現が使われていることからも、「樽状態」は「寝ているような状態」なのだから、選択肢1はあきらかにおかしい。dries out「乾燥する」という表現が前段落で使われているが、これは「のどの渇き」とは無関係なので2も不可。「サイズが小さくなる」という話も出てこないので、4も除外できる。正解は選択肢3の **still be the same age** で、❺の「樽状態に入ったクマムシは老化しない」という表現の言い換えになっている。

筆記

B

海水淡水化

　先進国に住むほとんどの人にとって、浄水は手に入れやすく、安価である。彼らは蛇口をひねるだけでことが足りるのだ。しかし、❶これはすべての国に言えることではない。*(4)*〈実際は〉、❷世界の真水の半分以上が9か国内だけに集中している。世界の多くの地域で、清浄水が手に入る川、湖、井戸などへのアクセスが非常に限定されている。これらの国々は、海水淡水化と呼ばれる方法を用いて、水に関する需要をますます海水に頼るようになっている。

　海水淡水化とは「塩分を取り除くこと」という意味だが、それは海水から塩分などのミネラルを除去して、❸人間が安全に使用できる浄水を作ることだ。その方法は*(5)*〈飲用可能な水を作る〉のにいくつかの種類のボートや潜水艦でも使われている。現在、177か国が海水淡水化プラントを保有している。淡水化された水を最も活用しているのはサウジアラビア、クウェート、アラブ首長国連邦などの中東の国々である。そのような国に住んでいる人々にとって、海水淡水化は生活の質を向上させてくれるのだ。

　しかし、海水淡水化には欠点もある。海水淡水化の過程は、浄水を作るだけでなく、塩分量が多く、化学物質を大量に含んだ塩水も生成してしまう。ある研究によると、海水淡水化プラントは、きれいな水1リットルあたり平均1.5リットルの塩水を生成することが分かった。さらに、海水の淡水化には大量のエネルギーが必要なため、*(6)*〈とても費用がかかる〉のだ。❹現在の海水淡水化の方法が実際に世界を変える可能性はあるものの、コストの高さがその普及を妨げている。おそらく、技術の進歩によって、将来的に海水淡水化はもっと広く利用されるようになるだろう。

覚えておこう！

□ **desalination** 脱塩　□ **developed country** 先進国　□ **come by ~** ~を手に入れる　□ **inexpensive** 安かな　□ **turn ~ on** ~(の栓を)開ける、(スイッチを)入れる　□ **freshwater** 真水、淡水　□ **contain** ~を含む　□ **access to ~** ~に近づく手段、~を利用する方法　□ **clean water** きれいな水、清浄水　□ **resource** 資源　□ **well** 井戸　□ **extremely** 極端に　□ **water-related** 水に関する　□ **method** 方法　□ **take ~ out** ~を取り出す　□ **remove** ~を取り除く　□ **mineral** ミネラル、鉱物　□ **seawater** 海水　□ **submarine** 潜水艦　□ **quality of life** 生活の質　□ **brine** にがり、塩水　□ **chemical-filled** 化学物質を大量に含む　□ **liter** リットル　□ **universal** 世界中の、普遍的な

DAY 1

DAY 2

DAY 3

DAY 4

DAY 5

DAY 6

DAY 7

(4)

1 それとは反対に | 2 時々
3 実際（は） | 4 頻繁に

正解
3

解説 空所の前後関係をヒントに答えを導こう。❶は「すべての国で簡単に浄水が手に入るわけではない」という内容である。そして、空所のうしろの❷は「世界の真水の過半数が、9か国に集中している」ということが書かれている。「半分以下の国々である。さらに言えば、たった9か国に過半数の真水が集中している」「半分以下の国々であるどころか、たった9か国に過半数の真水が集中している」と言ったニュアンスで、別の事実について描写することによって❷は❶の内容をさらに強調していると考えられる。このような場合に用いられるのが選択肢3の **In fact** で、「実のところ」「実際（に）」「むしろ」「それどころか」などのように訳すことができる。

(5)

1 飲用可能な水を作る | 2 水に塩を加える
3 船を航行させる | 4 ほかの人とコミュニケーションをとる

正解
1

解説 まず、desalination とは「塩を取り除くこと」なのだから、2はおかしい。また、「コミュニケーション」の話は一切出てこないので、4も選べない。船の「動力」とも関係ないので3も不適。正解は、選択肢1の **make drinkable water** で、❸の safe for use by humans という表現をほぼ言い換えた形になっている。

(6)

1 とても費用がかかる | 2 しばしば成功する
3 めったに危険ではない | 4 ますます好まれている

正解
1

解説 「大量のエネルギーが必要であるために、海水の淡水化は〈どうなのか〉」を考えよう。「危険性」や「人気」の話はでてこないので、選択肢3と4は除外する。また、すでに技術は確立されているので、2の「しばしば成功する」という表現も不自然である。正解は選択肢1の **very expensive**。下線部❹で、the high costs「コストの高さ」という表現によって言い換えられていることをヒントにしよう。

必ず出る! 合格にグッと近づく単語 31-60

英検2級合格のために、覚えておきたい単語をリストアップしました。左ページの空所にはいる単語（頭文字だけは提示）を答えられますか？　答えは、右ページに記載しています。

31 a------- a movie star ある映画スターを崇拝する	**46** a f------- of Japanese society 日本社会の特徴
32 a------- other people 他人をいらだたせる	**47** receive f------- help 財政的な援助を受ける
33 the b------- between a couple 夫婦のきずな	**48** a g------- gap 世代間のギャップ
34 the b------- of taxes 税金の負担	**49** g------- become accepted 徐々に受け入れられるようになる
35 c------- to produce cars 車の製造を中止する	**50** act by i------- 本能によって行動する
36 the c------- of a person 人の性格	**51** beat *one's* o------- 敵対者を打ち負かす
37 a traveling c------- 旅の同伴者	**52** q------- as a doctor 医師の資格を得る
38 c------- time and money 時間と金を消費する	**53** r------- an image イメージを反映する
39 c------- to society 社会に貢献する	**54** r------- carbon dioxide 二酸化炭素を放出する
40 c------- brand products 高価なブランド品	**55** a valuable natural r------- 貴重な天然資源
41 d------- a morning paper 朝刊を配達する	**56** s------- colored items 同じように彩色された品々
42 d------- *one's* sleep 睡眠を妨害する	**57** s------- a fundamental problem 根本的な問題を解決する
43 the d------- of *one's* journey 旅の目的地	**58** s------- *one's* arms 両腕を伸ばす
44 e------- all risks あらゆる危険を取り除く	**59** u------- a difficult task 難しい仕事を引き受ける
45 e------- wild animals 野生動物を危険にさらす	**60** find a v------- taxi 空のタクシーを見つける

DAY 1
DAY 2
DAY 3
DAY 4
DAY 5
DAY 6
DAY 7

【単語を覚えるコツ】
単語単体ではなく、フレーズ全体を意味のまとまりとして
覚えたほうが効果的です。

A Track
05~06

31	**adore** 動 ～を崇拝する	46	**feature** 名 特徴
32	**annoy** 動 ～をいらだたせる	47	**financial** 形 財政的な
33	**bond** 名 絆	48	**generation** 名 世代
34	**burden** 名 負担、重荷	49	**gradually** 副 徐々に
35	**cease** 動 ～を中止する	50	**instinct** 名 本能
36	**character** 名 性格、登場人物	51	**opponent** 名 敵対者
37	**companion** 名 同伴者	52	**qualify** 動 資格を得る
38	**consume** 動 ～を消費する	53	**reflect** 動 ～を反映する
39	**contribute** 動 貢献する	54	**release** 動 ～を放出する
40	**costly** 形 高価な	55	**resource** 名 資源
41	**deliver** 動 ～を配達する	56	**similarly** 副 同じように
42	**disturb** 動 ～を乱す［妨害する］	57	**solve** 動 ～を解決する
43	**destination** 名 目的地	58	**stretch** 動 ～を伸ばす
44	**eliminate** 動 ～を取り除く	59	**undertake** 動 ～を引き受ける
45	**endanger** 動 ～を危険にさらす	60	**vacant** 形 空の

ワンモアポイント ❗

《話の方向を示す接続表現》

話が進む方向を指し示すのが、接続表現です。長文の内容を的確に理解するために、とても重要です。大問3だけでなく、大問4でもくり返し登場します。機能別に覚えておきましょう！

●順接の関係を表すもの

□accordingly	したがって	□(and) so	そのため
□as a result [consequence]	その結果として	□therefore	それゆえ
□consequently	それゆえ、その結果	□thus	こうして、それゆえに

●逆接の関係を表すもの

□even so	たとえそうでも	□still	それでもなお
□however	しかしながら	□though/ although	～だが
□nevertheless/ nonetheless	それにもかかわらず	□(and) yet	とは言え、しかし

●言い換え・要約を表すもの

□in other words	言い換えれば	□that is to say	すなわち
□in short	要するに	□to sum up	要するに
□namely	すなわち		

●例証を表すもの

□for example	たとえば	□in particular/ particularly	特に
□for instance	たとえば		

●対照を表すもの

□by[in] contrast	それに対して	□while	～である一方
□on the other hand	その一方で		

大問

3

DAY 1

DAY 2

DAY 3

DAY 4

DAY 5

DAY 6

DAY 7

《長文の内容一致選択問題》は こう解く！

合格への攻略ポイント

大問3では、[A] [B] [C]、3つの長文が出題され、
それぞれ3問、4問、5問の質問が出題されます。

長文タイプは [A] がEメール、[B] と [C] が記
事形式と決まっています。

まず「攻略ポイント」を理解してから、「確認問題」。
そして、最後、「実戦練習」に挑戦しましょう！

⑧

長文A〈Eメール〉タイプ

質問の先読みテクニック

大問4の［A］の長文は、必ずEメールです。プライベートな内容だけでなく、ビジネスメールの場合もあります。設問は3つ。長文［B］と［C］に比べ、文章量も設問も少ないので、7分を目安に解答します。次の例題を解いてから、攻略ポイントを見ていきましょう。

例題

From: Mark Farrow <mfarrow@zmail.com>
To: Teresa Young <Teresa.young@centralsportscenter.org>
Date: December 14
Subject: Basketball tournament

①

③ p.088へ

Dear Teresa,

This is Mark Farrow from the Greenfield Hawks basketball team. As you know, we usually hold a charity basketball tournament at your sports center every year in March, but we're planning to move the date forward. I want to know whether the Central Sports Center will be

④ p.088へ

available on February 23 and 24. Everything else will be the same as usual. We require the use of both gymnasiums and are hoping the players and spectators will be able to go to the cafeteria.

The tournament last year was successful, but if you hadn't introduced the three additional referees to us, we wouldn't have had enough to run the tournament. We're expecting even more teams than last year, so we were wondering if you knew anyone else who could help us. ④ We have put up posters around the city, but it's difficult to find people who know the rules well.

Also, I need to let Sandra Jones, the chairperson of the charity we support, know about when the tournament will be held. I've arranged to discuss everything with her at her office on Friday afternoon, so I need to have all of the details decided by then. ④ Could you reply by Tuesday at the latest so that I have time to do this?

Sincerely,
Mark Farrow

DAY 1

DAY 2

DAY 3

DAY 4

DAY 5

DAY 6

DAY 7

(1) What will be different about the basketball tournament this year?

2 ➔ p.088へ

  1 It is going to be held in a different month.
  2 It is going to raise money for a different charity.
  3 There will be more spectators than there usually are.
  4 Only one of the gymnasiums will be used.

(2) What does Mark Farrow ask Teresa to do?
  1 Help him think of new rules for the tournament.
  2 Let him put up posters in the sports center.
  3 Give permission for more teams to enter the tournament.
  4 Introduce more referees for the tournament.

(3) This Friday, Mark Farrow is planning to
  1 have a special practice for the tournament.
  2 come to see Teresa at the sports center.
  3 talk with some of the charity's supporters.
  4 have a meeting with the chairperson of a charity.

STEP ① From / To / Subjectを見逃さない！

まずEメールの From（送信者）、To（宛先）、Subject（件名）をチェック。誰が、誰に、何のために送ったメールかがひと目でわかります！▶本問では〈マーク・ファロー〉が〈テレサ・ヤング〉に出した、〈バスケットボール競技会〉に関するメールであるとわかりますね。まず、このことをしっかりと心に留めておきましょう。本文中の I（私）や you（あなた）が誰なのか、混乱せずにすみます。

〈次ページに続く〉

筆
記

STEP 2 質問の先読みテクニック！

次に、質問に目を通し、尋ねられる内容を事前に把握。それにより、本文を読む際に注目すべきポイントがはっきりします。▶

(1) 今年のバスケットボール大会は何が異なるのかを尋ねている
  ⇒違いを説明している箇所を探す！

(2) マーク・ファローがテレサに何を頼んでいるかを尋ねている
  ⇒「依頼」の表現に注目！

(3) 今週の金曜日にマーク・ファローが何をするかを尋ねている
  ⇒ Friday という表現が出てくる場所に注目！

STEP 3 冒頭からしっかりと

本文は、頭から最後まで、しっかり意味をとっていきます。質問に答えるのは、それから。ただ、読みながら〈STEP 2〉で把握した質問への答えかなと思う個所に下線を引いておけば解答がスムーズです。

STEP 4 質問と段落はシンクロしている！

最後、正解選びですが、質問は各段落の内容を順番に尋ねているということを覚えておこう。つまり、ひとつ目の質問の答えは第1段落、ふたつ目の答えは第2段落、3つ目の答えは第3段落にあるのです。▶

(1) 第1段落に「例年3月に行っていたが、今年は日にちを早めることを計画している」（訳の❶）とあり、さらに次の文に「2月23日あるいは24日」とあるので、1が正解。なお、usually という表現が使われた場合、うしろに but などが登場して「いつもは～だが…」のように話が展開することがよくあります。

(2) we were wondering if ～「～でしょうか」という定番の依頼表現が使われており、ここに「手伝ってくれる人を紹介してほしい」（訳の❷）とあるので、4が正解。

(3) 「金曜日の午後に、慈善団体の会長であるサンドラ・ジョーンズに会う約束を取りつけた」（訳の❸）と書かれているので、4が正解。

DAY 1
DAY 2
DAY 3
DAY 4
DAY 5
DAY 6
DAY 7

例題　正解　*(1)* **1**　*(2)* **4**　*(3)* **4**

送信者：マーク・ファロー <mfarrow@zmail.com>
宛先：テレサ・ヤング <Teresa.young@centralsportscenter.org>
日時：12月14日
件名：バスケットボール競技会

テレサさま
バスケットボールのチーム、グリーンフィールド・ホークスのマーク・ファローです。❶ご存じの
ように、私たちはそちらのスポーツセンターで通例毎年3月にチャリティのためのバスケットボー
ル競技会を行っていますが、日にちを早めることを計画しております。セントラル・スポーツセン
ターが、2月23日および24日に利用可能かどうか知りたいのです。日にち以外はすべていつも通
りの予定です。両方の体育館を使う必要がありますし、選手や観客が食堂を利用できるようにした
いと思っております。
昨年の競技会は成功を収めましたが、あなたから3人の審判を追加で紹介していただけなかったら、
競技会を行うのに十分な人数の審判を確保できなかったでしょう。❷今年は昨年よりも多くのチー
ムの参加が見込まれていますので、お手伝いいただける方をご存じありませんでしょうか。街中に
ポスターを張りましたが、ルールを熟知している人がなかなか見つからないのです。
また、私たちが援助している慈善団体の会長のサンドラ・ジョーンズ氏に、競技大会の実施日につ
いてお知らせしなければなりません。❸金曜日の午後に彼女のオフィスにて、大会のすべての事項
について彼女と打ち合わせをする約束を取りつけてありますので、それまでにすべての詳細を決め
ておく必要があります。詳細を決める時間を確保できるように、遅くとも火曜日までにお返事いた
だけますでしょうか。

敬具
マーク・ファロー

(1)　今年のバスケットボール競技会は何が異なるのか。
　　　1 異なる月に実施される。
　　　2 異なる慈善団体のためにお金を集める。
　　　3 通年よりも多くの観客が見込まれている。
　　　4 1つの体育館しか使われない。

(2)　マーク・ファローはテレサに何を頼んでいるか。
　　　1 競技大会の新しいルールを考案する手助けをする。
　　　2 スポーツセンターにポスターを貼らせてもらう。
　　　3 競技大会にもっと多くのチームが参加する許可を与える。
　　　4 競技大会のために、もっと多くの審判を紹介する。

(3)　今週の金曜日に、マーク・ファローは〜予定である。
　　　1 競技大会のために特別な練習を行う
　　　2 スポーツセンターでテレサに会う
　　　3 何人かのチャリティの支援者と話をする
　　　4 ある慈善団体の会長と打ち合わせをする

 次の英文を読み、3つの質問に答えましょう。

From: Cupid Valentino <cvalentino@loverslane.com>
To: Claire Hatherley <chatherley@hermail.com>
Date: February 14
Subject: Love Letter Contest results

Dear Ms. Hatherley,

Thank you for entering our 33rd annual Love Letter Contest. I am writing to inform you that our judges have decided to award you with first prize in our "Letters to Lovers" category. Your romantic words and poetic descriptions truly impressed our judges. I personally was moved by the passion.

Your prizes, which include a box of unique Belgian chocolates, will be shipped to the address that you provided in your application. As first-prize winner, you will also be presented with two tickets to a week-long trip on DreamStar Cruises this summer, which travels from Western Europe to the Caribbean Islands. I have attached the schedule for the cruise as well as the menu for all of the meals of the week. We will have the cruise company contact you in the near future to provide further details on your trip.

In order to claim your prizes, we ask that you reply to this email letting us know that you have received this email as well as the name you would prefer us to display on our website. Your name and winning letter and a short report about you will be published on our website on our social media pages. Congratulations on winning our Love Letter Contest, and please enjoy your trip!

Sincerely,

Cupid Valentino

Customer Service, Lover's Lane Productions

《長文の内容一致選択問題》はこう解く！

大問
3

DAY 1

DAY 2

DAY 3

DAY 4

DAY 5

DAY 6

DAY 7

(1) Why is Cupid Valentino writing this e-mail?

☐
  1 He wants to invite people to a poetry reading event.
  2 He wants to get in touch with the winner of a contest.
  3 He is trying to arrange a meeting with an old friend.
  4 He wants to send a love letter to someone.

----

(2) Claire Hatherley

☐
  1 will be invited to a cruise-ship tour to Belgium.
  2 will have to call the cruise company for details
  3 will receive free tickets to a cruise tour.
  4 will be back from the Caribbean Islands in a week.

----

(3) What is Claire told to do?

☐
  1 Visit a website for more information.
  2 Apply to a competition through a social media site.
  3 Write a report about her recent trip.
  4 Send back an e-mail containing her name.

正解と訳　次ページ

記

送信者：キューピッド・ヴァレンティノ <cvalentino@loverslane.com>
宛先：クレア・ハザリー<chatherley@hermail.com>
日時：2月14日
件名：ラブレターコンテストの結果

ハザリーさま
毎年恒例のラブレターコンテストの第33回大会にご参加いただきありがとうございます。❶
私たちの審査員は、「恋人への手紙」部門で、あなたに最優秀賞を差し上げることを決定いた
しましたので、本メールにてお知らせいたします。私たちの審査員は、あなたのロマン
ティックな言葉づかいと詩のように美しい表現に深く感動しました。私自身も、あなたの情
熱に心を動かされました。
あなたに贈られる賞品は、その中には珍しいベルギー産の箱入りチョコレートも含まれてい
ますが、申込書記載の住所にお届けいたします。❷最優秀賞受賞者として、あなたにはこの
夏のドリームスター社による1週間クルーズ旅行のペアチケットも贈られます。西ヨーロッ
パからカリブ諸島までの航海です。クルーズ旅行の旅程を、1週間のすべての食事のメニュー
とともに添付しています。旅行のさらなる詳細をお伝えするために、近日中にクルーズ会社
からあなたに連絡させるようにいたします。
❸賞品をお受け取りいただくために、このEメールにご返信いただき、Eメール受領のお知
らせをいただくとともに、当方のウェブサイトに載せるためのお名前もお知らせください。
あなたのお名前と、入賞したラブレターの、それにあなたに関するちょっとした説明を、当
方のSNSウェブサイトに記載いたします。ラブレターコンテストの優勝、おめでとうござい
ます。ご旅行をどうぞお楽しみください！
敬具
「恋人たちの小道」プロダクションズ
カスタマーサービス担当　キューピッド・ヴァレンティノ

覚えておこう！

☐ **enter** ~に入る、~に参加する　☐ **annual** 年に1度の、毎年恒例の　☐ **inform** ~に知
らせる　☐ **award** ~に賞を与える　☐ **romantic** ロマンティックな、情熱的な　☐ **poetic**
詩的な　☐ **description** 描写、記述　☐ **judge** 審査員　☐ **personally** 個人的に
☐ **passion** 情熱　☐ **Belgian** ベルギーの　☐ **ship ~ to ...** ~を…に発送する
☐ **application** 申込書　☐ **cruise** 船旅　☐ **attach** ~を添付する　☐ **contact** ~に連
絡する　☐ **further detail** さらなる詳細　☐ **claim** ~を要求する、~を請求する
☐ **display** ~を掲示する　☐ **congratulations** おめでとう

《長文の内容一致選択問題》はこう解く！

大問
3

DAY 1
DAY 2
DAY 3
DAY 4
DAY 5
DAY 6
DAY 7

(1) キューピッド・ヴァレンティノは、なぜこのEメールを書いているのか。
正解 **2**

1 人々を詩の朗読会に招きたい。

2 コンテストの勝者に連絡を取りたい。

3 旧友と会う段取りをつけようとしている。

4 誰かにラブレターを送りたい。

解説 このEメールが書かれた主な目的を答える問題。**1問目なので、答えは必ず第1段落に書かれている**。この段落では「大会参加へのお礼」に続いて、❶で「最優秀賞を授与することを決定したことを伝えるためにメールを書いている」と書かれている。つまり、「コンテストの勝者に連絡をしたい」ということなので、選択肢2が正解である。I am writing to inform 〜というパターンは「メールや手紙を書いている理由」を説明する際に非常によく使われる表現のひとつである。

メールの〈送信者〉〈宛先〉〈件名〉欄をまず確認しましたか？　ここでメールの書き手がキューピッド・ヴァレンティノという人物であること、このメールを受け取って読む相手がクレア・ハザリーという人物であることをしっかり頭に入れてから読み進めたほうが、理解が進むはずです。

(2) クレア・ハザリーは
正解 **3**

1 ベルギーへのクルーズ船旅行に招待される。

2 自分でクルーズ会社に電話をして詳細を聞かなければならない。

3 クルーズ旅行の無料チケットを受け取る。

4 1週間後、カリブ諸島から戻ってくる。

解説 **2問目なので、第2段落を探る**。「ベルギー」について触れられているが、「チョコ」のことなので1は無関係。電話をかけてくるのはクルーズ会社のほうなので2も不適切。「西ヨーロッパからカリブ諸島までの1週間の航海」であって、「今から1週間後に戻ってくる」わけではないので4も選べない。正解は選択肢3で、❷に「1週間クルーズ旅行のペアチケット」について触れられている。

(3) クレアは何をするように言われているか。
正解 **4**

1 さらに情報を得るために、あるウェブサイトを訪問する。

2 SNSを通じて、あるコンテストに申し込む。

3 彼女の最近の旅行についてレポートを書く。

4 彼女の名前を記載したEメールを送り返す。

解説 **3問目なので第3段落に注目しよう**。❸の部分に、we ask that 〜「〜することをお願いします」という表現があり、ここに「何を頼まれているか」が明示されている。クレアが頼まれているのは「Eメールを受け取ったことを伝える」ことと「ウェブサイトに載せるための名前を知らせる」ことの2つ。「名前を知らせる」という頼みごとをcontain「〜を含む」という動詞を使って言い換えた選択肢4が正解である。

⑨

長文 B & C 〈記事〉パターン

言い換え表現に要注意

長文［B］と［C］は、記事形式の英文です。［B］は質問が4問、［C］は5問。それぞれ、12分、15分を目安に解答しましょう。注目すべき点は同じなので、［B］の例題で攻略ポイントを見ていきましょう。

例題

Pathfinder and Sojourner → p.096へ

Today, there is great interest in exploring Mars, and the whole world gets excited whenever a mission is launched to visit the red planet. In 1993, however, when NASA began planning a new spacecraft called Pathfinder, things were very different. No missions had visited Mars since the Viking spacecraft had been there in 1976. The Mars Observer, which had been launched the year before, was an embarrassment because it had completely disappeared. Even scientists seemed to be doing less research on Mars.

Due to this situation, there were many doubts about NASA's plans for Pathfinder. It had to be built in a short amount of time with a very limited budget because many people had doubts about the value of exploring Mars again. However, when it finally landed in 1997, the landing was front-page news around the world, and a NASA website with images taken during the visit received 47 million visitors.

Pathfinder had many types of new technology, but one of the most important was its landing system. Getting down to the planet from space is extremely difficult, and several spacecraft have crashed while trying to do so. At first, scientists thought of using rockets to slow down Pathfinder, but there were concerns that this would burn the planet's surface. The NASA scientists wanted to get undamaged samples of the rocks and soil from Mars, so they gave up on the rocket idea. In the end, they used airbags like the ones in cars to help the Pathfinder land gently.

Another important part of the Pathfinder mission was Sojourner, the tiny robot rover inside it. Sojourner was the first time a robot had been used to explore Mars. It only traveled about a hundred meters, but it took over

《長文の内容一致選択問題》はこう解く！

大問
3

DAY 1

DAY 2

DAY 3

DAY 4

DAY 5

DAY 6

DAY 7

17,000 images and sent back important data about the rocks and soil. Conditions on Mars are harsh, and NASA only planned for Sojourner to survive for a month. However, this remarkable robot continued sending back data for nearly three times that long. Pathfinder and Sojourner helped to give birth to the incredible technologies that are used to explore Mars today.

*rover: (惑星) 探査機

(1) When NASA began planning the Pathfinder mission, ② → p.096へ
   1 everyone hoped it would be as successful as the Mars Observer missions.
   2 people did not seem to be excited about sending missions to Mars.
   3 there were hopes that it would be able to find the Mars Observer.
   4 scientists were excited because it would help them in their research.

(2) What was one difficulty that NASA had while it was building Pathfinder?
   1 There were many negative stories in the news media about it.
   2 It was very difficult to make the spacecraft small enough.
   3 It was not able to spend very much money on the project.
   4 The situation on the planet Mars itself had changed greatly.

(3) The scientists who designed Pathfinder
   1 were worried that the rockets would not be able to slow down Pathfinder.
   2 were afraid Pathfinder would be damaged by rocks on Mars' surface.
   3 did not use rockets for landing because they might damage soil and rocks.
   4 thought it was important to find out whether or not Mars had air.

筆
記

(4) What was surprising about Sojourner?
   1 The data that it collected was very difficult to send back to Earth.
   2 The images that it took were much clearer than had been expected.
   3 It was able to get more soil and rock samples than previous robot rovers had.
   4 It was able to last for much longer than the scientists expected that it would.

正解と訳 p.099

STEP 1 まずタイトルから！

本文の内容をひとことで言い表したものがタイトル。読めば、本文の全体像をイメージできます。▶タイトルを見ると *Pathfinder and Sojourner* となっており、もしニュースなどで「パスファインダー号」のことを知っていれば当然有利ですね。聞いたことがなくてもなんらかの「固有名詞」であることは想像できます。タイトルの固有名詞がわからなくても、<u>本文を読めば必ずわかるようになっています</u>ので、落ち着いて本文を読んでください。

STEP 2 質問の先読み！

要領は p.088 で解説したとおり。本文の前に質問のポイントを把握しておこう。▶

(1) 「NASA がパスファインダー計画を立案し始めたとき〜」に続く文を尋ねている。
   ⇒**計画が立てられた当初の様子の説明を探す！**

(2) パスファインダー建設中の困難について尋ねている。
   ⇒**どのような問題があったのかを探る！**

(3) 「パスファインダーを設計した科学者は〜」に続く文を尋ねている。
   ⇒**「科学者」に関する説明を探す！**

(4) 「ソジャーナーに関して驚くべきことはなんだったか」を尋ねている。
   ⇒**surprising の類似表現に注目！**

DAY 1
DAY 2
DAY 3
DAY 4
DAY 5
DAY 6
DAY 7

STEP 3 言い換え表現に要注意！

選択肢に正解がない!? そんなときは、本文の内容を別の表現で言い換えていないかをチェック。正解選択肢にはたいてい、この〈言い換えトリック〉が仕込まれています。▶ (4) の質問文で使われている surprising（驚くべき）という表現は、本文には登場していません。しかし、第4段落に remarkable（注目に値する、並外れた）という形容詞が使われています。これは surprising とほぼ同じ意味であると言っていいでしょう。surprised（驚いた）や surprise（驚き）などの派生表現ならわかりやすいのですが、このように「近い意味の表現」で言い換えられている場合には、少し注意が必要です。

STEP 4 質問と段落はシンクロしている！

質問と段落のシンクロは、大問4の3つの長文に共通。各質問に対応する段落から正解を探そう！▶

(1)「今日の火星探査に対する関心は強い」（訳の❶）とあり、さらに「しかし、パスファインダーの設計が始まったころの状況は大きく異なっていた」（訳の❷）とある。つまり、当時は火星計画に対する関心が薄かったということなので、これを言い換えた選択肢2が正解。

(2)「非常に限られた予算で完成させた」（訳の❸）という記述があり、これに合致する選択肢3が正解だとわかる。

(3) NASA の科学者たちは「傷ついていない状態で試料を手に入れるために、ロケットを用いるアイデアを断念した」（訳の❹）と説明されているので、選択肢3が正解。

(4) remarkable ⇔ surprising の言い換えに気づくことができれば、「1か月という予想の3倍以上もの間、データを送り続けた」という内容を言い換えた選択肢4が正解だと判断できるはず。

質問（1）および（3）のように、未完成の英文に続く、適切な選択肢を選ばせる問題もあります。はじめてだと戸惑うかもしれませんが、本書でしっかり慣れておきましょう。

例題 正解 *(1)* 2 *(2)* 3 *(3)* 3 *(4)* 4

パスファインダーとソジャーナー

❶今日の火星探査に対する関心は強く、その赤い星への宇宙飛行が実施されるたびに世界中の人々が夢中になる。❷しかし、1993年にNASAが新型宇宙船パスファインダーの計画を始めたころの状況は大きく異なっていた。宇宙船バイキングが1976年に火星を訪れて以来、火星への宇宙飛行は行われていなかった。その1年前に打ち上げられたマーズ・オブザーバーは、完全に行方不明になるという残念な結果に終わった。科学者たちですら、火星の研究に消極的になっていた。

このような状況であったため、NASAのパスファインダー計画を疑問視する声が多かった。❸多くの人々が再び火星探査を行う価値などないと考えていたため、パスファインダーは非常に限られた予算で、短期間のうちに完成させなければならなかった。しかし、パスファインダーが1997年についに着陸を成功させると、その火星着陸は世界中の新聞の一面を飾った。火星訪問の際に撮影された写真を載せたNASAのウェブサイトには、4,700万人もの閲覧者が訪れた。

パスファインダーには多数の新技術が使われていたが、その中で最も重要なのは着陸システムだった。宇宙空間から火星に降り立つことは大変困難であり、複数の宇宙船がその際に墜落している。当初、科学者たちはロケット噴射を用いてパスファインダーの速度を落とすことを考えていたが、その惑星の表面を焦がしてしまうという懸念があった。❹NASAの科学者たちは、火星から傷ついていない状態の石や土を試料として手に入れたかったため、ロケットを用いるアイデアは断念した。最終的には、パスファインダーが静かに着陸できるように、自動車で使われているのと同じようなエアバッグが使用された。

パスファインダー計画においてもうひとつ重要だったのが、パスファインダーに内蔵された小さなロボット探査機のソジャーナーである。ソジャーナーは、はじめて火星探査にロボットが用いられた事例となった。その移動距離はわずか100メートルに過ぎなかったが、17,000枚以上におよぶ写真を撮影し、石や土に関する重要な情報を送り返した。❺火星の環境は過酷であるため、NASAはソジャーナーの寿命をわずか1か月と想定していたが、この優れたロボットはその3倍近くもの間、データを送り続けた。パスファインダーとソジャーナーのおかげで、今日の火星探査で用いられている素晴らしい技術が生まれたのである。

DAY 1

DAY 2

DAY 3

DAY 4

DAY 5

DAY 6

DAY 7

(1) NASA がパスファインダー計画を立案し始めたとき
1 みんながマーズ・オブザーバー計画と同じように成功を収めることを望んだ。
2 火星へ宇宙飛行を行うことに対して人々は興奮していないようだった。
3 それによってマーズ・オブザーバーが発見されることが期待された。
4 研究に役立つだろうという理由で、科学者たちは興奮した。

(2) パスファインダー建設中に NASA が抱えていたひとつの困難とは何か。
1 ニュースメディアにおいて、それに関する否定的な報道が多数なされた。
2 宇宙船のサイズを十分小さくすることが非常に困難だった。
3 そのプロジェクトには、あまりお金をかけることができなかった。
4 火星の状況が大きく変化していた。

(3) パスファインダーを設計した科学者たちは
1 ロケットではパスファインダーを減速できないだろうと不安に思っていた。
2 パスファインダーが火星表面の石で傷ついてしまうだろうと恐れていた。
3 土や石を傷つける恐れがあるので、着陸用にロケットを使用しなかった。
4 火星に大気があるかどうか解明することを重要視していた。

(4) ソジャーナーに関して驚くべきことはなんだったか。
1 それが収集したデータは、地球に送り返すのが大変困難だった。
2 それが撮影した写真は、予想よりも明瞭だった。
3 これまでのロボット探査機より、もっと多くの土や石を採取できた。
4 科学者たちの予想よりも、ずっと長い間持ちこたえることができた。

 次の英文を読み、5つの質問に答えましょう。

Çatalhöyük

Çatalhöyük, in Turkey, is one of the world's oldest villages. Researchers think people first began living there about 9,000 years ago. At that time, most humans lived in small groups and spent their lives hunting animals, gathering wild plants, and moving from place to place. However, people at Çatalhöyük grew crops and had permanent homes, and there were up to 8,000 people living there. Thanks to studies done at Çatalhöyük, researchers have been able to learn many things about early humans who were beginning to live their entire lives in one place.

There were around 2,000 houses in Çatalhöyük. Every 80 years or so, old houses would be filled in with dirt and new ones built on top, so the village gradually became higher and higher. It was also built without streets, and homes shared walls with each other. The houses were made of mud, and people walked on top of them. The only way to get inside was through a ladder in the roof. The homes were decorated with beautiful paintings and sculptures.

Researchers who studied the bones and teeth of Çatalhöyük's people discovered that, at first, everyone ate similar foods. They also lived in similar homes and had similar amounts of goods. However, over time, some homes greatly increased in size, and some people seemingly had fancier tools and decorations in their homes, becoming much wealthier than the others.

People lived in Çatalhöyük for over a thousand years. As the climate became drier, there were fewer floods, so more crops could be grown. In addition, as farming techniques advanced, more people could live in a limited area. However, that brought disadvantages. Researchers found that as the population increased, the bones found at Çatalhöyük began to show more signs of injuries due to violence. In addition, it appears that people lived in crowded conditions and did not keep garbage in separate areas, so diseases began to spread. Many researchers believe this is why people stopped living there about 8,000 years ago. Çatalhöyük may also be a lesson for modern people about the disadvantages of living in cities if they become too crowded or are not cleaned properly.

(1) Çatalhöyük is important because it has taught researchers about

☐
   1 the techniques that early people used when they were hunting animals.
   2 which types of wild plants were important for early people in Turkey.
   3 early people who started living in just one place and growing food.
   4 how long an average person was likely to live during the ancient past.

---

(2) The homes in Çatalhöyük

☐
   1 were built very close to each other and were entered through the roof.
   2 were surrounded by walls too high to climb with a ladder.
   3 were built with steep roofs to stop people from climbing on them.
   4 were moved to different locations every 80 years or so.

---

(3) What change happened in Çatalhöyük?

☐
   1 The people became less equal there as time went on.
   2 It became much more difficult to find food in the local area.
   3 The average height of the people in the village increased greatly.
   4 The style of decorations in people's houses changed greatly.

---

(4) Why do researchers think that people left Çatalhöyük?

☐
   1 The people there wanted to escape from serious floods.
   2 The area was hit by a new type of disease that made many people sick.
   3 It started becoming much more dangerous for the people to live there.
   4 It was not possible to grow enough food to feed all of the people there.

---

(5) Which of the following statements is true?

☐
   1 Some people in Çatalhöyük grew crops, while others lived by raising animals.
   2 Changes in the weather made it easier for people in Çatalhöyük to grow their food.
   3 The streets in Çatalhöyük were not nearly as clean as those in other villages in Turkey.
   4 Researchers think Çatalhöyük could have lasted longer if people used different farming techniques.

正解と訳 次ページ

筆記

チャタル・ヒュユク

　トルコのチャタル・ヒュユクは世界最古の村のひとつである。研究者たちは、およそ9,000年前に、最初にそこに人が住み始めたと考えている。そのころ、人類の多くは少人数の集団を組み、狩猟や野草採集をしながら移住する生活を送っていた。しかし、チャタル・ヒュユクの住民たちは農耕をし、定住生活を行っていた。そこには、8,000人もの人々が住んでいた。❶チャタル・ヒュユクで行われた研究のおかげで、研究者たちは、1か所で定住して生涯を過ごし始めていた初期人類について、多くのことを知ることができている。

　チャタル・ヒュユクには2,000軒ほどの住居があった。およそ80年ごとに、古い家には土が詰め込まれ、新しい家がその上に作られた。そのため、村は次第に高さを増していった。❷また、村には道がなく、家々は他の家と壁を共有していた。家は土でできており、人々はその上を歩いていた。❸家の中には、屋根からはしごを伝って入るしかなかった。家々には、美しい絵画や彫刻によって装飾が施されていた。

　チャタル・ヒュユクの人々の骨と歯を調査した研究者らは、当初、すべての人々が同じような食べ物を食べていたことを発見した。また、彼らは似たような住居で暮らし、同じくらいの量の家財を所有していた。しかし、時が経つにつれて、一部の家だけが大きくなったり、一部の人々の家にだけより手が込んだ見た目の道具や装飾品が見られるようになったりした。❹つまり、一部の人々が他の人々よりも豊かになっていった。

　チャタル・ヒュユクには、1,000年以上、人々が暮らしていた。❺気候が乾燥すると、洪水の発生が減り、より多くの作物を栽培できるようになった。さらに、農業技術が発達すると、限られた土地により多くの人々が住めるようになった。しかし、これには不都合もあった。❻研究者たちは人口の増加に伴い、チャタル・ヒュユクで発見される遺骨には、暴力によって生じる負傷の跡がより多く見られるようになったことを発見した。❼さらに、密集して生活し、ごみを離れた場所に保管していなかったので、病気がまん延し始めた。❽多くの研究者たちは、これによって人々が、8,000年ほど前にその地に住むことをやめたと考えている。チャタル・ヒュユクは、過密状態で、清掃が行き届いていない都市部で生活する場合に生ずる不利益も、現代の人々に教えてくれると言っていいだろう。

覚えておこう！

☐ **Çatalhöyük** チャタル・ヒュユク（トルコにある遺跡。1958年に発見された）
☐ **gather** ～を採集する　☐ **wild plant** 野草　☐ **crop** 作物、収穫高　☐ **permanent** 永続的な、定住用の　☐ **ladder** はしご　☐ **decorate** ～を飾る　☐ **sculpture** 彫刻
☐ **seemingly** 見たところ、外見的には　☐ **fancy** 装飾的な、しゃれた　☐ **wealthy** 裕福な　☐ **advance** 進歩する　☐ **injury** けが、負傷　☐ **violence** 暴力　☐ **it appears that ～** ～であるように見える

---

(1) チャタル・ヒュユクは～について研究者に教えてくれたので重要である。

正解 **3**

1 動物を狩猟するときに初期人類が使っていた技術
2 トルコに住んでいた初期人類にとって重要だった野草
3 1か所に定住して食べ物を栽培し始めた初期人類
4 古代の人は平均でどのくらい生きていたか

解説 第1段落から答えを探す。❶に「定住」というキーワードが登場する。さらに1つ前の文に「農耕」という言葉が出てくるので、これら2つを含む選択肢3が正解。

- -

(2) チャタル・ヒュユクの住居は

正解
1

1 密集して建てられており、屋根から入るように作られていた。
2 はしごを使わないと乗り越えられない高い壁で囲まれていた。
3 よじ登れないように勾配の急な屋根を備えていた。
4 およそ80年ごとに別の場所に移されていた。

解説 ❷には「壁を他の家と共有していた」とある。これは「家々が密集していた」ということである。さらに❸に「屋根からはしごで入る」とあり、選択肢1が正解だとわかる。

- -

(3) チャタル・ヒュユクにどのような変化が生じたか。

正解
1

1 時が経つにつれて、格差が生じていった。
2 食べ物を確保するのがずっと困難になっていった。
3 村の人々の平均身長が大きく伸びた。
4 人々の住居の装飾が大きく変化した。

解説 第3段落を見ると、❹に「一部の人々が他の人々より豊かになった」とある。これを「(貧富の) 格差」という抽象的な言い方に変化させた選択肢1が正解である。

- -

(4) 人々がチャタル・ヒュユクから去った理由は何か。

正解
3

1 そこにいた人々は、深刻な洪水の被害から逃れたかった。
2 その土地が新型の疫病の被害に遭い、多くの人々が病気になった。
3 そこで暮らすことが、人々によってより大きな危険を伴うようになった。
4 すべての住人に行き渡るだけの食料を栽培できなかった。

解説 ❻は「暴力による負傷」、❼は「病気のまん延」について説明している。これによって、❽「その地に住むことをやめた」とあるのだから、「そこでの暮らしが危険を伴うようになった」という内容の3が正解。「新型の疫病」の話はないので、2は選べない。

- -

(5) 以下の記述のうち正しいものはどれか。

正解
2

1 チャタル・ヒュユクには作物の栽培をする人もいたし、動物の飼育によって生計を立てている人もいた。
2 気候の変化によって、チャタル・ヒュユクにおける作物の栽培はもっと容易になった。
3 チャタル・ヒュユクの通りは、トルコの他の村とは比べ物にならないほど、まったく清潔ではなかった。
4 異なる農業技術を用いていたら、チャタル・ヒュユクはもっと長い間存続できただろうと研究者は考えている。

解説 最後の問題は英文全体を見る必要がある。第4段落の❺を見ると、「気候が乾燥して洪水が減り、作物を多く栽培できるようになった」とあるので選択肢2が正解。「気候の乾燥」を「気候の変化」と言い換えている。

本番形式に挑戦！

実戦練習

さあ、本番と同じ12問です。巻末のマークシートを使って、解いてみましょう！ 必ず時間を計って、〈目標解答時間〉内に解き終えることが大切です。

次の英文 $\boxed{A}$、$\boxed{B}$、$\boxed{C}$ の内容に関して、*(1)* から *(12)* までの質問に対して最も適切なもの、または文を完成させるのに最も適切なものを **1**、**2**、**3**、**4** の中から一つ選び、その番号を解答用紙の所定欄にマークしなさい。

$\boxed{A}$

From: Bobby Shermer <bshermer@realone.com>
To: Daniel Hernandez <danny96@ratmail.com>
Date: February 23
Subject: Etiquette lessons

Dear Daniel,

This is Bobby Shermer of the Bronx School of Etiquette. I received your e-mail asking about etiquette lessons at our school. Thank you for contacting us about applying for our General Manners course. This course will teach you how to move your body properly when sitting, standing and walking, as well as how to carry yourself when walking around town. This is a very popular course that I teach personally.

We have also recently introduced a new course called Speech Etiquette that will teach students things like how to speak to superiors in a business environment as well as when it may be best not to speak at all. Please check this class out too if you are interested. The people who take this class work in various jobs. Some work at factories and some are sales managers. We also have students who are specialists in the field of medicine.

Our new semester of classes started about a week ago, and we will be offering trial classes to the general public. I have attached our school schedule. Please find a day and time work best for you and come by. I'm

《長文の内容一致選択問題》はこう解く！

大問
3

DAY 1

DAY 2

DAY 3

DAY 4

DAY 5

DAY 6

DAY 7

sure that you will be satisfied because all of our instructors are willing and able to provide any lessons you need. I hope to see you soon.

Sincerely,

Bobby Shermer

Bronx School of Etiquette, Headmaster

(1)　What does Bobby teach students in his class?
   1 Applying for many different jobs.
   2 Walking in the right manner.
   3 Placing plates on the dinner table correctly.
   4 Making business presentations to large crowds.

---

(2)　The Speech Etiquette course is designed to teach students
   1 how to make speeches at ceremonies.
   2 how to manage factories more efficiently.
   3 how to speak properly at work.
   4 how to choose appropriate medical products.

---

(3)　What does Bobby want Daniel to do?
   1 Order a course textbook.
   2 Review a school schedule.
   3 Join a newly created class.
   4 Make a class presentation.

The Life of Tecumseh

Tecumseh was a warrior chief of the Shawnee tribe of Native Americans. His name means "shooting star" in the Shawnee language. He was a leader of the resistance movement of Native American tribes against invading American colonizers. He tried to unite all tribes in order to protect their homes, culture and freedom. As a warrior, Tecumseh led his followers in many battles and supported the British during the War of 1812. He also played a key role in defeating American forces at the Siege of Detroit.

Tecumseh was born the fifth of eight children in 1768 in the western Ohio Valley. As a young man, he fought in many wars and was known as a wise but fierce warrior. In 1794, he fought at the Battle of Fallen Timbers on the Maumee River against US General Anthony Wayne and his army. The Native Americans were defeated in that battle, and were forced to sign the Treaty of Greenville the following year. The Native Americans ended up giving up much of their land in Ohio.

Tecumseh began asking other tribes to join him throughout the country. He also joined British Major-General Henry Procter, and together their armies carried out an attack on Fort Meigs against the famous Major-General William Henry Harrison, who would later become the 9th President of the United States. When Harrison's forces fought back, Procter and Tecumseh escaped to Canada. Though Procter promised Tecumseh he would send more troops to assist, they never showed up, and on October 5, 1813, Tecumseh's 500-man army was defeated by Harrison's 3,000-man army, and Tecumseh was killed. His body was never found, and it is believed that Tecumseh's body was carried off of the field and secretly buried.

Tecumseh was an exceptional speaker, a powerful chief and an esteemed leader. Tecumseh's death signified the beginning of the end of Native American resistance in the Ohio River Valley and most of the surrounding United States. Over the next several decades, Native American tribes were forced to move out west, giving up the land that they had once called home. During his lifetime, Tecumseh's political leadership, bravery and love for his people won him the respect of both friends and enemies.

*colonizer: 開拓者、入植者

(4) Tecumseh wanted to unite different tribes of Native Americans
   1 in order to invade other countries and acquire more land.
   2 to work together with US forces to build a single, powerful country.
   3 to protect their homes and their culture from invading forces.
   4 because he wanted to become the king of all of the tribes.

---

(5) Tecumseh
   1 fought for the first time at the Battle of Fallen Timbers.
   2 signed the Treaty of Greenville in the year 1764.
   3 got into a battle against Americans and lost in 1794.
   4 once fought on the side of the US military when he was young.

---

(6) What is one thing that happened to Tecumseh and other Native Americans?
   1 They joined hands with Henry Procter and William Henry Harrison in several battles.
   2 They sent troops to Canada to rescue William Henry Harrison and his army.
   3 They formed a political party and later Tecumseh became the President of the USA.
   4 They lost in a battle against the US army due to lack of assistance.

---

(7) What happened after Tecumseh's death?
   1 The Native American resistance launched a successful attack.
   2 The war was stopped, and Tecumseh was given a hero's burial.
   3 Tecumseh's tribe safely returned west to their own land.
   4 Native American forces started to lose their unity.

DAY 1
DAY 2
DAY 3
DAY 4
DAY 5
DAY 6
DAY 7

C

Why Lives of Some Products Are Made Short

Did you know that the technology to make light bulbs last twice as long as they do now has existed since the 1920s? However, right around that time, some light bulb companies limited the lifespan of their light bulbs to 1,000 hours. By doing so, they would be able to sell more products sooner. The practice of intentionally making products that last for a shorter period of time or are more likely to break is known as "planned obsolescence." Planned obsolescence affects just about all appliances found in modern homes, from personal computers and televisions to washing machines and mobile phones. The majority of these products are designed to last no more than four years before becoming too old or even breaking down completely. Some are even designed to make it difficult, if not impossible, for consumers to fix themselves.

Planned obsolescence has a negative effect on the environment, too. Constantly throwing away electronic devices creates an ever-increasing amount of waste. Most electronic waste contain toxic chemicals, so certain special measures need to be taken before they can be safely placed in scrapyards. Such measures usually cost a lot of money, and only a few components are usually recyclable, so most of the world's electronic waste is often carelessly dumped in developing countries.

Some people are encouraging more consumers to learn how to repair their devices, thus extending their lifespan and making them useful again. While this may require a certain degree of skill and information, it is becoming more and more common in some communities. In the US, the state of Massachusetts passed the Motor Vehicle Owner's Right to Repair Act in 2012, which requires vehicle manufacturers to provide information to allow anyone to repair their vehicles. Insertech, a Canadian association created 20 years ago, teaches classes about repairing and recycling computers. They are also selling recycled computers at low prices for consumers.

As a result of the efforts of such repair and reuse movements, more and more companies are starting to make their products easier to fix and extend the life of their electronic products. Perhaps these efforts may finally lead to the end of the practice of planned obsolescence, or at least a significant reduction in the amount of electronic waste that we produce.

DAY 1
DAY 2
DAY 3
DAY 4
DAY 5
DAY 6
DAY 7

(8) Why do some companies intentionally limit the lifespan of their products?

1 In order to give their salespeople a break from working too hard.

2 Because using cheaper materials with shorter lifespans is better for the environment.

3 Because some consumers want to repair broken products on their own.

4 In order to make customers throw away their old products and buy new ones.

(9) Much of today's electronic waste

1 ends up being thrown away in less-developed countries.

2 is completely recycled and made into other products.

3 is exported to other countries as precious resources.

4 contains few toxic substances and can be reused safely.

(10) The Canadian association Insertech

1 offers courses on fixing and recycling used products.

2 provides information about how to repair vehicles.

3 buys restored products from amateur repairpersons.

4 prohibits car owners from selling recycled vehicles.

(11) What is one thing that some companies are starting to put into practice?

1 Making products that last longer and easier to fix.

2 Offering better customer service and quicker delivery.

3 Lowering the prices of their electronic products.

4 Developing products that consume less electricity.

(12) Which of the following statements is true?

1 The technology to produce long-lasting light bulbs still does not exist.

2 Recycling will play a key role in solving the problem of planned obsolescence.

3 Some people believe that companies should repair products free of charge.

4 Companies making their products easier to repair will only increase waste.

正解と訳 ▶ 次ページ

A

送信者：ボビー・シャーマー <bshermer@realone.com>
宛先：ダニエル・ヘルナンデス <danny96@ratmail.com>
日時：2月23日
件名：礼儀作法のレッスン

ダニエル様
ブロンクスエチケットスクールのボビー・シャーマーです。当校の礼儀作法のレッスンについてメールを頂戴しました。「一般マナー」のコースへのお申込みについてお問い合わせいただきありがとうございます。❶このコースでは、着席時、起立時、歩行時にどのような動作を取ればよいか、さらに、街を歩く際にどのように振舞えばよいかについてもお教えいたします。こちらは大変人気のあるコースで、私が直接指導しております。
❷当校では最近、ビジネスの場でどのように上司と話をするか、また、どのような時に話を控えるかといったことを指導する「スピーチエチケット」というコースを新たに開講いたしました。もしご興味があればこちらもご検討ください。このクラスの受講者には、さまざま職種の方々がおられます。工場勤務の方もいらっしゃれば、営業部長の方もいらっしゃいます。医療の専門家の生徒さまもいらっしゃいます。
当校の新学期は1週間ほど前に始まりましたが、一般の方々向けに体験クラスを開講する予定です。❸当校のスケジュールを添付しております。❹ご来校いただくのにご都合のよい日時をご確認ください。当校の講師陣はみなやる気と能力があり、あなたに必要なあらゆる授業をご提供いたしますので、きっとご満足いただけます。お会いできるのを楽しみにしております。
敬具
ボビー・シャーマー
ブロンクスエチケットスクール、校長

覚えておこう！

☐ **etiquette** エチケット、礼儀作法 ☐ **apply for ~** ~に申し込む ☐ **~ as well as ...** ~も…も、…だけでなく~も ☐ **carry** *oneself* 振る舞う ☐ **personally** 自ら、自分自身で ☐ **introduce** ~を導入する ☐ **superior** 上司 ☐ **business environment** ビジネス環境 ☐ **check ~ out** ~をよく調べる ☐ **specialist** 専門家 ☐ **medicine** 医学 ☐ **semester** 学期 ☐ **trial** 試験的な、お試しの ☐ **general public** 一般の人々 ☐ *be* **satisfied** 満足する ☐ **instructor** 指導者 ☐ *be* **willing to** *do* 進んで~する、~する意志がある ☐ **provide** ~を提供する

《長文の内容一致選択問題》はこう解く！

大問
3

DAY 1

DAY 2

DAY 3

DAY 4

DAY 5

DAY 6

DAY 7

(1) ボビーは彼のクラスで生徒に何を教えているか。

正解
2

1 さまざまな仕事への応募。

2 正しい方法で歩くこと。

3 食器をディナーテーブルに正しく配置すること。

4 大勢の人々に向けてビジネスプレゼンテーションをすること。

解説 第1問なので、第1段落をよく読もう。❶でボビーが教えている「一般マナーコース」の内容が説明されている。このコースでは「歩行時の動作」および「街を歩く際の振る舞い」について指導しているのだから、選択肢2が正解である。

(2) スピーチエチケットコースの目的は～を生徒に教えることだ。

正解
3

1 式でどのようにスピーチをするか。

2 工場を効率的に管理する方法。

3 職場での話し方。

4 適切な医薬品の選び方。

解説 「スピーチエチケットコース」の内容は❷にくわしく書かれている。in a business environment（ビジネスの場で）という表現が、選択肢3では at work（職場で）と言い換えられており、これが正解だとわかる。

(3) ボビーはダニエルに何をしてもらいたいか。

正解
2

1 コースの教材を注文する。

2 学校のスケジュールを確認する。

3 新しく開講したクラスに参加する。

4 クラスでプレゼンテーションを行う。

解説 第3段落をよく読むことで回答できる。❸は「スケジュールをメールで送った」ということ。そして、❹は「都合のいい日時を確認してほしい」という要望である。まとめると「送ったスケジュールを見て、都合のいい日時を確認してほしい」ということなので、正解は選択肢2である。

B

テカムセの生涯

テカムセはネイティブアメリカンのショーニー族の酋長だった。彼の名前は、ショーニー語で「流れ星」という意味である。彼は、アメリカの開拓者の侵攻に対する、ネイティブアメリカンの抵抗運動の主導者だった。❶彼は、自分たちの故郷、文化、そして自由を守るために、すべての部族をひとつにまとめようとした。戦士として、テカムセは部下たちを率いて多くの戦争を戦い、1812年の戦争ではイギリス軍を手助けした。彼はまた、デトロイト包囲戦においてアメリカ軍を駆逐する際に重要な役割を果たした。

テカムセは8人きょうだいの5番目として、1768年、オハイオ・バレーの西部で生まれた。若くして、多くの戦いを経験した彼は、賢いながらも勇猛な戦士として知られていた。❷1794年には、彼は、モーミー河畔のフォールン・ティンバーズの戦いにて、アメリカのアンソニー・ウェイン将軍とその部隊を相手に戦った。ネイティブアメリカンたちはその戦いに敗れ、翌年、グリーンビル条約に署名させられた。ネイティブアメリカンたちは、結局、オハイオにおける自分たちの土地の多くを明け渡すことになった。

テカムセは、彼の軍に参加するよう、国中の他の部族に声をかけ始めた。彼はイギリスのヘンリー・プロクター少将の軍に合流し、彼らの軍隊は共に、メイグズ砦に陣を構える有名なウィリアム・ヘンリー・ハリソン少将に対して戦いを挑んだ。ウィリアム・ハリソンはのちの第9代アメリカ大統領となる人物である。ハリソンの軍が攻勢に転じると、プロクターとテカムセはカナダに敗走した。❸プロクターはテカムセにもっと援軍を送ると約束したが、援軍は現れず、1813年10月5日に、テカムセが率いる500人の部隊は、3,000人を擁するハリソンの軍隊に打ち負かされ、テカムセは殺された。テカムセの遺体は見つからなかった。テカムセの遺体は戦場から運び出され、密かに埋葬されたと考えられている。

テカムセは話術に長けており、力強い酋長で、尊敬されるリーダーだった。❹テカムセの死は、オハイオ峡谷および、それを取り囲むアメリカの他のほとんどの地域における、ネイティブアメリカンの抵抗運動の終焉の幕開けとなった。彼の死から数十年の間に、ネイティブアメリカンの各部族は強制的に西に移動させられ、かつて彼らが故郷と呼んでいた土地を手放した。その政治的リーダーシップ、勇敢さ、仲間を思う心によって、テカムセは生涯、味方・敵の両方から尊敬を集めた。

覚えておこう！

- [ ] **warrior chief** 酋長 [ ] **tribe** 部族 [ ] **Native American** アメリカ先住民
- [ ] **resistance movement** 抵抗運動 [ ] **invade** ～を侵略する [ ] **unite** ～を統一する
- [ ] **siege** 包囲 [ ] **fierce** どう猛な、残忍な [ ] **general** 将軍、大将 [ ] **defeat** ～を打ち負かす [ ] **major-general** 少将 [ ] **fort** 砦 [ ] **escape to** ～に逃れる [ ] **troop** 軍隊、部隊 [ ] **carry ～ off** ～を運び去る [ ] **bury** ～を埋める、～を埋葬する [ ] **exceptional** 並外れた [ ] **esteemed** 尊重された、立派な [ ] **signify** ～を意味する、～を示す
- [ ] **bravery** 勇気、勇敢さ [ ] **enemy** 敵

DAY 1
DAY 2
DAY 3
DAY 4
DAY 5
DAY 6
DAY 7

(4) ～に、テカムセはネイティブアメリカンの各部族を結束させたかった。

正解

1 他国に侵攻して領土を拡大するため

2 アメリカ軍と協力して強力な単一国家を作り上げるため

3 侵略軍から自分たちの故郷と文化を守るため

4 すべての部族の王になりたかったため

解説 第1段落を探る。❶に「故郷・文化・自由を守るために、すべての部族をひとつにまとめる」ということが書かれており、この内容をほぼ正確に伝える選択肢3が正解。問題文中の unite all tribes が、質問文では unite different tribes と言い換えられている。

(5) テカムセは

正解

1 フォールン・ティンバーズの戦いで、初めて戦った。

2 1764年にグリーンビル条約に署名した。

3 アメリカ人たちと戦い、1794年に敗れた。

4 若いころ、アメリカ軍側で戦ったことがある。

解説 第2段落から答えを探そう。❸の文は少し長いが、要約すると「1794年にアメリカの軍と戦った」ということである。次の文に「戦いに敗れた」とあるので、これらをまとめた選択肢3が正解である。

(6) テカムセとその他のネイティブアメリカンたちに起こったひとつのことは何か。

正解

1 複数の戦闘において、ヘンリー・プロクターおよびウィリアム・ヘンリー・ハリソンと手を組んだ。

2 ウィリアム・ヘンリー・ハリソンの軍隊を救うため、カナダに派兵した。

3 政党を結成し、後にテカムセはアメリカ大統領になった。

4 援軍が得られなかったため、アメリカ軍との戦闘に敗れた。

解説 第3段落の内容を正しく理解しているかどうかが問われている。❸を見ると、「援軍を送ると約束したのに、援軍は現れず、テカムセの部隊は敗れた」とある。「援軍が現れなかった」を due to lack of assistance（援助が不足していたので）と言い換えた選択肢4が正解。

(7) テカムセの死後、何が起こったか。

正解
4

1 ネイティブアメリカンの抵抗部隊が反撃し、成功を収めた。

2 停戦となり、テカムセは英雄として埋葬された。

3 テカムセの部族は、西にある自分たちの土地へ無事に帰還した。

4 ネイティブアメリカンの軍隊は連帯を失った。

解説 第4段落に答えがある。❹は「テカムセの死は、抵抗運動の終焉の幕開けとなった」とある。さらに、次の文では「その後、各部族は西に強制的に移動させられた」とある。「連帯が失われて抵抗運動が終わった」ということなのだから、正解は選択肢4である。

筆記

なぜ一部の製品の寿命は短いのか

　あなたは、電球の寿命を今の2倍に延ばす技術が、すでに1920年から存在していることを知っていただろうか。しかし、ちょうどそのころ、いくつかの電球製造会社が電球の寿命を1,000時間に制限したのである。❶そうすることで、より多くの製品をより早く売れるようになるのだ。長持ちしない、あるいはより壊れやすい製品をわざと製造することを「計画的陳腐化」と言う。計画的陳腐化は、パソコンやテレビから、洗濯機や携帯電話まで、現代の家電のほとんどに影響を及ぼしている。こういった製品の大部分は、古くて使えなくなってしまう、あるいは完全に壊れてしまうまでに、4年しか持たないように設計されている。一部の製品に至っては、購入者が自分で直すことが不可能ではないにしても、かなり困難な設計になっている。

　計画的陳腐化は、環境に悪影響も与えている。電化製品をしょっちゅう捨てることで、ゴミの量も増え続けることになる。電化製品のゴミには、たいてい有毒な化学物質が含まれているため、ゴミ置き場に安全に投棄できるようになる前に、ある特殊な処理を施す必要がある。そのような処理をするには通常かなりのコストがかかる上に、ほんの一部の部品しかリサイクルできない。❷そのため、世界の電子ゴミの大半はしばしば無造作に発展途上国に投棄されている。

　電子機器を修理のしかたを覚えて、製品の寿命を延ばして便利に使えるようにすることを、購入者に奨励している人々もいる。これにはある程度の技術と情報が必要ではあるが、一部の地域ではかなり一般的になりつつある。アメリカのマサチューセッツ州では、2012年に「自動車所有者の修理権法」が成立した。この法案は、自動車製造業社に対し、その会社の自動車の修理についての情報の提供を義務付けるものである。❸20年前に創立された、カナダのインサーテックという協会は、パソコンの修理やリサイクルに関する教育を行っている。インサーテックは、リサイクルパソコンを安価で販売する事業も行っている。

　❹こういった修理と再利用に向けた取り組みの結果、より多くの企業が、自社の電化製品をより修理しやすく、長寿命のものにし始めている。❺こういった取り組みによって、最終的には計画的陳腐化自体が過去のものになるかもしれない。そうはならなくとも、電子ゴミの量がかなり減ることにはつながるだろう。

覚えておこう！

- [ ] light bulb 電球　- [ ] exist 存在する　- [ ] lifespan 寿命　- [ ] practice 行為、慣習
- [ ] intentionally 故意に　- [ ] planned obsolescence 計画的陳腐化（製品の寿命を故意に短縮する手法）　- [ ] appliance 電化製品　- [ ] fix ～を修理する　- [ ] electronic device 電子機器　- [ ] ever-increasing 増え続ける　- [ ] electronic waste 電子機器廃棄物、電子ゴミ　- [ ] toxic chemical 有毒な化学物質　- [ ] place ～を置く　- [ ] scrapyard 廃棄物置き場
- [ ] component 部品　- [ ] carelessly 無造作に　- [ ] dump ～を投棄する　- [ ] extend ～を延ばす　- [ ] association 協会　- [ ] as a result of ～ ～の結果として　- [ ] reuse （～を）再利用（する）　- [ ] significant 大幅な、意義のある

《長文の内容一致選択問題》はこう解く！

大問
3

DAY 1

DAY 2

DAY 3

DAY 4

DAY 5

DAY 6

DAY 7

(8) 一部の企業が自社製品の寿命を故意に制限しているのはなぜか。

正解 **4**

1 自社の販売員が過度の労働から逃れられるようにするため。

2 より寿命の短い、より安い材料を使ったほうが環境によいから。

3 自分で故障品を修理したい購入者がいるから。

4 購入者に古い製品を処分して新しいものを買わせるため。

解説 「計画的陳腐化」の「狙い」については❶に書かれている。「長持ちしない製品を作って、新たなものがより早く売れるようにする」ということだから、選択肢4が正解。

----

(9) 現代の電子ゴミの多くは

正解 **1**

1 最後には発展途上国に捨てられている。

2 完全にリサイクルされ、他の製品に作り替えられている。

3 貴重な資源として他国に輸出されている。

4 有害物質をほとんど含んでおらず、安全に再利用できる

解説 ❷の内容を、end up 〜「最後には〜する」という表現を使ってほぼ言い換えた選択肢1が正解。developing countries が less-developed countries に言い換えられている。

----

(10) インサーテックというカナダの協会は

正解 **1**

1 中古品の修理やリサイクルに関する講義を提供している。

2 自動車の修理方法に関する情報を提供している。

3 素人の修理工から修復された製品を買い上げている。

4 自動車の所有者がリサイクルされた自動車を売ることを禁じている。

解説 インサーテックの活用については❸で説明されている。「修理やリサイクルに関する教育」を「講義」と言い換えて表現している選択肢1が正解。

----

(11) 一部の企業が実行し始めているひとつのことは何か。

正解 **1**

1 より寿命が長く、より修理しやすい製品の製造。

2 購入者へのよりよいサービスと、より素早い納品の実現。

3 自社の電化製品の値下げ。　　　**4** より消費電力の少ない製品の開発。

解説 第4段落から答えを探す。❹に「自社の電化製品をより修理しやすく、長寿命のものにする」という取り組みが書かれており、これを言い換えた選択肢1が正解である。

----

(12) 次の記述のうち正しいものはどれか。

正解 **2**

1 長持ちする電球を製造する技術はまだ存在していない。

2 再利用は、計画的陳腐化という問題の解決へのカギとなるだろう。

3 企業は製品の修理を無料で行うべきだと考える人々もいる。

4 企業が自社製品をより修理しやすくすることで、結局ゴミは増えてしまうだろう。

解説 英文全体から答えを探す。❺は「こうした取り組みによって計画陳腐化がなくなるかもしれない」という内容だが、「こうした取り組み」は直前の「修理と再利用」のことであるから、選択肢2が正解ということになる。

必ず出る! 合格にグッと近づく単語61-90

英検2級合格のために、覚えておきたい単語をリストアップしました。左ページの空所にはいる単語（頭文字だけは提示）を答えられますか？　答えは、右ページに記載しています。

61	a c------- of the Japanese 日本人のひとつの特徴	**76**	a p------- of documents 書類の山
62	c------- a cold 風邪を治療する	**77**	support a diplomatic p------- ある外交政策を支持する
63	have a large d------- 巨額の負債がある	**78**	p------- *one's* boots ブーツを磨く
64	a d------- in population 人口の減少	**79**	a very p------- person 非常に時間に正確な人
65	d------- the present situation 現状を述べる	**80**	move around r------- 落ち着かずに動き回る
66	today's weather f------- 今日の天気予報	**81**	r------- the mood of a party パーティーの雰囲気を台無しにする
67	g------- necessary information 必要な情報を集める	**82**	get a s------- to college 大学への奨学金を得る
68	h------- *one's* wound 傷を治す	**83**	s------- water on the table テーブルに水をこぼす
69	i------- scheduled date 最初に予定された日	**84**	the s------- of a building 建物の構造
70	i------- the cause of an accident 事故の原因を調査する	**85**	struggle for s------- 生き残りのための闘争
71	a thick l------- of ice 厚い氷の層	**86**	a t------- girl おしゃべりな女の子
72	a l------- about a hero ある英雄に関する伝説	**87**	muscle t------- in the neck 首の筋肉の緊張
73	an unidentified flying o------- 未確認飛行物体	**88**	a t------- business partner 信頼できる取引先
74	an o------- for education 教育を受ける機会	**89**	v------- from sight 視界から消える
75	p------- in a party パーティーに参加する	**90**	w------- *one's* handkerchief ハンカチを振る

DAY 1
DAY 2
DAY 3
DAY 4
DAY 5
DAY 6
DAY 7

【単語を覚えるコツ】
単語単体ではなく、フレーズ全体を意味のまとまりとして
覚えたほうが効果的です。

Track
07~08

61	**characteristic** 名 特徴	76	**pile** 名 （物の）積み重ね、山
62	**cure** 動 ～を治療する	77	**policy** 名 方針、政策
63	**debt** 名 負債	78	**polish** 動 ～を磨く
64	**decrease** 名 減少、動 減る	79	**punctual** 形 時間に正確な
65	**describe** 動 ～を述べる［描写する］	80	**restlessly** 副 落ち着かずに
66	**forecast** 名 予測、予報	81	**ruin** 動 ～を台無しにする
67	**gather** 動 ～を集める、集まる	82	**scholarship** 名 奨学金
68	**heal** 動 ～を治す、治る	83	**spill** 動 ～をこぼす
69	**initially** 副 最初に、最初は	84	**structure** 名 構造
70	**investigate** 動 ～を調査する	85	**survival** 名 生き残り
71	**layer** 名 層	86	**talkative** 形 おしゃべりな
72	**legend** 名 伝説	87	**tension** 名 緊張
73	**object** 名 物体、目的、対象	88	**trustworthy** 形 信頼できる
74	**opportunity** 名 機会	89	**vanish** 動 消える
75	**participate** 動 参加する	90	**wave** 動 ～を振る

大問
4

DAY 1

DAY 2

DAY 3

DAY 4

DAY 5

DAY 6

DAY 7

《英作文問題》はこう解く！
合格への攻略ポイント

大問4はライティング能力が問われる《英作文問題》です。与えられたトピックに関する自分の意見を指定された語数（80～100語）で書き上げます。

英作文問題は、形式に十分慣れておかないと、試験時間内にきちんと書き上げるのはなかなか困難です。形式と攻略のコツをしっかり押さえるようにしてください。

まず「攻略ポイント」を理解してから、「確認問題」。そして、最後、「実戦練習」に取り組んでください。

⑩ 基本構成を確認する

英作文問題では、「内容」「構成」「語彙」「文法」という、4つの点を意識することが重要です。いくら正しい語彙や文法を用いても、その内容および構成が支離滅裂であれば、高得点を望むことはできません。まずは、基本の構成をしっかり頭に入れておきましょう。

例題

● 以下の **TOPIC** について、あなたの意見とその理由を2つ書きなさい。
● **POINTS** は理由を書く際の参考となる観点を示したものです。ただし、これら以外の観点から理由を書いてもかまいません。
● 語数の目安は80語～100語です。

TOPIC
Today, more and more people in Japan are moving to major cities like Tokyo and Osaka. Do you think more people will move to major cities in the future?

POINTS
● *Quality of life*
● *Location*
● *Employment*

DAY 1
DAY 2
DAY 3
DAY 4
DAY 5
DAY 6
DAY 7

 まずはトピックを確認する

必ずトピックをしっかり理解してから書き始めましょう。▶トピックは、ほとんどの場合、2つの文によって示されています。1文目は「〜という…がある」「一部の人たちは〜している」のような形になっています。そして、2文目は Do you think 〜?（あなたは〜と思いますか？）あるいは Do you agree with this opinion?（あなたはこの意見に賛成ですか？）という形で、賛成か反対かを問う疑問文になっています。

 基本構成を覚えよう

英文のパッセージを書く場合には、守るべき基本のフォーマットがあります。▶以下のようなフォーマットに従うのが基本です。Introduction では、「賛成か反対か」の立場を明確にします。Main Body では、その2つの理由を示します。そして、最後に Conclusion を置きます。ただし、Conclusion は、Main Body が長くなった場合、英検2級の英作文問題の語数（80〜100語）を考慮すると省いてしまってもいいでしょう。

Introduction〈立場表明〉
↓
Main Body〈理由づけ〉
↓
（Conclusion〈結論〉）

 目標解答時間は 20 分

構想を始めてから、パッセージを書き上げ、念のためにもう一度チェックするまでの一連の作業を、20分で仕上げることを目標にします。▶慣れていないとなかなか時間内に書き上げられませんので、本書の例題・確認問題・実戦練習を活用して、何度もチャレンジしてみましょう！

トピック

今日、日本では、東京や大阪などの大都市に引っ越す人々がますます増えています。あなたは、将来、より多くの人々が大都市に引っ越すと思いますか?

ポイント
● 生活の質
● 場所
● 雇用

ワンモアポイント

《Conclusion の書き方》

Main Body に十分な長さの内容を書けなかった場合、冒頭で表明した立場を言い直して Conclusion とすることもできます。

●賛成の場合の Conclusion の例

例 It is for these two reasons that I think ~
　 (私が~だと考えるのは、これら2つの理由のためです)

例 Because of the reasons above, I think ~
　 (上で述べた理由のために、私は~と思います)

●反対の場合の Conclusion の例

例 It is for these two reasons that I don't think ~
　 (私が~だと考えないのは、これら2つの理由のためです)

例 Because of the reasons above, I don't think ~
　 (上で述べた理由のために、私は~とは思いません)

《英作文問題》はこう解く！

大問
4

DAY 1
DAY 2
DAY 3
DAY 4
DAY 5
DAY 6
DAY 7

解答例

❶ I believe that more and more people in Japan will move to major cities. ❷ One reason is that it is hard to find a variety of jobs in rural areas. Many people are forced to move to cities to find better job opportunities. ❸ Another reason is that they may feel that life in the city is more exciting. There are many fun things in cities that are hard to find in the countryside like movie theaters and restaurants. ❹ In conclusion, I think that more people will move to cities in the future. (92語)

解答例 訳

私は、日本では大都市に引っ越す人々がますます増えると思います。理由の1つは、田舎では多くの種類の仕事を探すことが難しいことです。多くの人々が、よりよい就業の機会を見つけるために、都市部へ引っ越すことを余儀なくされています。もう1つの理由は、彼らは都市での生活のほうをより刺激的だと感じるかもしれないということです。都市部には、映画館やレストランと言った、田舎にはなかなかない楽しいものがたくさんあります。結論として、私はより多くの人々が将来、都市部に引っ越すと思います。

解説

❶が Introduction、❷❸が Main Body、そして❹が Conclusion です。与えられたポイントの中では、Employment と Quality of life について書いています。Introduction では、トピックの英文をそのまま引用して、「何について書くか」を明確に提示しています。また、Conclusion でもトピックの文をほぼ同じ形で示して、わかりやすい「締め」の言葉にしています。

もし反対の立場で書くなら、Many people are growing tired of living in crowded cities. (多くの人々は、混雑した都市部で暮らすことに飽きてきています) や、Because more companies are introducing teleworking, more people can work from home. Since these people no longer need to work in offices, they have the freedom to look for cheaper homes in the countryside. (テレワークを導入する企業が増えてきているので、より多くの人々が家で仕事をできるようになっています。こういった人々は会社で仕事をする必要がないので、田舎でより安い住居を自由に探すことができます) などといった理由をあげるといいでしょう。

⑪ 賛成か反対かを はっきり決める

英作文の冒頭では、与えられたトピックに関して賛成なのか反対なのか、自分の立場をはっきり示す必要があります。ここでは「賛成」の立場で書く例を見ておきましょう（P.132の確認問題では、同じトピックの英作文を「反対」の立場で書いていただきます）。

例題

● 以下の **TOPIC** について、あなたの意見とその理由を2つ書きなさい。
● **POINTS** は理由を書く際の参考となる観点を示したものです。ただし、これら以外の観点から理由を書いてもかまいません。
● 語数の目安は80語〜100語です。

TOPIC
Some people say that young people today should spend less time playing video games. Do you agree with this opinion?

POINTS
● *Entertainment*
● *Skill development*
● *Technology*

DAY 1
DAY 2
DAY 3
DAY 4
DAY 5
DAY 6
DAY 7

STEP 1 賛成か反対かを決める

与えられたトピックに対する自分の立場を最初に書きます。▶トピックの内容を
しっかり吟味した上で、並んでいるポイントも一通り見てから、立場を決めましょ
う。なお、一度立場を決めて書き始めたら、**ブレないこと**が大切です。賛成するな
ら、賛成する理由のみを書きます。1つ目の理由は賛成理由なのに、2つ目は反対
理由になってしまったりすると、支離滅裂なパッセージになってしまいます。

STEP 2 書きやすそうなポイントを選ぶ

**2級のライティングテストでは、2つのポイントを「理由」としてあげなければな
りません。**▶トピックの下に、最初から3つのポイントが示されています。こちら
のポイントから2つ選んでもいいですし、もし難しいと感じたら、自分独自のポイ
ントに基づいた解答を作っても構いません。p.127の解答例では、与えられたポイ
ントのうち、Entertainment（気晴らし）とSkill development（技能を伸ばすこ
と）を参考にしています。

STEP 3 ポイントからどのように話を広げるか決める

ポイントから話を広げていくテクニックを覚えましょう。▶2つの理由を決めたら、
それぞれの理由を具体例や補足説明によって肉付けしましょう。具体例を入れると
きには、For example, ～（たとえば～）を用いるといいでしょう。また、「～なの
で…」のように、理由と結果を示す場合は、シンプルに接続詞のsoなどを使うと
いいですね。また、場合によってはIf ～（もし～ならば）を使って、Bodyを膨らま
せることもあります。

例題 訳

トピック

現代の若者はビデオゲームで遊ぶ時間をもっと減らすべきだという人もいます。あなたはこの意見に賛成ですか?

ポイント

● 気晴らし
● 技能を伸ばすこと
● 技術

ワンモアポイント !

《英作文の効果的なトレーニング法》

英作文上達には、とにかく実際にたくさん書いてみること以外にはありません。解答例、そして p.128 の「書き出しパターン」などを参考にして、自分なりのパッセージをどんどん書いてみましょう。

また、賛成と反対の両方の立場で書いてみるというトレーニングも大変効果的です。自分にとって賛成のほうが書きやすいか、それとも反対のほうが書きやすいかは、実際に試験を受けてみるまでわかりません。ですから、いろいろなトピックを、賛成・反対の両方のパターンで書く練習をすることをお勧めします。英検で出題される問題は、必ず「賛成・反対の両方の立場がありうる」ものになっていますので、どちらの立場からも書けるはずです。

DAY 1
DAY 2
DAY 3
DAY 4
DAY 5
DAY 6
DAY 7

解答例

❶ I strongly agree that young people today should spend less time playing video games. ❷ I have two reasons to support this opinion. ❸ First, while playing video games can be a form of entertainment, it can also be a waste of time. People cannot gain any practical skills or health benefits from playing them. ❹ Second, while games can help develop certain skills, people who spend all of their time playing video games likely have limited communication skills. They should spend more time talking with real people instead. ❺ For these reasons, I agree with this opinion. (94語)

解答例 訳

私は、現代の若者はビデオゲームで遊ぶ時間をもっと減らすべきだと強く思います。この意見を支持する理由が2つあります。第一に、ビデオゲームで遊ぶことはある種の気晴らしになるものの、時間のむだにもなりえます。ビデオゲームをやっても、実用的な技能は何も得られませんし、健康上の利点があるわけでもありません。第二に、ゲームはある種の技能を伸ばしてくれるものの、いつもビデオゲームばかりやっている人々は、たいてい限られたコミュニケーションの技能しか持っていません。彼らは、それよりも生の人間ともっと話すべきです。これらの理由から、私はこの意見に賛成です。

解説

❶が Introduction、❷ ～❹が Main Body、❺が Conclusion です。❷のように「これから2つの理由を述べます」という趣旨の文を挟むこともできます。❸では「ビデオゲームは実用的な技能は身につけられないので、時間のむだになってしまいかねない」という理由を用いました。そして、❹は「ゲームばかりやっている人は、コミュニケーションの技能が不足している」と述べ、さらに「もっと生の人間と話すべきだ」とつけ足して強調しています。なお、❺は「締め」の文ですが、文字数が十分であれば、最後の Conclusion は省略してしまっても問題ありません。

この解答例は、I strongly agree ～（私は～だということに強く賛成します）という書き出しになっていますが、このように副詞をうまく使って、賛成・反対の度合いを示すといいでしょう。「完全には賛成できない」なら I don't fully agree ～のようになりますし、「ほとんど賛成できる」なら I mostly agree ～あるいは I agree ～ for the most part などのようになります。

⑫ 有効な書き出し パターンを覚える

例題

● 以下の **TOPIC** について、あなたの意見とその<u>理由を2つ</u>書きなさい。
● **POINTS** は理由を書く際の参考となる観点を示したものです。ただし、これら以外の観点から理由を書いてもかまいません。
● 語数の目安は80語〜100語です。

TOPIC

Some people say that posting pictures and videos of people on the Internet can be dangerous. Do you agree with this opinion?

POINTS
● *Security*
● *Cyber crime*
● *Privacy*

STEP ① 賛成・反対、それぞれの書き出しパターンを覚えよう

冒頭では、賛成・反対のどちらを選んだかを示しますが、書き出しパターンはほぼ決まっています。▶賛成の場合は、I think that ~（~と思います）／I agree that ~（~に賛成です）で始めるのが基本です。また、反対の場合は、その否定形の I don't think that ~（~とは思いません）／I don't agree that ~（~に賛成ではありません）のように書き始めるか、あるいは disagree（~に反対する）を使って、I disagree with the idea that ~（私は~という考えには反対です）のようにするといいでしょう。ここでも多少の「字数調整」をすることも可能ですので、書き上げた後で、もう一度検討するようにしましょう。

STEP ② 理由の書き出しパターン

理由は2つ示さないといけないので、それぞれの書き出しパターンを覚えておく必要があります。▶最も基本的なやりかたは、First, ~（第一に~）／Second, ~（第二に）というパターン。これで字数が足りなければ、My first reason is that ~（私の1つ目の理由は~です）／My second reason is that ~（私の2つ目の理由は~です）のようにしてもいいでしょう。他にもいろいろなパターンがありますが、1つ目の理由と2つ目の理由の区別が、採点する人にわかるようになっていれば大丈夫です。

STEP ③ 書いた英文を見直す

英文を書き上げたら、時間の許す限り、きちんと見直すようにしましょう。▶「トピックに関連した内容になっているか」「理由を2つあげているか」といった基本的な部分のチェックのほか、特に以下の点をチェックするといいでしょう。

- □ 時制は間違っていないか（基本は現在形を用います）。
- □ 冠詞は抜けていないか（可算名詞の単数形には冠詞が必須ですね）。
- □ 代名詞の使い方は適切か（単数・複数の間違いも要注意）。

筆記

トピック

インターネット上に人の写真や動画を投稿することには危険を伴う可能性があると言う人もいます。あなたはこの意見に賛成ですか？

ポイント

● 安全
● インターネット犯罪
● プライバシー

ワンモアポイント ！

《Memo 欄を活用しよう》

英検の英作文問題には、問題の隣のページに「MEMO」というスペースが設けられています。ここに、自分のパッセージの展開を整理して書いておくといいでしょう。いきなり英文を書いてしまうのではなく、「どのポイントについて Main Body で展開するのか」「どのように展開させるのか」（例をあげてふくらますのか、「もし〜なら…」のように書くのか、など）をメモした上で、解答用紙にパッセージを書くようにしましょう。

解答例

❶ I agree that posting personal information such as photos and videos online can be dangerous. ❷ First, anything posted on the Internet could be seen by people with bad intentions. They might post mean comments on the Internet, especially when they can do so without showing their own identity. ❸ Second, having things like pictures on social media can lead to the loss of privacy. Strangers could learn where you live just by looking at the backgrounds in your pictures. ❹ In conclusion, I believe that posting things like pictures and videos on the Internet can be dangerous.
（95語）

解答例 訳

私は、インターネット上に人の写真や動画を投稿することには危険を伴う可能性があると思います。第一に、インターネット上に投稿されたものは、それがなんであっても、悪意のある人々に見られてしまう可能性があります。特に匿名でそれが行える場合、彼らはインターネット上にひどいコメントをつけかねません。第二に、ソーシャルメディアに写真などを載せることは、プライバシーの喪失につながる可能性があります。写真の背景を見ただけで、見知らぬ人があなたの住んでいる場所を突き止めてしまうこともあります。結論として、私は、インターネット上に写真や動画を投稿することには危険を伴う可能性があると思います。

解説

❶が Introduction、❷❸が Main Body、❹が Conclusion という構成です。❷ではポイントで与えられている「安全」と「インターネット犯罪」に触れて、「悪意のあるコメントをつけられる恐れがあるから」という理由をあげました。❸はポイントの「プライバシー」を採用し、「写真の背景から、住所がわかってしまう可能性がある」という理由を述べています。

この問題の場合、おそらく賛成の立場のほうが書きやすいと思います。反対の立場で書く場合には、There are many ways to hide private information from people you do not want to see it.（見てほしくない相手に対して、個人情報を隠す手段はたくさんあります）や Posting pictures of missing people or criminals can help others look for them.（行方不明の人々や犯罪者の写真を投稿することは、彼らの捜索に役立ちます）などの理由をあげるといいでしょう。

 **確認問題**

● 以下の **TOPIC** について、あなたの意見とその理由を 2 つ書きなさい。（ただし、練習の
ため、ここではあえて「反対」の立場で書いてください）
● **POINTS** は理由を書く際の参考となる観点を示したものです。ただし、これら以外の観
点から理由を書いてもかまいません。
● 語数の目安は80語～100語です。

TOPIC
Some people say that young people today should spend less time playing video games.
Do you agree with this opinion?

POINTS
● *Entertainment*
● *Skill development*
● *Technology*

《英作文問題》はこう解く！

大問
4

DAY 1
DAY 2
DAY 3
DAY 4
DAY 5
DAY 6
DAY 7

解答例

❶I think that playing video games actually has many benefits for young people today. ❷One benefit is that they help young people get used to using technology. This could help them build important skills for work in the future. ❸Second, nowadays many games have social aspects where people can communicate with other players. Thus, video games can also allow people to communicate with other people who have similar interests. ❹In summary, I believe that playing video games can be beneficial for young people, and the amount of time playing them should not be limited. (94語)

解答例 訳

私は、ビデオゲームをすることには、実際には今日の若者にとって多くの利点があると思います。1つの利点は、ゲームは、若者がテクノロジーの使用に慣れる手助けをしてくれるということです。将来、仕事で役立つ重要な技能の確立につながるのです。第二に、今日では多くのゲームでは他のプレーヤーと交流することができるため、社会的側面を持っています。このように、ビデオゲームは、似たような興味を持つ他の人々と交流することも可能にしてくれます。結論として、私はビデオゲームをすることは若者にとって有益になりうるため、ゲームをする時間は制限されるべきではないと思います。

解説

❶が Introduction、❷と❸が Main Body、❹が Conclusion です。反対の立場なので、❶で「ビデオゲームには多くの利点がある」とはっきり述べています。❷では「テクノロジー」というポイントを使って、「テクノロジーに慣れる手助けとなる」という理由をあげました。❸は「コミュニケーション」という論点から、「ゲーム内で人々と交流ができる」ということを理由として用いています。❹の結論部分では、「ビデオゲームは有益なので、時間の制限はすべきでない」と締めくくっています。

本番形式に挑戦！

実戦練習

さあ、本番と同じ形式にチャレンジです。別冊巻末の解答用紙を使って、解いてみましょう！　必ず時間を計って、〈目標解答時間〉内に解き終えることが大切です。

● 以下の **TOPIC** について、あなたの意見とその<u>理由を2つ</u>書きなさい。
● **POINTS** は理由を書く際の参考となる観点を示したものです。ただし、これら以外の観点から理由を書いてもかまいません。
● 語数の目安は80語～100語です。

TOPIC

Today, some people in Japan are riding bicycles instead of taking public transportation. Do you think the number of these people will increase in the future?

POINTS
● *Overcrowding*
● *Environment*
● *Fitness*

DAY 1

DAY 2

DAY 3

DAY 4

DAY 5

DAY 6

DAY 7

MEMO

問題 訳

トピック

今日、日本では公共交通機関を使う代わりに自転車に乗っている人々もいます。将来、そのような人々の数は増えると思いますか?

ポイント
● 超過密
● 環境
● 健康

解答例① 〈賛成の立場〉

I strongly believe that more people will choose to ride bicycles or walk rather than take public transportation in the future. My first reason for believing this is that people are becoming more health-conscious. Many people looking for inexpensive ways to improve their health are walking and riding bicycles more to get around. The second reason is that riding bicycles is better for the environment because they do not produce gas like cars. For these reasons, I think that more people will ride bicycles in the future. (87語)

解答例① 訳

公共交通機関に乗るよりも、自転車に乗る、あるいは歩くことを選ぶ人が将来もっと増えると強く思います。私がこのように思う1つ目の理由は、人々がより健康を意識するようになっているからです。お金をかけずに健康を改善する方法を求めている多くの人々は、移動の際に歩いたり、自転車に乗ったりしています。2つ目の理由は、自動車などのようにガスを出さないので、自転車に乗るほうが環境によいということです。これらの理由から、将来、もっと多くの人が自転車に乗るようになると思います。

解答例② 〈反対の立場〉

I do not think that more people will ride bicycles in the future. First, roads in Japan are less likely to have cycling lanes like other countries. Riding bicycles on crowded sidewalks can be just as dangerous as riding on streets. Second, electric cars will become cheaper and more common in the future and people who are concerned about environmental issues will choose to drive such cars. For these

DAY 1
DAY 2
DAY 3
DAY 4
DAY 5
DAY 6
DAY 7

reasons, I do not believe that more people will choose to ride bicycles in the future.（85語）

解答例② 訳

私は、自転車に乗る人が将来的に増えるとは思いません。第一に、日本の道路は、自転車専用レーンが設置されていることが他の国よりも少ないからです。混雑した歩道で自転車に乗ることは、道路で自転車に乗るのと同じぐらい危険です。第二に、将来、電気自動車がもっと安くなってより普及すると、環境問題に関心のある人々はそのような自動車に乗ることを選ぶでしょう。これらの理由から、私は自転車に乗ることを選ぶ人が増えるとは思いません。

解説

賛成の立場（解答例①）では「健康のため」「環境によい」という2つの理由を取り上げています。また、反対の立場（解答例②）は「自転車専用レーンが整備されていないので危険」「電気自動車が普及するから」という2つの理由をあげました。どちらの立場からも、比較的論じやすいテーマだと思います。

> 反対バージョンの2つ目の理由は「電気自動車が普及しても、健康などの理由で自転車を選ぶ人はいる」という反論がすぐに思い浮かびますが、問題ありません。「英語で自分の意見を述べることができるかどうか」を問うテストなので、「多少苦しい理由」であっても構わないのです。

必ず出る! 合格にグッと近づく熟語 01-30

英検2級合格のために、覚えておきたい熟語をリストアップしました。左ページの下線部が熟語です。空所に適当な1語（頭文字だけは提示）を入れて、熟語を完成させましょう。答えは、右ページに記載しています。

01 read 50 pages at a t-------
一度に50ページ読む

02 go home at o--------
すぐに帰宅する

03 unavailable at p-------
現在は入手できない

04 b-------- into an empty house
留守の家に押し入る

05 communicate by m------- of gestures
身振りを用いて意思を伝達する

06 do a------- with old rules
古くからの規則を廃止する

07 do X a lot of h-------
大いにXに害となる

08 a plan falls t-------
計画が失敗に終わる

09 take a walk for a c-------
気分転換に散歩する

10 deliver for f-------
無料で配達する

11 stay at home for the time b-------
当分の間は家にいる

12 contact each other f------- time to time
時々互いに連絡を取る

13 g------- on talking about movies
映画について話し続ける

14 h------- up suddenly
突然電話を切る

15 have no c------- but to wait
待つより仕方がない

16 tend to h------ one's own w-------
自分の思い通りにする傾向がある

17 h------- for the subway station
地下鉄の駅に向かう

18 use milk in p------- of cream
クリームの代わりにミルクを使う

19 give something in r-------
お返しに何かをあげる

20 arrive in t-------
間に合って到着する

21 l------- off many workers
多くの従業員を一時解雇する

22 l------- out part of a quotation
引用の一部を省略する

23 l------- on rice
米を主食とする

24 l------- up to one's teacher
教師を尊敬する

25 m------- in engineering
工学を専攻する

26 read n------- but comics
ただ漫画だけを読む

27 get out of s-------
体調が悪くなる

28 p------- out some mistakes
いくつかの誤りを指摘する

29 t------- down a job offer
仕事の申し出を断る

30 consult with r------- to the problem
その問題に関して相談する

《英作文問題》はこう解く！

大問
4

DAY 1
DAY 2
DAY 3
DAY 4
DAY 5
DAY 6
DAY 7

【熟語を覚えるコツ】
熟語も単語と同様に、左ページで紹介しているフレーズ全体で覚えたほうが効果的です。

A Track
09~10

01	**at a time** 一度に	16	**have *one's* own way** 自分の思い通りにする
02	**at once** すぐに	17	**head for ~** ~に向かう
03	**at present** 現在	18	**in place of ~** ~の代わりに
04	**break into ~** ~に押し入る	19	**in return** お返しに
05	**by means of ~** ~を用いて	20	**in time** 間に合って
06	**do away with ~** ~を廃止する	21	**lay off ~** ~を一時解雇する
07	**do ~ harm** ~に害となる	22	**leave out ~** ~を省略する
08	**fall through** 失敗に終わる	23	**live on ~** ~を主食とする
09	**for a change** 気分転換に	24	**look up to ~** ~を尊敬する
10	**for free** 無料で	25	**major in ~** ~を専攻する
11	**for the time being** 当分の間は	26	**nothing but ~** ただ~だけ
12	**from time to time** 時々	27	**out of shape** 体調が悪い
13	**go on *doing*** ~し続ける	28	**point out ~** ~を指摘する
14	**hang up** 電話を切る	29	**turn down ~** ~を断る
15	**have no choice but to *do*** ~するより仕方がない	30	**with regard to ~** ~に関して

《必ずトピックに関連した内容にすること》

2016年度第2回から、英作文問題の指示文に、以下の文章が追加されました。

> 解答が TOPIC に示された問いの答えになっていない場合や、TOPIC からずれ
> ていると判断された場合は、0 点と採点されることがあります。TOPIC の内容
> をよく読んでから答えてください。

トピックで提示された内容と噛み合わっていないパッセージでは、たとえ完ぺきな
英語で書かれていたとしても、点がもらえないケースがありうるということですね。

英作文問題では、以下の4つの観点を元に採点しています。

① 内容
トピックで求められた内容に関連した意見・理由が入っているかどうか。

② 構成
パッセージの構成、および論理の流れがきちんとしているか。

③ 語彙
適切な語句を正しく使えているか。文脈及び内容に合わせて多種多様な語い・表現
を活用できるか。

④ 文法
文法的な正しさだけではなく、様々な「文のパターン」を使いこなせているかどうか。

DAY 1
DAY 2
DAY 3
DAY 4
DAY 5
DAY 6
DAY 7

《会話の内容一致選択問題》はこう解く！

合格への攻略ポイント

《筆記》セクションの85分が終了すると、《リスニング》セクションのスタートです。

第1部は、《会話の内容一致選択問題》。出題される放送英文は、〈知人同士の対話〉と〈店員・係員との対話〉の2パターンに分類できます。攻略法は基本的に共通ですが、それぞれの例題を解きながら、ポイントを学習していきましょう。

まず「攻略ポイント」を理解してから、「確認問題」。そして、最後、「実戦練習」に挑戦しましょう！

⑬ 選択肢から〈質問〉を予測しよう！

《リスニングテスト》は当然、英文を聞いて、答える問題。しかし、選択肢だけはテスト冊子に印刷されています。この情報を活用しない手はありません。大問4で紹介した〈質問先読み〉同様、〈選択肢先読み〉こそ正解への近道です。《第1部》の対話は、❶《知人同士の対話》と❷《店員・係員との対話》の2パターンに分類できますが、攻略法は基本的に共通です。ここでは、❶の例題を解きながら、ポイントを見ていきましょう。

例題

A Track 11

1 Get coffee with a friend.

2 Have dinner with his sister.

3 Go to a café by himself.

4 Have no plans at all.

STEP 1 選択肢の先読み！

放送前に、選択肢に目を通そう。関連性のある語句があれば、それがキーワード！ 何が問われるのか、聞き取りのポイントを予測できます。▶ coffee（コーヒー）、dinner（ディナー）、café（カフェ）は、いずれも飲食に関係した言葉です。また、4で plans（計画、予定）という単語が使われているので、「食事などに誘う話」だろうという予測を立てることができます。

STEP 2 選択肢の「形」に注目！

選択肢の形を見ると、どのような形式の質問が問われるか予測できます。例えば選択肢が〈動詞の原形〉であれば、「誰が何をするのか」が問われます。▶この問題の選択肢はすべて〈動詞の原形〉から始まっていますので、「何をするのか」が問われると予測しておきます。STEP 1の予測と合わせて、「誰かと食事をする」という内容の部分に特に注意して聞き取ってみましょう。

DAY 1

DAY 2

DAY 3

DAY 4

DAY 5

DAY 6

DAY 7

STEP 3 「誰が何をしたいのか」をつかむ！

対話の登場人物の意図を把握するには、「〜するつもりだ」「〜したい」などの表現を意識しよう。

① **want[would like] to** *do* 「〜したい」と直接的に希望を表す表現
② **I'm going to** *do* 「私は〜するつもりだ」自分の意思を表す表現

この対話では、女性が Do you <u>want to</u> get some ice cream together later this afternoon? という表現を用いて、相手の希望を尋ねていますね。この Do you want to 〜? は「〜したくないですか?」→「〜しませんか?」という勧誘の表現です。これに対して男性は、I'd love to, but 〜と応じています。この I'd love to も「〜したい」という意味ですが、たいてい後に but などが続き、<u>誘いを断る</u>場合に用いられます。男性は女性の誘いを断った上で、「妹と夕食の約束をしている」と続けます。このやり取りを正しく理解できれば、正解が選択肢2だとわかりますね。

正解と訳 次ページ

ワンモアポイント！

《よく出題される質問例》

選択肢が動詞ではじまる場合には、次のような質問がよく出題されます。これらのパターンを頭に入れておきましょう。そうすれば、出題された際に、瞬時に質問内容を理解できます。

☐ What will S do?	(S は何をするつもりか。)
☐ What is S going to do?	(S は何をする予定か。)
☐ What does S want to do?	(S は何をしたいのか。)
☐ What does S decide to do?	(S は何をすることに決めるのか。)
☐ What does S have to do?	(S は何をしなければならないのか。)
☐ What does S want O to do?	(S は O に何をしてもらいたいのか。)
☐ What does S ask O to do?	(S は O に何をするように頼んでいるのか。)
☐ What does S tell O to do?	(S は O に何をするように頼んでいるのか。)
☐ What does S suggest S' do?	(S は S' に何をするよう提案しているのか。)
☐ What does S think S' should do?	(S は S' が何をすべきだと考えているのか。)
☐ What does S says S will (agree to) do?	(S は何をすると言っているのか。)

リスニング

放送英文 ※本試験では、この対話と質問は印刷されておらず、音声のみ。

A Track **11**

W: Luke, do you want to get some ice cream together later this afternoon?

M: I'd love to, but I'm afraid I've already made plans to have
p.143へ ← 3
dinner with my sister.

W: Oh, all right. Well, maybe next time.

M: Yeah, let's get some coffee tomorrow morning. I'm completely free then.

QUESTION: What will the man do this afternoon?

例題 正解 2

女：ルーク、今日の夕方に、アイスクリームを食べに行かない？
男：そうしたいところなんだけど、もう妹と夕食を食べる予定を入れてしまったんだ。
女：そう、わかった。じゃあ、また今度ね。
男：明日の午前中にコーヒーでも飲もうよ。何も予定がないから。

質問：男性は、今日の午後何をするのか。

1 友だちとコーヒーを飲む。
2 妹と夕食を食べる。
3 ひとりでカフェに行く。
4 何も予定がない。

DAY 1

DAY 2

DAY 3

DAY 4

DAY 5

DAY 6

DAY 7

● 〈選択肢先読み〉手順詳細

テスト音声の流れ	時間	やること	
① リスニングセクションの指示音声	約1分	指示内容は毎回同じなので、聞く必要なし。その間、No.1から始めて、できるだけ多くの選択肢に目を通す。	たくさん先読みすると混乱する、という人はNo.3くらいで止めておいてもいいですね。
② 「では始めます。」		「では始めます」の音声を合図に先読みを中断。放送に集中。	
③ No.1の対話の読みあげ 質問（Question）の読みあげ	30秒〜40秒	問題の聞き取りに集中	先読みに一所懸命なあまり、英文を聞き逃しては、本末転倒。問題が流れている間は、聞き取りに集中です！
④ 解答時間	10秒	No.1の解答を3〜4秒で終えて、残り時間（6〜7秒）をNo.2の〈選択肢先読み〉にあてる。	先読みしているので、解答は短時間で済むはず。
⑤ No.2の対話の読みあげ 質問（Question）の読みあげ	30秒〜40秒	「ナンバーツー…」と始まったら、放送に集中。	
⑥ 解答時間	10秒	No.2の解答を3〜4秒で終えて、残り時間（6〜7秒）をNo.3の〈選択肢先読み〉にあてる。	

※以降③〜⑥の流れをくり返す

リスニング

 確認問題 対話を聞き、その内容に対する質問に答えましょう。

A Track **12~14**

No. 1
☐

1 He will ask his mother for help.
2 He will rent a truck.
3 He will employ a firm.
4 He will get assistance from the woman.

No. 2
☐

1 Write on a document.
2 Purchase a name tag.
3 Wait to be helped.
4 Go to a different counter.

No. 3
☐

1 She did not know the people he mentioned.
2 She was at a concert.
3 She was looking for a friend.
4 She was working.

No. **1** Track **12**　　正解 **3**

放送英文

W: Jamal, ❶ your mom told me you're planning to move out of the house this week. Is that true?

M: Yeah, I'm going to start renting an apartment downtown.

W: Oh, that's great! Do you need help moving your things? ❷ I can carry things in my truck.

M: Thanks, but ❸ I'm actually going to hire a professional moving company to do most of the work.

Question: How will Jamal move his things into his new apartment?

訳

女：ジャマール、あなたが今週家から引っ越して出ていくって、あなたのお母さんが教えてくれたんだけど、本当なの？

男：うん、市内のアパートを借り始めるんだ。

女：へえ、それはすごいね！　荷物の移動を手伝おうか？　私のトラックでものを運べるわよ。

男：ありがとう。でも、実は専門の引っ越し業者を雇って、ほとんど任せてしまうつもりなんだ。

質問：ジャマールは、どうやって新しいアパートに荷物を移動するつもりか。

1 彼は母親に助けを求めるつもりだ。

2 彼はトラックを借りるつもりだ。

3 彼はある会社を利用するつもりだ。

4 彼は女性に助けてもらうつもりだ。

解説　選択肢の先読み▶すべて He will ～ という形になっているので、「**男性が何をするのか**」に意識を集中してしっかり聞き取ろう。

----

❶およびそのすぐ後のやりとりから「**男性が引っ越す予定である**」ことがわかる。❷で女性が「トラックで荷物を運んであげる」という申し出ているが、最後に❸「プロの引っ越し業者に頼む」と男性が答えているので、3が正解だとわかる。employ は「（人を）雇う」という意味だが、「～を使用する」「（手段を）用いる」という意味でも使われる。downtown「市内で、商業地区へ」／hire「～を雇う」。

他動詞の move は「～を動かす」という意味ですが、「人」を主語にして使う場合は、たいてい「引っ越す」という意味になります。move out は「今住んでいるところから出ていく」「立ち退く」「転出する」といった意味の句動詞です。

リスニング

No. 2 **A** Track **13**

正解 **1**

放送英文

W: Excuse me, ❶ I'm here to visit a patient. His name is Derrick Walters.

M: OK. ❷ Please fill out this visitor's form. Then you'll be given a visitor's pass.

W: Sure. Also, is there a bathroom on this floor that I can use?

M: Yes, there's one down that hallway and to your left. ❸ Please take your pass with you.

Question: What does the man ask the woman to do?

訳

女：すみません、患者と面会したいのですが。患者の名前はデリック・ウォルターズです。

男：かしこまりました。こちらの来客用の用紙にご記入ください。その後、来館証をお渡しいたします。

女：わかりました。あと、この階に私が使ってもいいトイレはありますか？

男：ええ、あちらの廊下の先の左手にございます。来館証を持って行ってくださいね。

質問：男性は女性に何をお願いしているか。

1 書類に記入する。
2 名札を購入する。
3 応対できるようになるまで待つ。
4 他の（受付）カウンターに行く。

解説

選択肢の先読み▶ 選択肢もある文はすべて〈動詞の原形〉から始まっている。そのため、「何をするのか」が問われると予想できるはず。name tag や counter といったキーフレーズから、「何かの受付」での会話だとあたりをつけておこう。

❶で、女性が「患者と面会するため」と、訪問の目的を告げている。そして、男性からは❷「来客用の用紙に記入する」および❸「来館証を持って行く」ことが依頼されている。質問は「男性は女性に何をお願いしているか」なので、❷あるいは❸に相当する選択肢を検討する。選択肢1は❷の言い換えになっているので、これが正解。fill ～ out「～に記入する」（≒ fill ～ in）／pass「通行証、入場許可証」／bathroom「トイレ」／hallway「廊下」。

I'm here to ～は「～するためにここにいる」→「～するために来た」という意味で、訪問した目的を伝える時によく使われる表現です。

148

No. 3　**A** Track **14** 　正解 **4**

放送英文

M: Angela, ❶ did you hear Darrel and Val are going to tonight's Ron Pikes concert?

W: No, and I don't really care, Kevin. ❷ I'm trying to work, and you should be, too.

M: I guess you also don't care that they have an extra ticket, and ❸ they're looking for one more person to come with them.

W: Wait, what? In that case, I may need to go talk to them.

Question: Why didn't the woman care about what the man said at first?

訳

男：アンジェラ、ダレルとヴァルは今夜のロン・パイクスのコンサートに行くんだって。知ってた？

女：いいえ、そんなことどうでもいいわ、ケビン。私は仕事をしようとしているんだから。あなたもそうすべきよ。

男：じゃあ、彼らは1枚余分にチケットを持っていて、一緒に行く人をあとひとり探しているということも、どうでもいいわけだね。

女：待って、何？　そういうことなら、ふたりに話に行かないといけないかもね。

質問：女性はなぜ、男性が最初に言ったことをどうでもいいと思ったのか。

1 彼が述べた人々のことを知らなかったから。

2 コンサート会場にいたから。

3 友だちを探していたから。

4 働いていたから。

解説

選択肢の先読み▶ concert と looking for a friend から、「**コンサート**」の話が出てくること、そして「**誰かを探している**」という内容であることが予測できる。

----

❶で「コンサート」が話題になっており、女性は「どうでもいい」と応じたが、❸「（チケットが余っているので）**一緒に行く人を探している**」という話を聞くと、態度を一変させている。質問は「なぜ最初は『どうでもいい』と思ったのか」というもの。その理由は❷にあるとおり「**仕事をしようとしている**」ということなので、これを言い換えた4が正解。

Why ～? という質問の場合は「理由」を答えるわけですが、この問題のように、「理由」は必ず because などを用いて示されるわけではありません。きちんと文脈に沿って考えることが大切です。

攻略ポイント

⑭ 出だしに集中！

「重要なことをはじめに述べる。それから細かいこと」というのが、英語の基本的な性質です。これは、会話でも同じ。A⇒B⇒A⇒B（⇒A）のやりとりのうち、はじめのA⇒Bの内容をつかまえることが大切です。そうして、対話場面を具体的にイメージしましょう。学校なのか、お店なのか、あるいは電話なのか。場面をイメージできれば、話の流れをある程度予測できるので、聞き取りが格段にラクになります。ここでは、《店員・係員との対話》パターンを解きながら、ポイントを見ていきます。

例題

Track
15

1 She does not have enough room for the customer.

2 She cannot meet with a client.

3 Her company does not allow reservations.

4 Her company's schedule does not work for the customer.

選択肢の先読み

手順は、攻略ポイント⑬で紹介した通り。▶選択肢に customer および client という「客」を意味する単語が使われています。このことから、「客と店員とのやりとり」が行われるのかもしれない、と当たりをつけておきましょう。

 ## 出だしに集中！

対話場面を知るカギが、冒頭で述べられます！　特に電話の場合、まず名乗るので、誰と誰の会話かを把握可能。さらに、**名乗ったあとすぐ、要件（重要な情報）が続くので要注意です！**▶この対話では、冒頭で女性が電話に出てすぐ、Hello. This is Sarah at Outer Limit Studios.（もしもし、アウター・リミット・スタジオズのサラです）と名乗りましたね（☞次ページのスクリプト参照）。at Outer Limit Studiosは「アウター・リミットスタジオという会社（店）の」という意味ですので、STEP 1の予想通り、「客と店員とのやりとり」になりそうですね。

 電話での対話は、毎回2〜3問出題されます。対話の前に、「プルルルルル」という呼び出し音が流れるので、すぐにわかります。

 ## 挨拶直後を聞き逃さない！

《店員・係員との対話》では、挨拶直後の〈客・利用者〉の要望や問題点について、よく質問されます。絶対に聞き逃さないように！▶この問題でも挨拶直後が重要です。男性は I'd like to make a reservation for a recording session.（演奏の録音の予約をお願いしたいのですが）と言っています（☞次ページのスクリプト参照）。これで男性が「予約をとるため」に連絡していることがわかります。

 ## 〈理由〉を問う質問

対話のあと、質問が読まれます。第1部は、What で始まる質問が圧倒的に多いですが、次に多いのが Why で〈理由〉を問う質問です。STEP 3で把握した要望や問題点が正答のカギになります。▶この問題では、**女性が申し訳なさそうにしている〈理由〉**が問われています（☞次ページのスクリプト参照）。希望通りに予約が取れないことを申し訳なく思っているので、4が正解となります。

正解と訳　次ページ

DAY 1
DAY 2
DAY 3
DAY 4
DAY 5
DAY 6
DAY 7

放送英文 ※本試験では、この対話と質問は印刷されておらず、音声のみ。

Track**A** **15**

W: Hello. This is Sarah at Outer Limit Studios.

p.151へ ← **2**

M: Hi, Sarah, this is Jabari Banks. I'd like to make a reservation

for a recording session.

p.151へ ← **3**

W: OK. What time and what room would you like to reserve

and for how long?

M: I'd like to use room 13 for three hours on March 17. Will

the studio be open at 8:00 a.m.?

W: I'm sorry but our studios don't open until 9:00 a.m.

QUESTION: Why is the woman sorry?

p.151へ ← **4**

例題 正解 4

女：もしもし、アウター・リミット・スタジオズのサラです。

男：もしもし、サラさん、ジャブリ・バンクスです。演奏の録音の予約をお願いしたいのですが。

女：かしこまりました。何時に、どちらの部屋を、何時間予約なさいますか？

男：3月17日に13番の部屋を3時間使いたいのです。スタジオは午前8時から営業していますか？

女：申し訳ありません。当スタジオは午前9時にならないと営業しておりません。

質問：女性はなぜ申し訳なく思っているのか。

1 その客のために十分なスペースがないから。
2 ある客に会うことができないから。
3 彼女の会社が予約を認めていないから。
4 彼女の会社のスケジュールが、その客と合わないから。

 確認問題 対話を聞き、その内容に対する質問に答えましょう。

 Track 16～19

No. 1
☐
1 To get something from the dry cleaner's.
2 To give him a ride.
3 To lend him some clothing.
4 To clean his room.

No. 2
☐
1 Camping.
2 To the store.
3 Back to school.
4 To a friend's home.

No. 3
☐
1 By walking there.
2 By getting a ride.
3 By taking the train.
4 By driving herself.

No. 4
☐
1 He brought an incorrect item.
2 He went to the wrong address.
3 He took too long to make a delivery.
4 He used a box that was too small.

正解と訳　次ページ

DAY 1
DAY 2
DAY 3
DAY 4
DAY 5
DAY 6
DAY 7

リスニング

No. **1** **A** Track 16

正解 **3**

放送英文

W: Hello?

M: ❶ Hey, Maya. It's Romeo. Listen, I have a job interview later today, and ❷ I forgot that my suit was at the dry cleaner's.

W: And you want me to go pick it up and take it to you, right?

M: Actually, no. ❸ I was hoping I could borrow one of your boyfriend's suits.

W: Sure. He's in the other room washing the dishes, but I'll ask him now.

Question: What favor does Romeo ask of Maya?

訳

女：もしもし？

男：もしもし、マヤ。ロミオだよ。あのね、今日、あとで就職面接があるんだけど、クリーニング店に預けたスーツを忘れちゃったんだ。

女：それで、私に取りに行って、あなたに渡してほしいってわけね？

男：実はそうじゃないんだ。君のボーイフレンドのスーツを借りられないかなと思って。

女：いいわよ。彼は今、別の部屋でお皿を洗っているんだけど、聞いてみるね。

質問：ロミオはマヤにどんなことを頼んでいるのか。

1 クリーニング屋から何かを取っている。

2 彼を車に乗せる。

3 彼に服を貸す。

4 彼の部屋を掃除する。

解説 **選択肢の先読み▶** dry cleaner's「クリーニング店」、clothing「服」というキーワードから、「**クリーニング**」に関する話が出ることを予想しておこう。

❶で「ロミオという人物が、マヤに電話してきた」ということをすぐにイメージしよう。ロミオは❷で「クリーニング店にスーツを預けたままにしてしまった」と言っているが、これが用件ではなく、❸の「**ボーイフレンドのスーツを借りたいんだけど**」という発言が重要である。この「ボーイフレンドのスーツ」を some clothing「服」と言い換えた選択肢3が正解。job interview「就職面接」／dry cleaner's「クリーニング店」／ask a favor of ～「～に頼みごとをする」。

> この問題では、文脈を正しく捉えられていないと、「クリーニング店にスーツを取りに行ってほしい」という話だと勘違いしてしまう恐れがありますね。必ず最後まで会話を聞いてから答えを選ぶことが大切です。

No. 2　Ⓐ Track 17　　　　　　　　　　　　　　正解 1

放送英文

M: Are you finding everything OK today? ❶ We currently have a back-to-school sale going on.

W: Actually, I'm looking for a backpack. ❷ I'm planning on going camping with some friends next month.

M: They're actually sold out now, but we'll be getting some more in this weekend.

W: Oh, OK. ❸ I'll come back next week.

Question: Where will the woman probably go next month?

訳

男：本日お探しのものはすべて見つかっていますか？　ただいま、新学期セールを実施しております。

女：実はリュックサックを探しています。来月、友だちとキャンプに行くんです。

男：リュックサックは売り切れておりますが、今週末に一部入荷する予定です。

女：そうですか、わかりました。また来週来ます。

質問：女性は、おそらく来月どこに行くか。

1　キャンプに。

2　店に。

3　学校に戻る。

4　友だちの家に。

解説　**選択肢の先読み▶**選択肢を見ると、To the store. や To a friend's house. という表現が使われているので、「誰がどこに行くのか」が尋ねられると予想できる。「行先」「場所」を表す表現を聞き逃さないように集中しよう。

----

❶に back-to-school sale「新学期セール」という表現が出てくるが、女性は「新学期が始まるために学校に戻る」わけではないので選択肢3は選べない。❸に「来週また来る」と書いてあるが、質問は「来月」についてなので、選択肢2も不適。❷の「**来月友だちとキャンプに行く**」という内容を基に、選択肢1を選ぼう。currently「現在」／plan on ～ing「～するつもりである」。

Are you finding everything OK? は「すべて問題ありませんか？」→「お探しの品はちゃんと見つかっていますか？」という意味で、店員が訪問客に対して「買い物の手助け」を申し出るときに使われます。リスニング第1部では、このような「会話で使われる決まり文句」が用いられることもあります。

リスニング

No. 3 **A** Track **18**

正解 **2**

放送英文

W: Oh, are you heading out somewhere, honey?

M: I sure am. ❶ I'm going downtown to buy a few ingredients for tonight's dinner.

W: In that case, ❷ could you give me a ride to Greenville subway station? I want to go to the library downtown.

M: That's right by the store I want to go to, so ❸ I'll just drive you to the library.

Question: How will the woman probably get to the library?

訳

女：あら、どこかに出かけるの？

男：もちろん！　街に行って、今夜の夕食の材料を買うつもりだよ。

女：だったら、地下鉄のグリーンヴィル駅まで車で送ってもらえる？　街の図書館に行きたいの。

男：図書館なら、僕が行きたい店のすぐそばだから、図書館まで車で送ってあげるよ。

質問：女性はおそらくどうやって図書館に行くか。

1 そこまで歩く。

2 車に乗せてもらう。

3 列車に乗って。

4 自分で車を運転する。

解説 **選択肢の先読み▶**「by ＋動名詞」は「～することによって」という「手段・方法」を表すので、「どうやって～するのか」を問う質問が出ることが予想できる。また、walkやtake the train などの表現から「**移動手段**」を問われる可能性を考えておこう。

------

❶より、男性が「夕食の材料を買うために街まで行く」ということがわかる。これを受けて、女性は❷「図書館に行くので、地下鉄の駅までの車で送ってほしい」と頼んでいる。❸を見ると「図書館まで車で送る」ことを男性が申し出ているので、正解は選択肢2である。head out「出発する」／ingredient「材料」。

この問題では「駅まで送ってほしい」という申し出に対し、「図書館まで直接送ってあげる」と答えている。このように、依頼された内容に対して、単に Yes / No だけで応じるだけでなく、少し違った形で依頼に応えるパターンも出題されることがあるので注意してください。

DAY 1
DAY 2
DAY 3
DAY 4
DAY 5
DAY 6
DAY 7

No. 4 Track 19 　正解 **1**

放送英文

M: Hello. Thank you for ordering Joe's pizza. Here's your large pepperoni pizza.

W: Oh, ❶ I didn't order a pizza. I only ordered one box of small breadsticks.

M: Really? ❷ I might have come to the wrong house. Is this 1603 West Avenue?

W: Yes, it is. ❸ I think you may have just brought the wrong order.

Question: What did the man do wrong?

訳

男：こんにちは。ジョーズ・ピザにご注文いただきありがとうございます。こちらが、L サイズのペパロニ・ピザになります。

女：あら、私はピザなんて頼んでませんよ。小さいサイズのスティックパンを1箱頼んだだけですが。

男：そうですか？　届け先を間違えてしまったかもしれません。こちらはウエスト通り1603番地ですか？

女：はい、そうです。持ってくるものを間違えたようですね。

質問：男性は何を間違えたか。

1　間違ったものを持ってきた。
2　間違った住所のところに行った。
3　配達に時間をかけすぎた。
4　小さすぎる箱を使った。

解説　**選択肢の先読み▶** 選択肢には wrong address や delivery という表現が使われているので、「何かを配達する」話題であると予想しておこう。

質問は「男性が何を間違えたか」というもの。❷を見ると、「間違った家に来てしまったかもしれない」とあるが、その後のやり取りで「住所は合っている」ことがわかる。そのため、選択肢2は選べない。❶「ピザは頼んでいない」および❸「間違った注文品を持ってきてしまったようだ」という発言から、「本来頼んでいないものを持ってきた」ということがわかるので、正解は選択肢1。order「〜を注文する」／breadstick「スティックパン」（イタリア料理で出される細長いパン）／wrong「誤って」。

「助動詞＋完了形」のパターンがポイントになっている問題です。「might[may] ＋完了形」は「〜したかもしれない」という意味で、「間違ってしまった可能性がある」ことを伝える際に使われる表現です。なお、「should ＋完了形」は「〜すべきだったのに（しなかった）、「must ＋完了形」は「〜したに違いない」という意味です。

本番形式に挑戦！

実戦練習

さあ、本番と同じ15問です。巻末のマークシートを使って、解いてみましょう！　途中で音声を止めずに、本番さながらに解答することが大切です。

リスニングテスト第1部です。対話を聞き、その質問に対して最も適切なものを **1**、**2**、**3**、**4** の中から一つ選びなさい。
★英文はすべて一度しか読まれません。

No.1
  1 She cannot talk after 7:00.
  2 She does not remember the man.
  3 She has to go to work.
  4 She does not want a service.

No.2
  1 Attend college.
  2 See a band perform.
  3 Visit another country.
  4 Buy a car.

No.3
  1 It offers very good dishes.
  2 It has excellent service.
  3 It is a little far from the hotel.
  4 It serves French dishes.

No.4
  1 She bought him a snack.
  2 She gave him some food.
  3 She made a drink for him.
  4 She returned a book to him.

No.5
  1 She saw a well-known person.
  2 She met an old acquaintance.
  3 She attended a fashion show.
  4 She worked at a restaurant.

No.6
1 There is a discount for buying multiple items.
2 An item is available in various colors.
3 She will give him a present.
4 The item he wants is not available.

No.7
1 He is a repairman.
2 He has a meeting soon.
3 The woman should not hurry.
4 Some office equipment is out of order.

No.8
1 Get a tool.
2 Turn off an appliance.
3 Leave the house.
4 Call for help.

No.9
1 Watch the news.
2 Have a debate.
3 Write a report about society.
4 Go to an event.

No.10
1 Calling at a late time.
2 Missing a scheduled event.
3 Not preparing a meal.
4 Being late to a meeting.

DAY 1
DAY 2
DAY 3
DAY 4
DAY 5
DAY 6
DAY 7

No.11   **1** He moved into a new house.
     2 He was badly injured.
     3 He works in construction.
     4 He often takes time off from work.

No.12   **1** To a national park.
     2 To a forest.
     3 To the harbor.
     4 To the beach.

No.13   **1** She will ride on a vehicle.
     2 She will go down an escalator.
     3 She will run all the way there.
     4 She will take a transfer flight.

No.14   **1** Meals were often served late.
     2 The pool was too warm.
     3 His room was never cleaned.
     4 He became ill.

No.15   **1** To ask someone a question.
     2 To buy a new game.
     3 To make a complaint.
     4 To find directions for a game.

正解と訳 p.162

DAY 1

DAY 2

DAY 3

DAY 4

DAY 5

DAY 6

DAY 7

No. **1** A Track **21** 正解 **3**

放送英文 *W:* Hello?

M: Good morning, Ms. Matsumoto. This is Raphael Matthews of Lightspeed Broadband.

W: Good morning. ❶ Sorry, but I'm in a bit of a hurry right now.

M: I'd like to have a moment of your time to talk to you about our highspeed Internet services.

W: ❷ I'm actually about to head to work, so this is a bad time. But I am interested, so could you call back after seven o'clock?

Question: Why does the woman apologize?

訳 女：もしもし？

男：おはようございます、松本様。ライトスピード・ブロードバンドのラファエル・マシューズと申します。

女：おはようございます。すみませんが、ちょっと今急いでいるのですが。

男：少しだけお時間を頂戴して、当社の高速インターネットサービスのご案内をさせていただきたいのですが。

女：実は今から仕事に行くので、今は都合がよくないのです。でも、興味はありますので、7時以降にかけ直していただけますか？

質問：女性はなぜ謝っているのか。

1　7時以降は話せない。

2　男性のことを覚えていない。

3　仕事に行かなければならない。

4　サービスが必要ない。

解説 選択肢の文は過半数が「彼女は〜できない」という内容なので、「女性のできないこととは何か」をしっかり聞き取ろう。質問は「なぜ謝っているか」であるが、❶「すみません、今はちょっと急いでいるのですが」という部分で謝罪の表現が用いられている。しかし、選択肢には「急いでいるから」という理由はない。そこで❷を見ると「仕事に行かなければならない」というより具体的な言い換え表現が出ており、選択肢3が正解だとわかる。bad time「都合の悪い時間」／call back「かけなおす」。

 No. **2** A Track **22** 正解 **2**

放送英文 *M:* Thanks for picking me up from work. ❶ Oh, this is my favorite song. Turn it up!

W: Really? I love this band. I used to listen to them all the time in college.

M: ❷ I've seen them perform live a dozen times. I once saw them in Ireland, too.

W: You're so lucky. ❸ I've never gotten the chance to see them live, but I hope to someday.

Question: What does the woman hope to do someday?

訳 ▶ 男：仕事先まで車で迎えに来てくれてありがとう。あ、これ、僕の大好きな曲だ。ボリュームを上げて！

女：本当？　私、このバンド大好きなの。学生時代は、このバンドの曲をいつも聞いていたのよ。

男：このバンドのライブを何度も見たよ。アイルランドでも一度見たんだ。

女：あなたって、すごくついてるのね。これまで一度も彼らを生で見るチャンスがなかったけど、いつか見たいなあ。

質問：女性はいつか何をしたいと望んでいるか。

1　大学に通う。

2　あるバンドの演奏を見る。

3　他の国を訪れる。

4　車を買う。

解説 ▶ 選択肢の文はすべて動詞の原形から始まっているので、「何をするのか」が問われると予想しておこう。車の中で会話だが、❶「これは僕の大好きな曲だ」をきっかけに、あるバンドの話になっている。男性の❷「彼らのライブを何度も見たことがある」に対して、女性が❸「まだライブに行く機会がないけど、いつか見に行きたい」と答えているので、正解は選択肢2だとわかる。なお、..., but I hope to someday. の to は to see them live を指す代不定詞である。favorite「お気に入りの、一番好きな」／used to *do*「かつては〜したものだった」／a dozen times「何度も」。

....

No. 3   Track 23 正解 1

放送英文 ▶ **M:** Excuse me, ❶ can you recommend any restaurants near the hotel?

W: Of course, sir. Is there any particular kind of food you would like?

M: Hmm. I'm in the mood for Italian tonight. I'd like something with tomato sauce and cheese.

W: Well, ❷ the famous Italian restaurant Fortuna is actually just down the street from here. ❸ Their food is the best I've ever had, but their service is so-so.

Question: What does the woman say about Fortuna?

訳 ▶ 男：すみません、ホテルの近所にお勧めのレストランはありますか？

リスニング

女：もちろんございます。何か特にお好みの料理の種類はございますか？

男：うーん、今夜はイタリアンな気分です。何かトマトソースとチーズを使ったものがいいですね。

女：そうですね、有名なイタリアンのフォルチューナという店が、実はこの先にございます。その店の食べ物は、私が今までに食べた中で一番おいしいですが、サービスはそこそこといったところです。

質問：女性はフォルチューナについてなんと言っているか。

1 <u>とてもおいしい料理を出す。</u>
2 サービスがすばらしい。
3 ホテルから少し遠い。
4 フランス料理を出す。

解説 選択肢の dish や service という表現から、「レストラン」の話題になることを予想しておきたい。男性は❶で「ホテルの近くのお勧めのレストラン」について女性に聞いている。質問文にある「フォルチューナ」とは、女性が❷「有名なイタリアンのフォルチューナはこの先にあります」であげたイタリア料理店のこと。女性は❸で「**フォルチューナの料理は最高ですが、サービスはまあまあといったところです**」と述べている。the best I've ever had を very good を使って言い換えた、選択肢1が正解。サービスは「まあまあ」なのだから、選択肢2は選べない。in the mood for 〜「〜したい気分で」／particular「特定の」／so-so「まあまあ、そこそこ」。

No. 4　 Track 24　正解

放送英文 W: Hi, Desmond.

M: Hi, Macy. What's that you're eating? It smells really good.

W: Oh, this? It's a kebob. My mom made a few for me for lunch. ❶ Do you want one? I don't think I can eat them all.

M: Yeah, I'd love one. I'm starving. ❷ Let me buy you a drink at the school café next time in return.

Question: Why does the man want to buy the woman a drink?

訳 女：こんにちは、デズモンド。

男：やあ、メイシー。それ、何を食べてるの？　すごくいいにおいだね。

女：ああ、これ？　ケバブよ。お母さんが、お昼ごはん用にいくつかつくってくれたの。ひとつどう？　たぶん、自分では全部食べきれないから。

男：うん、いただくよ。おなかペコペコなんだ。今度、お返しに学食で飲み物をおごるよ。

質問：なぜ男性は女性に飲み物をおごりたいのか。

1 彼女が彼にお菓子を買ってくれた。

《会話の内容一致選択問題》はこう解く！
第1部
DAY 1
DAY 2
DAY 3
DAY 4
DAY 5
DAY 6
DAY 7

2 彼女が彼に食べ物をくれた。

3 彼女が彼に飲み物を作ってくれた。

4 彼女が彼に本を返してくれた。

 選択肢の文は「お菓子を買ってくれた」など、「彼女が彼にしてくれたよいこと」である。これらのうち、どれかひとつは実際に彼女がしたことであり、それが正解になりそうだと当たりをつけておく。❶で、女性は「ひとつ食べない？」と言って、男性に自分の食べ物をわけている。これを受けて、男性が❷「お返しに、学食で飲み物をおごるよ」と答えているのだから、正解は2。kebob「ケバブ」／starving「腹ぺこで」／in return「お返しに」。

No. 5 ^{Track} **25**　　　　　　　　　　　　　　　　　　　　^{正解}

放送英文 **W:** You'll never guess who I saw the other day.

M: ❶ Was it an old friend from school?

W: No. ❷ I was eating at the restaurant that I used to work at, and I saw Nikki K., the famous fashion designer.

M: Oh, wow! That's so exciting! You've got to take me with you the next time you go to that restaurant.

Question: What did the woman do the other day?

訳 **女：**このあいだ誰を見かけたと思う？

男：昔の同級生とか？

女：違う。以前働いていたレストランで食事をしていたんだけど、そのときに、有名なファッションデザイナーのニッキ・Kを見かけたの。

男：へえ、すごいね！　わくわくするね！　今度そのレストランに行くときは、僕も連れて行ってよ。

質問：女性は先日何をしたのか。

1 有名人を見かけた。

2 昔の知人に会った。

3 ファッションショーに行った。

4 レストランで働いた。

解説 選択肢から「誰かを見かけた話」「ファッションに関する内容」「レストランが関係している」ということを頭の片隅に入れながら聞きとってみよう。❶「昔の同級生に会ったの？」という質問はすぐに否定されているので選択肢2は除外できる。❷は「**以前働いていたレストランで食事をしていたら、有名なファッションデザイナーのニッキ・Kを見た**」という内容なので、選択肢1が正解。the famous fashion designer が選択肢では a well-known person と言い換えられている。You'll never guess 〜「〜だと思う？」／acquaintance「知人」。

リスニング

No. 6　**A** Track **26**　　　　　　　　　　　正解 **2**

放送英文

M: Those earrings are so cute! ❶ Do you have them in any other colors?

W: Yes, we do. ❷ These are also available in blue, green, and silver. ❸ The gold version is all sold out.

M: Oh, I love silver. ❹ I'd like one pair in silver for me and one pair in blue for a friend.

W: OK. If you're buying them as a gift, we also offer gift wrapping.

Question: What is one thing the woman tells the man?

訳

男：そのイアリング、すごくかわいいですね！　別の色のものはありませんか？

女：はい、ございます。こちらのイアリングは、青、緑、銀色のものもお求めいただけます。金色のものは売り切れております。

男：そうですか、私は銀色が好きです。銀色を自分用にひとつ、青を友人用にひとつ欲しいです。

女：かしこまりました。ギフトとしてお求めの場合は、プレゼント用包装サービスも提供しております。

質問：女性が男性に言っていることのひとつは何か。

1　複数の商品を買うと割引になる。

2　ある商品はいろいろな色が用意されている。

3　彼女は彼にプレゼントをあげる。

4　彼の欲しい商品は在庫がない。

解説

選択肢から「買い物」がテーマであることが読みとれる。イアリングを買いに来た男性と、店員である女性との会話であるが、❸「金色は売り切れである」に対して、男性は❹で「自分用に銀色のものを、そして友だちへのプレゼントとして青色のものを買う」と言っているため、4は不適。「贈用の包装サービス」はあるが、「まとめ買いの割引」はないので1もおかしい。「男性が自分の友だちにプレゼントを買う」のだから、3も選べない。❶と❷から、選択肢2が正解だと判断できる。なお、❶のDo you have ～ in (any) other colors? は「色違いのものはありますか？」という意味で、買い物の際によく使われる表現のひとつ。gift wrapping「プレゼント用の包装」。

リスニングでは、第1部・第2部を問わず、What is one thing ～? という質問がよく出されます。この手の質問は放送英文の中心テーマについて述べられていることを尋ねているだけなので、放送英文と同じ内容の選択肢を選べばいいのです。

DAY 1

DAY 2

DAY 3

DAY 4

DAY 5

DAY 6

DAY 7

No. 7   **Track 27** 正解 **4**

放送英文
M: Sorry, Kelly, but ❶ the office printer isn't working today.
W: You're kidding me. I've got a really important meeting in an hour and I need to print out my materials right away.
M: The repairperson is on their way now, but ❷ if you're in a hurry, there's an old printer in the storage room you can use.
W: That sounds like too much trouble. ❸ I don't have the time for that either.

Question: What is one thing the man says?

訳
男：ごめん、ケリー。今日は、オフィスのプリンターが使えないんだ。
女：冗談でしょ？　1時間後にすごく大事な打ち合わせがあるから、今すぐに資料を印刷しなければならないのに。
男：修理担当の人は今こっちに向かってるけど、もし急いでいるなら、倉庫に古いプリンターがあって、それを使えるよ。
女：それはかなり面倒な感じね。そんなことをしている時間もないわ。

質問：男性が言っていることのひとつは何か。

1　彼は修理担当である。
2　彼はまもなく打ち合わせに出る。
3　女性は急ぐべきではない。
4　あるオフィスの設備が故障している。

解説　選択肢の repairman / meeting / broken などから、「会議がある」「何かが壊れている」ということを予想しておこう。「打ち合わせに出る」のは女性なので2はおかしい。また、❷には「急いでいるなら…」とあるものの「急ぐべきではない」とは言っていないので選択肢3も選べない。❷で「古いプリンターを使うこと」が提案されているものの、❸で「そんなことをしている時間もない」と拒否されている。正解は選択肢4で、冒頭の❶で「今日はプリンターが使えない」と男性が説明している。You're kidding me.「冗談でしょ」／right away「今すぐ」／on *one's* way「向かっている」／storage room「倉庫」／repairman「修理担当者、修理工」。

···

No. 8   **Track 28** 正解 **1**

放送英文
M: Pass me the flour over there. I need it for the fried chicken I'm making.
W: Sure. Wait, I think you've got too much oil in the frying pan. If you're not careful, it might catch fire.
M: Oh, I'm sure it'll be fine. ❶ Oh no, the whole stove's on fire!

❷ Quick, get the fire extinguisher!

W: OK! ❸ I'll go grab it. Stay away from the stove until I get back!

Question: What will the woman do now?

訳 男：そこの小麦粉をとって。今作っているフライドチキンに使うから。

女：オーケー。ちょっと待って、フライパンに油を入れすぎているわよ。気をつけないと、火がついちゃう。

男：ああ、大丈夫だよ。しまった、コンロ全体に火が着いた！　早く消火器を持ってきて！

女：まかせて！　今取ってくるから。私が戻るまで、コンロから離れていてね。

質問：女性はこれから何をするのか。

1　ある道具を取ってくる。

2　ある器具のスイッチを切る。

3　家から出る。

4　助けを呼ぶ。

解説 選択肢はすべて動詞の原形から始まっているので、「何をするのか」が問われると考えよう。❶の発言から、料理中に火事になってしまったことがわかる。男性は女性に❷「急いで消火器を持ってきて」と依頼している。そして、女性は❸「それを取りに行く」と言っているので、選択肢1が正解である。go grab 〜は go and grab 〜を簡略した言い方で、「〜を取りに行く」という意味である（≒ go (and) get 〜）。flour「小麦粉」／catch fire「火がつく」／stove「コンロ」／fire extinguisher「消火器」／grab「〜をつかむ」。

No. 9   Track 29

放送英文 **M:** ❶ Are you going to the political debates tomorrow? Everyone I know says they're going to be there.

W: ❷ I don't know. I've got an economics report to write.

M: Oh, come on! This is about more than just politics. This is about the future of our society!

W: Well, ❸ I guess I can at least stop by and see what it's all about.

Question: What will the woman probably do tomorrow?

訳 男：明日の政治討論会には出席するの？　僕の知り合いはみんな行くよ。

女：わからない。経済学のレポートを書かないといけないの。

男：うそでしょ？　これは単に政治だけの問題じゃないんだよ。僕らの社会の未来の話なんだからね。

女：そうね、ちょっと立ち寄って、どんな話なのかを確かめてみようかな。

質問：女性はおそらく明日何をするか。

《会話の内容一致選択問題》はこう解く！

第1部

DAY 1
DAY 2
DAY 3
DAY 4
DAY 5
DAY 6
DAY 7

1 ニュースを見る。

2 討論をする。

3 社会に関するレポートを書く。

4 あるイベントに行く。

 選択肢を見ると、すべて動詞の原形から始まっているため、「何をするのか」という質問が問われることを予測しておこう。女性は男性から❶「明日の政治討論会に行くの？」と聞かれているが、❷では「経済学のレポートがあるので、行くかどうかわからない」と答えている。しかし、Come on!「頼むよ」「お願いだから」「うそでしょ？」という表現を伴って、男性から強く勧誘された結果、❸「ちょっと立ち寄って、話を聞いてみよう」と答えているので、選択肢4を正解として選ぶことができる。political debate「政治討論会」／economics「経済学」／politics「政治」／at least「少なくとも」。

No.10 Track **30**　　　　正解

放送英文

W: Hello?

M: Hello. Is this Ms. Jackson?

W: Yes, it is. May I ask who's calling?

M: It's Benjamin, Sarah's boyfriend. I know it's late, but I just wanted to call and ❶ apologize for not being able to make it to your family dinner tonight.

W: Oh, that's OK, Benjamin. I can tell that you're sincerely sorry you weren't able to make it.

Question: What is Benjamin apologizing for?

訳

女：もしもし？

男：もしもし？　ジャクソンさんですか？

女：ええ、そうです。どちら様ですか？

男：サラさんとお付き合いさせていただいているベンジャミンです。遅い時間になってしまいましたが、今夜の家族の食事会に行けなかったことをおわびしたくてお電話いたしました。

女：ああ、いいのよ、ベンジャミン。来られなかったことを、あなたが心から申し訳ないと思っているのがわかるわ。

質問：ベンジャミンは何に対して謝っているのか。

1 遅い時間に電話していること。

2 予定されていた行事に行けなかったこと。

3 食事を用意していないこと。

4 打ち合わせに遅刻したこと。

リスニング

解説 選択肢を見ると、すべて動名詞から始まっており「〜なこと」という意味を表している。内容から判断すると、「何に対して申し訳なく思っているのか」あるいは「何を後悔しているのか」といった質問だと推測できる。このような予想を立てて聞いてみると、❶で「**家族の食事会に行けなかったことをおわびする**」という表現が出てくる。質問は予想通り「何に対して謝っているのか」であるから、family dinner を a scheduled event と言い換えた、選択肢2が正解である。apologize「謝罪する」／make (it to 〜)「(〜に) 出席する」／sincerely「心から」。

No. 11   Track 31

正解 **3**

放送英文
W: Hey, ❶did you hear what happened to Larry?

M: ❷Do you mean the accident at the construction site? Yeah, I heard. I can't believe the whole house fell down on him ❸while he was working.

W: And ❹I can't believe he made it out without even a scratch on him. He must be the luckiest person alive.

M: Yeah. Did you know he's also never taken a day off?

Question: What is one thing we learn about Larry?

訳 女：ラリーに何があったか聞いた?

男：建設現場での事故の話? うん、聞いたよ。彼が働いているときに、家全体が彼の上に崩れてきたなんて信じられないよ。

女：それに、かすり傷ひとつ負わずに脱出したなんて、ほんとに信じられない。彼は地球で最も幸運な人に違いないわ。

男：そうだね。それに、彼って一度も有給を取ったことがないって知ってた?

質問：ラリーについてわかるひとつのことは何か。

1 新しい家に引っ越した。
2 ひどいけがをした。
3 建設業界で働いている。
4 よく休暇を取る。

解説 選択肢に house / injured / construction があるので、「建設・建築」「負傷」がキーワードになりそうだと当たりをつけておく。❶から、「ラリーに何か (悪いこと) が起こった」ことがわかる。❷で、それが「建設現場での事故」だったことが判明する。そして、❹の発言により、選択肢2は除外できる。決め手となるのは❸「**彼が働いているときに**」という部分で、これを基に3が正解だと判断できる。construction site「建設現場、工事現場」／fall down「崩れ落ちる」／make it out「(無事に) 出てくる」／scratch「かすり傷」。

No. 12 **A** Track **32**　正解 **3**

放送英文

M: Why don't we go on a trip next weekend? ❶ Let's go to that new amusement park on the harbor.

W: ❷ We just went on a trip to that national park last weekend. Aren't you tired?

M: Not at all! But, I forgot that you don't like amusement parks.

W: Yeah, they're too crowded. But ❸ we can still go and check it out. I want to check out their Ocean Surf roller coaster.

Question: Where are the woman and man probably going next weekend?

訳

男：次の週末に、旅行に行かない？　港に新しくできた遊園地に行こうよ。

女：前の週末に、例の国立公園に旅行したばっかりじゃない。疲れていないの？

男：ぜんぜん！　でも、うっかり忘れていたけど、君は遊園地が好きじゃないんだよね。

女：そうよ、すごく混雑してるから…。でも、まあ、試しに行ってみてもいいわよ。ジェットコースターの「オーシャンサーフ」を試してみたいから。

質問：女性と男性は、おそらく次の週末にどこに行くか。

1　国立公園。

2　森へ。

3　港へ。

4　海岸へ。

解説

まずは選択肢を見ると、前置詞の to から始まっていることから、すべて「行き先」を示していることがわかる。つまり、「どこへ行くのか」が問われると予想できる。❶で「港にできた遊園地に行こう」と男性が提案しているのに対し、女性は❷で「先週国立公園に行ったばかりだ」と言っている。しかし、最終的には❸で「でも、試しに行ってもいいよ」と言っているので、正解は選択肢3である。go on a trip「旅行に行く」／amusement park「遊園地」／harbor「港」／national park「国立公園」／check ～ out「～を試す、～を調べる」。

No. 13 **A** Track **33**　正解 **1**

放送英文

W: ❶ Could you tell me how to get to gate 43? I need to board a flight that leaves in 20 minutes.

M: ❷ You have to take a shuttle to get there. Once you get off, gate 43 will be up the escalator on your left.

W: Do you think I can make it in time?

171

M: Well, running is prohibited in the airport, but I suggest you walk as fast as possible.

Question: How will the woman probably get to her gate?

訳 女：43番搭乗口への行き方を教えてもらえませんか？　あと20分で出発する便に乗らないといけないんです。

男：そこに行くには、シャトルバスに乗る必要があります。バスを降りてからは、エスカレーターで上の階に上がると、43番搭乗口は左手にあります。

女：間に合うと思いますか？

男：うーん、空港内で走ることは禁止されていますが、できるだけ速く歩いたほうがいいでしょうね。

質問：女性はおそらくどのように搭乗口まで行くか。

1 乗り物に乗る。

2 エスカレーターを下る。

3 そこまでずっと走って行く。

4 乗り継ぎ便に乗る。

解説 選択肢を確認すると、すべて「交通手段・移動手段」の描写なので、「どうやって行くのか」が問われる可能性が高い。❶で女性が「43番搭乗口への行き方」を尋ねている。そして、男性が❷で**シャトルバスに乗り、降りたらエスカレーターで階上に行くと、左手にある**」と説明している。「シャトルバス」を vehicle と言い換えた、選択肢 1 が正解。board「～に搭乗する」／shuttle「シャトルバス」／get off「降車する」。

How will ～?「どうやって～するのか」という質問の場合、選択肢には「By ＋動名詞」（～することによって）が並ぶ場合もあれば、この問題の選択肢のように「普通の文」になることもあります。

No. 14　**A** Track **34**

正解 **4**

放送英文 W: It's so good to see you, Mario. ❶ How was your cruise?

M: ❷ It was pretty bad, to be honest. I'm just glad to be back on dry land.

W: Oh my. What happened?

M: ❸ The food they served was terrible, the warm coffee they gave us made me sick, and the pool was always full of trash.

Question: What is one thing the man complains about?

訳 女：会えてうれしいわ、マリオ。クルーズ旅行はどうだった？

男：正直言って、かなりひどかったよ。やっと陸地に戻って来られたので、ほっと

しているんだ。

女：まあ、なんてこと。何があったの？

男：船で出された食事がひどい上に、ぬるいコーヒーのせいで気持ち悪くなるし、プールはいつ行ってもゴミだらけだったんだよ。

質問：男性が不満を述べていることのひとつは何か。

1 食事が出されるのがしばしば遅かった。

2 プールが温かすぎた。

3 彼の部屋は掃除してもらえなかった。

4 <u>彼は体調を崩した。</u>

解説 各選択肢の内容から「どんな不満があったのか」のような質問であることを予想しておこう。❶で「クルーズ旅行の感想」を聞かれたマリオは、❷「正直に言うと、ひどかった」と答えている。そして、どんなひどいことがあったのかを❸で具体的に説明している。❸には「ぬるいコーヒーのせいで気持ち悪くなった」とあり、これを言い換えた選択肢4が正解である。cruise「クルーズ旅行」／pretty「かなり」／to be honest「正直言って」／dry land「陸地」／trash「ゴミ」。

. . . .

No. 15   Track **35**　　正解

放送英文 **W:** Check out this new board game I got. It's called Viking Quest. Do you want to play?

M: Uh, OK. I guess I can give it a try. ❶ How do you play it?

W: ❷ That's a good question. I don't see any instructions in the box. What should we do?

M: ❸ I'll check the Internet and see if I can find a copy of the instructions online.

Question: Why does the boy check the Internet?

訳 女：新しく買ったこのボードゲームを見て。バイキング・クエストっていうの。遊んでみる？

男：うん、いいよ。まあ、やってみるかな。どうやって遊ぶの？

女：いい質問ね。箱の中に説明書が見当たらないの。どうすればいい？

男：インターネットで調べて、説明書のコピーがネット上にないか見てみるよ。

質問：男の子はなぜインターネットで調べものをするのか。

1 誰かに質問するため。

2 新しいゲームを買うため。

3 クレームを入れるため。

4 <u>あるゲームの使い方を探すため。</u>

解説 選択肢はすべて to 不定詞になっているため、「理由」を尋ねる質問文であることが

予測できる。男性の❶「どうやって遊ぶの？」という質問に対して、女性は❷「いい質問ね」と応じている。この That's a good question. は相手の質問をほめるというよりも、実際には「答えられないのでお茶を濁す」場合に使われる。つまり、女性にも「遊び方がわからない」のである。それを受けて、男性が❸「**説明書のコピーがネット上にないか、インターネットで調べてみる**」と申し出ているので、正解は選択肢4。give 〜 a try「〜をやってみる」／see if 〜「〜かどうかを確かめる」。

DAY 1

DAY 2

DAY 3

DAY 4

DAY 5

DAY 6

DAY 7

《文の内容一致選択問題》はこう解く！
合格への攻略ポイント

リスニング第2部は、《文の内容一致選択問題》。

第1部は、ふたりの人物による対話でしたが、こちらはひとりの人物が読みあげる英文を聞いて、質問に答えます。

英文の内容は、〈個人についての説明〉、〈一般的事実の説明〉、〈公共アナウンス〉の3パターンに分類できます。

第1部で学習した〈選択肢先読み〉や〈出だしに集中〉といった攻略法を引き続き用いますが、パターン別のちょっとしたコツがあります。それぞれの例題を解きながら、学習していきましょう。

まず「攻略ポイント」を理解してから、「確認問題」。そして、最後、「実戦練習」にチャレンジです！

リスニング

15 〈個人についての説明〉パターン
起承転結を追おう！

《第2部》は、ひとりの人物が読みあげる英文が出題されますが、〈選択肢先読み〉〈出だしに集中〉といった基本戦略は《第1部》と同じです。英文のパターンは、❶〈個人についての説明〉、❷〈一般的事実の説明〉、❸〈公共アナウンス〉の3つ。各パターンの例題を解きながら、細かいポイントを見ていきましょう。ここではまず❶の〈個人についての説明〉です。CD音声を聞いて問題を解いてからポイントをチェック！

例題

Track
36

1 Buy some new accessories.

2 Start making new clothes.

3 Participate in a fashion show.

4 Visit her parents.

DAY 1　DAY 2　DAY 3　DAY 4　DAY 5　DAY 6　DAY 7

選択肢をチェック

選択肢の先読みでは、文の形に注目します。ここではすべて〈動詞の原形〉になっていますので、「何をするか」が問われています。▶ accessories / new clothes / fashion show といったキーワードから「ファッション関係」の話かもしれないと予想しておきます。なお、このような〈個人についての説明〉パターンでは、選択肢の主語が代名詞（she や he）である場合もよくあります。

おおまかな流れを追う！

放送の聞き取りは、一字一句聞き逃さないようにするのではなく、おおまかな話の流れをつかみましょう。放送では、重要な情報は強く読まれるので、それらを聞き逃さないことです。英検は、話の細部ではなく、要点を問う質問がほとんど。おおまかな流れをつかめていれば正答できます。▶この英文では次の部分が特に強く読まれました。

Jane ⇒ a college student ⇒ studying fashion ⇒ a famous fashion designer ⇒ new ideas ⇒ clothing ⇒ combining different styles together ⇒ Next week ⇒ a student fashion show ⇒ students ⇒ parents ⇒ famous designers ⇒ visiting ⇒ busy ⇒ sewing different outfits ⇒ making accessories ⇒ give ⇒ the models ⇒ the show

これだけ聞き取れれば、「ジェーンは大学生で、ファッションの勉強をしており、有名なファッションデザイナーを目指している。服の新しいアイデアを考えて、異なったスタイルを合体させている。来週、学生ファッションショーが開かれる。そこには学生、親、有名なデザイナーが訪れる。彼女はさまざまな服を縫ったりショーのモデルのアクセサリーをつくるので忙しい」というストーリーを把握できますね。これだけの情報でも正答できることが多いのです。

5W1H を聞き逃さない！

英文だけでなく、質問を聞き取れなければ、正答はできません。ポイントは、質問の文頭の5W1H（When、Where、Who、What、Why、How）を聞き逃さないこと。《第2部》では、What、Why 以外の質問もよく出題されます。▶この問題は、Whatで始まる質問でしたね（☞次ページのスクリプト参照）。Jane が来週、何をするのかが問われています。このWhat を他の疑問詞と誤解すると、まったく別の質問になってしまします。

正解と訳 〉次ページ

リスニング

放送英文 ※本試験では、この英文と質問は印刷されておらず、音声のみ。

Ⓐ Track **36**

Jane is a college student. She is studying fashion because she hopes to become a famous fashion designer someday. She loves coming up with new ideas for clothing and combining different styles together. Next week, her school will have a student fashion show, and students, parents, and famous designers will be visiting. Jane is busy sewing different outfits and making accessories to give to the models for the show.

p.177へ ← ②

QUESTION: What will Jane do next week?

p.177へ ← ③

例題 正解 **3**

ジェーンは大学生だ。いつか有名なファッションデザイナーになりたいので、彼女はファッションの勉強をしている。彼女は服の新しいアイデアを考え出して、異なったスタイルを合体させることが好きだ。来週、彼女の学校では学生ファッションショーが開催され、学生、親、有名なデザイナーが訪れることになっている。ジェーンはいろいろな衣装を縫ったり、ショーのモデルにあげるアクセサリーをつくったりすることで忙しい。

質問：ジェーンは来週、何をするのか。

1 新しいアクセサリーを買う。
2 新しい服をつくり始める。
3 ファッションショーに参加する。
4 彼女の両親を訪ねる。

《文の内容一致選択問題》はこう解く！

第2部

DAY 1
DAY 2
DAY 3
DAY 4
DAY 5

ワンモアポイント ❗

《個人についての説明》パターンの基本構成

このパターンの放送英文は、日本語と同じ〈起承転結〉構成になっているものがほとんどです。その点で、理解しやすいといえるかもしれません。ここで取り上げた例題も、起承転結がはっきりした英文になっています。

● 〈起〉：話の導入

Jane is a college student. She is studying fashion because she hopes to become a famous fashion designer someday.

※ 人物名（Jane）が述べられ、話の主人公が設定されます。さらに、「ファッションの勉強をしていて、いつか有名なファッションデザイナーになりたい」という情報も提示されています。

● 〈承〉：導入の内容を補足し、〈転〉につなげる部分

She loves coming up with new ideas for clothing and combining different styles together.

※ 「ファッションの勉強をしている」という説明をさらに発展させて、「新しい服のアイデアを考えるのが好きだ」と補足しています。次の〈転〉へとつながる内容です。

● 〈転〉：ストーリーが大きく転回する部分

Next week, her school will have a student fashion show

※ 「来週、学校でファッションショーがある」という、話のヤマ場となる情報を提示。聞き手の関心を引きつけています。

● 〈結〉：「オチ」にあたる部分、結論

Jane is busy sewing different outfits and making accessories to give to the models for the show.

※ 〈転〉でトピックが「ファッションショー」に切り替わりましたので、最後に「ファッションショーの準備で忙しい」という情報を示すことで、うまく話を締めくくっています。

《個人についての説明》パターンは、導入⇒発展⇒転回⇒結論の流れで話が進むということを意識しておくと、理解しやすいでしょう。

リスニング

  英文を聞き、その内容に対する質問に答えましょう。

Track
A 37~39

No. 1
□

1 Practice for an athletic competition.
2 Train with his team.
3 Travel to different locations.
4 Buy new video games.

No. 2
□

1 To help walk their dog.
2 To teach their dog how to behave.
3 To train their dog to protect their house.
4 To watch their dog while they go out.

No. 3
□

1 She hires extra musicians.
2 She has her bandmates record together.
3 She goes to a recording studio.
4 She uses drum software and live guitar.

No. 1   Track **37**　　　　　　　　　　正解 **2**

放送英文　❶Jamal likes to play video games. He is very skilled, and even belongs to a professional team. ❷Jamal's team travels around the world participating in video game tournaments, and the winning teams get money and other prizes. Jamal's team's next tournament is in South Korea against some of the best players in the world. ❸Jamal practices nightly with his teammates to make sure they are ready.

Question: What does Jamal do every night?

訳　ジャマールはビデオゲームをするのが好きだ。彼は非常に熟練しており、プロのチームにすら所属している。ジャマールのチームはビデオゲーム大会に参加しながら世界を周っており、勝ったチームは賞金やその他の商品を得ている。ジャマールのチームの次の大会は韓国で行われ、世界の強豪を相手に戦うことになっている。ジャマールは毎晩チームメートたちと練習を重ね、準備を整えている。

質問：ジャマールは毎晩何をしているか。

1　ある運動競技の練習をする。
2　彼のチームとトレーニングする。
3　別の場所へ移動する。
4　新しいビデオゲームを購入する。

解説　**選択肢の先読み**▶選択肢に competition および train があるので、なんらかの「競技」についての話だと予想しておこう。

- -

❶は「ジャマールという人物が、プロのチームでビデオゲームをしている」という内容であり、予想していた「競技」が「ビデオゲーム」だということがわかる。質問は「ジャマールが毎晩何をしているか」である。❷には「彼のチームは世界中を周って大会に参加している」とあるが、これは「毎晩やっていること」ではないので選択肢3は除外できる。❸を見ると**毎晩チームメートと練習をしている**とあるので、正解は選択肢2である。nightly が、質問文では every night と言い換えられていることに注意しよう。skilled「熟練した」／nightly「毎晩」。

❷の Jamal's team travels around the world participating in video game tournaments という部分は「分詞構文」が用いられています。下線部は「（世界を旅し、）そして大会に参加する」のように解釈してもいいですし、「大会に参加しながら（世界を旅する）」のように読むこともできます。主節で表されている動作 (travels around the world) と「連続して行われる動作」および「同時に行われる動作」の両方を、分詞構文によって表現することができるのです。

リスニング

No. 2　**A** Track **38**　　正解 **2**

放送英文　❶ Becky and Jonathan are married, and they just got a new dog. They take turns feeding it and walking it. ❷ Since their dog is still a puppy, she always gets into trouble. Yesterday, the dog bit someone while Jonathan was walking her. He carried the dog home and told Becky. ❸ She said that they should hire a dog trainer to help them teach the dog how to behave.

Question: Why do Becky and Jonathan want to hire a trainer?

訳　ベッキーとジョナサンは結婚しているが、新たに犬を飼い始めたばかりだ。ふたりは交代で、犬に餌をあげ、散歩に連れて行く。ふたりの犬はまだ子犬なので、いつも面倒ごとを起こしてしまう。昨日、ジョナサンが散歩に連れて出た際に、その犬は人をかんでしまった。彼は犬を家に連れ帰り、ベッキーに話した。彼女は、犬訓練士に頼んで、しつけの手助けをしてもらうべきだと言った。

質問：なぜベッキーとジョナサンは訓練士を雇いたいのか。

1 犬の散歩を手伝ってもらうため。
2 犬にしつけをしてもらうため。
3 家を守るように犬を訓練するため。
4 ふたりが外出するときに犬を見てもらうため。

解説　**選択肢の先読み**▶すべての選択肢に dog が使われているので、「犬」の話であることは間違いない。walk their dog「犬を散歩する」、teach ～ how to behave「どのようにふるまうべきかを教える」などを手がかりに、どんな話になるか想像してみよう。

❶で「ベッキーとジョナサンという夫婦が犬を飼い始めた」ということがわかる。❷から、「その犬がまだ幼いので、いろいろなトラブルを起こしている」とある。その「トラブル」の内容が提示された後で、❸「訓練士にしつけを手伝ってもらおう」という結論に至っている。よって、正解は選択肢2である。take turns ～ing「交代で～する」／feed「～に食べ物をあげる」／puppy「子犬」／bite「～をかむ」（過去形は bit、過去分詞は bitten）／walk「～を散歩させる」／behave「振る舞う、行儀よくする」。

while Jonathan was walking her の walk は「歩く」という意味の自動詞ではなく、「～を散歩させる」という意味の他動詞です。walk の他動詞用法には、Shall I walk you home?（一緒に歩いて家まで送りましょうか?）のように「～につきそって歩く」という意味もあります。また、The pitcher walked the batter. は「ピッチャーはバッターを歩かせた」、つまり「フォアボールで出塁させた」という意味になります。

No. 3 **A** Track **39**　　　　正解 **4**

放送英文　❶ Yvette loves playing guitar. She started playing when she was 16 because she had trouble making friends at school. Playing guitar gave her a way to express her feelings. ❷ Recently, she has started composing her own music and recording it on her computer at home. ❸ She uses software to add drums and records herself playing live guitar and bass. Yvette hopes to one day play her music live for other people.

Question: How does Yvette create her music?

訳　イベットはギターを弾くのが好きだ。彼女は学校で友だちをつくるのに苦労していたので、16歳の時にギターを始めた。ギターを弾くことで、彼女は自分の感情を表現できるのだ。最近、彼女は自分の曲を作曲して、パソコンで録音することを始めた。彼女はソフトウェアを用いてドラムの音を入れ、自分で弾いたギターとベースの音を録音する。イベットはいつか、他の人たちのためにライブ演奏をすることを望んでいる。

質問：イベットはどのようにして曲をつくっているのか。

1 臨時にミュージシャンを雇う。

2 バンドのメンバーに一緒に録音してもらう。

3 録音スタジオに行く。

4 ドラムソフトウェアと、生のギターの音を用いる。

解説　**選択肢の先読み** ▶選択肢の musician、bandmates、drum、guitar などから「音楽・バンド」が話題だとわかるが、record[ing] という言葉があるので、特に「どのように録音するか」について注意して聞いてみよう。

----

❶「イベットはギターを弾くのが好きだ」というテーマが提示されており、「**音楽**」についての話であることがわかる。さらに、❷に「最近では、作曲と、パソコンを使った録音を始めた」とあり、**演奏だけでなく、作曲や録音も始めた**」という具合に話が広がっている。質問文は「作曲の方法」を尋ねているが、それについては❸で「**ソフトウェアで『打ち込み』のドラムを入れ、ギターとベースを自分で弾く**」と説明されている。これを言い換えた選択肢4が正解。express「〜を表現する」／compose「〜をつくる、〜を作曲する」／record「〜を録音する」／add「〜を足す」。

 ❷では、recently「最近では」という副詞が冒頭に置かれていますね。この副詞は、「今までは〜だったが、最近は〜」のように、話題の転換を示すマーカーになるので、前後に集中して聞くようにしましょう。

16 〈一般的事実の説明〉パターン
最初の文で話題をつかもう！

❷ 〈一般的事実の説明〉パターンの英文ですが、偉人の紹介、歴史的エピソード、自然科学的事実を扱います。この手の英文では、冒頭の1文が特に重要です。〈トピック・センテンス〉といって、そこで、全体のテーマや主題がズバリ述べられるからです。まずCD音声を聞いて、例題を解いてみましょう。

例題

Track
A 40

1 Many bodies of water are drying up.

2 A spider population is booming.

3 Animals are being made to move closer to towns.

4 Ingredients for medicine are harder to find.

STEP 1 選択肢の先読み

手順は、攻略ポイント⑬で紹介した通り。 ▶ここでは spider および animals という単語が選択肢に登場していますので、昆虫や動物に関する話題であることが予想できます。また、medicine（薬）という表現から、「薬品」に関する話も登場することが考えられます。

STEP 2 話題の中心をつかもう！

話のテーマは、多くの場合、最初に述べられます。ここをぜったいに聞き逃さないように！▶この問題でも、Recently in Australia, incidents of heavy rain and floods have been increasing due to climate change. で、「気候の変動のために、近年オーストラリアで大雨や洪水が多発している」という中心テーマが提示されています（☞次ページのスクリプト参照）。

STEP 3 接続語句をヒントに！

〈接続詞〉や〈接続副詞〉などは、話の流れを明確化するために用いられます。文中では、以下のような役割を果たします。

① because   ⇒   次に理由が来る
② so   ⇒   次に結果が来る
③ but, however   ⇒   ここから話の流れが変わる
④ due to, because of ⇒   次に原因・理由が来る

due to や because of は「〜のために」「〜のせいで」という意味で、原因・理由を次に示す重要なマーカーです。▶この英文でも、due to が使われているのがわかりましたか？　その直後の内容がカギになっています。オーストラリアの大雨や洪水は、「気候変動」という原因・理由のために起こっているということが示されています。なお、due to や because of は接続詞ではないので、うしろには名詞（に相当する語句）が置かれます（thanks to や owing to も同様です）。

STEP 4 How で始まる質問

How で始まる質問は、「方法」を問う問題です（How many ...? などを除く）。そして、多くの場合、「問題解決のために何をしたか」と問われています。▶この問題では「気候の変動が、オーストラリアでの生活に与えている影響」が問われている。STEP3で確認したように、第1文で「気候の変動のために、オーストラリアでは大雨や洪水が増えている」と説明されています。しかし、選択肢には「大雨や洪水」が見当たらないので、次の文を見ると「水面が上昇したために、一部の動物や昆虫が大都市のそばに移動することを余儀なくされた」とあります。これを別の言葉で言い表した選択肢3が正解です。「気候変動のせいで大雨が降る」→「水面が上昇する」→「住むところを失った動物が都市部に移動する」という因果関係をしっかり捉えられれば、正しい答えを導き出すことができますね。

正解と訳　次ページ

放送英文 ※本試験では、この英文と質問は印刷されておらず、音声のみ。

Track
40

Recently in Australia, incidents of heavy rain and floods have
been increasing due to climate change. The rising waters have

p.185へ ← ③   p.185へ ← ②

forced some animals and insects to move closer to major cities.
This includes the funnel-web spider, whose bite can be fatal for
humans. Some experts are asking people to catch and bring in
funnel-web spiders to help researchers create medicine for
people who have been bitten.

QUESTION: How is climate change affecting life in Australia?

p.185へ ← ④

例題 正解 3

オーストラリアでは近年、気候変動のために大雨や洪水の発生が増加している。水面の上昇によって、一部の動物や昆虫は、大都市のそばへ移動することを余儀なくされた。これには「ジョウゴグモ」も含まれており、人間がジョウゴグモにかまれると死んでしまう可能性もある。一部の専門家は、かまれた人々のための薬をつくるのに役立てるために、ジョウゴグモを捕まえて提供してくれるように人々に呼びかけている。

質問：気候の変動は、オーストラリアでの生活にどのように影響を与えているか。

1 多くの水域が干上がっている。
2 クモの数が急増している。
3 動物が市街地に移動することを余儀なくされている。
4 薬の材料が見つかりにくくなっている。

 **確認問題** 英文を聞き、その内容に対する質問に答えましょう。

A Track **41~44**

No. 1
- **1** He saw a child praying.
- **2** He saw some people fighting.
- **3** He saw a line in a book.
- **4** He saw a solar eclipse.

No. 2
- **1** There may be other swimmers in the way.
- **2** There could be dangerous animals nearby.
- **3** They might get tired and be unable to escape.
- **4** They could get in the way of nearby boats.

No. 3
- **1** Ash from the eruption blocked out the sun.
- **2** Many farmers were killed in the explosion.
- **3** It burned away a lot of crops.
- **4** It made the surrounding water too hot for farming.

No. 4
- **1** It always takes place in Asia.
- **2** It is one of the largest open-air festivals in its region.
- **3** It features German classical music.
- **4** It has had more than 100,000 participants.

正解と訳　次ページ

DAY 1 DAY 2 DAY 3 DAY 4 DAY 5 DAY 6 DAY 7

リスニング

No. **1** **A** Track **41** 正解 **4**

放送英文 ❶ Nat Turner was born in 1800 in the United States as a slave. He was very religious and was often seen reading the Bible or praying. ❷ He frequently saw visions that he believed were messages from god. ❸ One day, he saw a solar eclipse and believed that it was a sign to start fighting for freedom. Later, he and followers started one of the biggest slave rebellions in U.S. history.

Question: What sign did Nat Turner see?

訳 ナット・ターナーは1800年にアメリカで奴隷として生まれた。彼は大変信仰が厚く、聖書を読んだり祈りを捧げたりしている様子がしばしば見かけられた。彼はよく幻影を見ていたが、彼はそれを神からのメッセージだと考えていた。ある日、彼は日食を見たが、それは自由を求めて戦い始めるための兆しだと信じた。その後、彼は仲間とともに、アメリカ史上最大級となる奴隷の反乱運動を起こした。

質問：ナット・ターナーはどのような兆しを見たのか。

1 子どもが祈っているのを見た。

2 人々が戦っているのを見た。

3 ある本に書かれた一節を見た。

4 日食を見た。

解説 **選択肢の先読み** ▶選択肢はすべて「普通の文」だが、いずれも「**彼が～を見た**」となっている。「彼」が誰を指すのかを捉えた上で、ストーリーを確実に把握しよう。

----

❶で、選択肢の「彼」が「ナット・ターナー」という人物であることが判明する。そして、❷では「彼の考えでは『神からのメッセージ』である幻影を、彼はよく見ていた」と述べられている。この「幻影」の具体的な例が、❸で「**日食を見たときに、それが自由への戦いの兆しだと思った**」と説明されている。❸で使われている sign「兆し」という表現が質問文にも使われているので、正解は選択肢4だとわかる。slave「奴隷」／religious「信心深い」／the Bible「聖書」／pray「祈る」／frequently「頻繁に」／vision「幻想、幻影」／solar eclipse「日食」／rebellion「反乱」。

He ... was often seen reading the Bible or praying. という文に注目してください。これは「知覚動詞構文の受動態」というパターン。They often saw him reading the Bible or praying.（彼らは彼が聖書を読んだり、祈りを捧げたりしているのをしばしば見かけた）という文を受動態にすると、He was often seen reading the Bible or praying (by them). となります。このように、〈知覚動詞＋目的語＋現在分詞〉を受動態にすると、現在分詞が過去分詞の後に「そのまま」置かれた形になります。

No. 2　**A** Track **42**　正解 **3**

放送英文

❶ A rip current is a strong flow of water found on beaches that moves away from the shore and can quickly drag people out to deeper water. ❷ They can be dangerous for swimmers who exhaust themselves trying to swim against the current and drown. If caught in a rip current, swimmers should try to swim parallel to the shore out of the current or stay afloat while shouting for help.

Question: Why shouldn't swimmers swim against a rip current?

訳

「離岸流」とは、海岸で見られ、岸から離れていき、人々をより深いところへ素早く連れ去ってしまう強い海流のことである。離岸流は泳いでいる人たちにとって危険である。彼らは、流れに逆らって泳ごうとして疲れ果ててしまい、おぼれてしまうのだ。離岸流に捕まってしまった場合、海岸と平行に泳いで流れから脱出するか、助けを求めて叫びながら浮いたままでいるべきだ。

質問：なぜ泳いでいる人は、離岸流に逆らって泳ぐべきではないのか。

1 他に泳いでいる人が邪魔になるかもしれない。
2 近くに危険な動物がいる可能性がある。
3 疲れてしまって、脱出できなくなるかもしれない。
4 近くのボートの邪魔になるかもしれない。

解説

選択肢の先読み▶ 選択肢の swimmers および boats から「海」の話であると推測できる。また、2や3を見ると、**何らかの「危険」についての話題**だと考えられる。

---

rip current という用語を知らなくても、❶から「人々を深いところへ素早く連れ去ってしまう、岸から遠ざかるように流れる強い海流」のことだとわかるはず。このように、**知らない用語や固有名詞があっても必ず定義や説明が出てくるので、集中して聞き取り**にチャレンジしよう。質問文は、この「離岸流」に逆らって泳ぐことの危険性を尋ねているが、その答えは❷に示されている。**「流れに逆らって泳ぐと、疲れておぼれてしまう」**ということなので、正解は選択肢3。exhaust が get tired に言い換えられている。rip current「離岸流」／shore「海岸」／drag「〜を引っ張る」／exhaust「〜を消耗させる」／afloat「浮いて」。

> If caught up in a rip current, 〜は、If they are caught up in a rip current, 〜を省略したものです。このように「主語＋be 動詞」は、さまざまな場面で省略されることがあります。

リスニング

No. 3 **A** Track **43**

正解 **1**

放送英文 Mount Tambora is a volcano located in Indonesia. ❶ In 1815, Mount Tambora erupted and at least 10,000 people are thought to have died in the explosion alone. ❷ It also launched so much ash into the sky that it blocked out the sun around the world, causing things like food shortages and even lowering the global temperature several degrees. This was the most powerful volcanic eruption in recorded human history.

Question: How did the eruption of Mount Tambora cause food shortages?

訳 タンボラ山はインドネシアにある火山である。1815年に、タンボラ山が噴火し、少なくとも1万人が爆発に巻き込まれて亡くなったと考えられている。また、タンボラ山は空中に灰を大量に放出したので、世界中で太陽光を遮断した。それによって、食料不足などが起こり、さらに地球の気温が数度下がった。これは、有史上、最も大きな噴火だった。

質問： タンボラ山は、どのようにして食料不足を引き起こしたのか。

1 噴火によって生じた灰が太陽の光を遮った。
2 爆発によって多くの農業従事者が命を落とした。
3 多くの農作物を焼失させた。
4 農業に適さないほどに、周囲の水温を上昇させた。

解説 **選択肢の先読み▶**選択肢にある ash、eruption、explosion から、「**火山の噴火**」の話であることを予想できるはず。また、crops および farming から、「農業」あるいは「食糧」の話も関係している可能性がある。

「タンボラ山の噴火」の話であるが、質問文は「食料不足が起こった原因」を尋ねている。❶は「噴火の影響だけで、1万人が命を落とした」ということだが、特に「農業従事者」とは書かれていないので、選択肢2は不適。❷に「**噴火によって舞い上がった灰が太陽光を遮ったために、食糧不足が起こった**」とあるので、正解は選択肢1である。❷に「地球の気温が下がった」とはあるが、「水温の上昇」については触れられていないので4はおかしい。「農作物が燃えてしまった」という描写もないので、3も選べない。volcano「火山」／erupt「噴火する」／explosion「爆発」／launch「〜を打ち上げる、〜を発射する」／block out「〜を遮断する」。

❷の It also launched so much ash into the sky that it blocked out the sun around the world ... は、いわゆる「so 〜 that ...」構文で、「あまりにも〜なので…」「…なほど〜」と訳されますね。so 〜の部分を「原因」、that 以下を「結果」として読むと、話の流れを明確にとらえることができるようになります。

No. 4 **A** Track **44**　　正解 **2**

放送英文 ❶ Wacken Open Air is a music festival held in the village of Wacken in Germany. It has been held annually since 1990. ❷ Many different styles of hard rock and heavy metal music are performed there. ❸ Recently, the number of attendees has reached 85,000 people. ❹ It is now one of the largest heavy metal festivals in the world as well as one of the largest open-air festivals in Germany.

Question: What is one thing we learn about Wacken Open Air?

訳 ワッケン（ヴァッケン）・オープン・エアは、ドイツのワッケン村で行われる音楽祭である。その祭は1990年以来、毎年開催されている。そこでは多彩なスタイルのハードロックやヘビーメタルが演奏されている。最近、参加者の数が85,000人に達した。世界最大のヘビーメタル音楽の祭典のひとつであるだけでなく、ドイツにおける最大の野外フェスティバルのひとつでもある。

質問：ワッケン・オープン・エアについてわかることのひとつは何か。

1 常にアジアで開催されている。

2 その地域の最大の野外フェスティバルのひとつである。

3 ドイツのクラシック音楽を呼び物としている。

4 10万人以上の来客があった。

解説 **選択肢の先読み▶** open-air festivals や participants という表現から、なんらかの「イベント」についての話であることが予想できるはず。

「先読み」で予想した「イベント」は、❶で「音楽フェスティバル」であることがわかる。❶の Germany「ドイツ」が聞き取れれば、選択肢1を除外できる。❷「ハードロックとヘビーメタルが演奏される」という記述は、選択肢3とは矛盾している。そして、❸に「85,000人」という人数が示されているので、4も間違いだとわかるはず。正解は2で、❹の in Germany という表現が選択肢では in its region と言い換えられている。annually「毎年」／attendee「参加者」／open-air「野外の」。

 質問文が What is one thing ～? の場合は、放送された内容に合致する選択肢を選ぶことになりますが、同じ表現がそのまま登場することはあまりありません。この問題でも in Germany → in its region という「言い換え」が行われていますね。

⑰

〈公共アナウンス〉パターン

要点を聞き取ろう！

〈公共アナウンス〉パターンの英文は、空港、駅、学校、病院などで、実際にアナウンスされるような題材を扱います。このパターンの問題では、アナウンスの目的、つまり、情報の発信者が最も伝えたいメッセージが何であるかが重要です。なお、「コマーシャル」が出題されることもありますが、攻略ポイントはこのパターンと同じです。

例題

Track
A 45

1 There is a serious accident.

2 The bus needs some repairs.

3 The driver has not arrived yet.

4 The weather is bad.

STEP ① 選択肢から予想できる

選択肢に固有の人物を指す代名詞が含まれておらず、その内容が公に向けたものであれば、〈公共アナウンス〉パターンの問題だろうと予想できます。▶この問題では、she や he といった特定の個人を表す代名詞が含まれていません。さらに、a serious accident（大事故）、the bus（バス）、the driver（運転手）から、バスの車内でのアナウンスだろうと予測できますね。

STEP 2 冒頭で半分理解したも同じ

〈公共アナウンス〉だと予測できたら、**冒頭で「（誰の）誰に対する」メッセージなのかを把握しよう！** このパターンでは、アナウンスの対象者を示すひとことが、**最初に述べられます。**▶最初に Thank you for riding on Dachshund Buses today.（本日はダックスフント・バスにご乗車いただきありがとうございます）という最初の文を聞きとれましたか（⇒次ページのスクリプト参照）。この Thank you for riding ... という表現は、バスなどの車内のアナウンスの定番表現です。すぐ後に My name is Jack Traven, and I will be your driver for today. と続いていることから、「運転手から乗客へのアナウンス」だとわかります。ここまでわかれば、乗客が知っておくべき情報が提示されると予測できますので、放送の趣旨を50%理解できたも同然です。

STEP 3 「何を伝えたいのか」をキャッチ！

このパターンの問題では、**STEP 2で確認したメッセージの受信者に「何を伝えたいのか」が問われます。**▶STEP 2でも確認したように、このアナウンスでは乗客が知っておくべき情報が伝えられるためのものです。その具体的な内容は、❸に示されているとおり、「市内から出るまでは時刻表より遅れて運行する」ということ。そして、質問文は「なぜ遅れているのか」を尋ねていますので、その「原因」を探ってみましょう。

STEP 4 言い換えトリックに要注意！

2級レベルになると、放送英文で述べられたことが、そのまま正解選択肢になるとはかぎりません。筆記にもあった、言い換えのトリックに要注意です。▶この問題の正解は、選択肢2の The weather is bad.（天候が悪い）ですが、この英文がそのまま放送されたわけではありません。アナウンスされたのは、due to the recent heavy snow（最近の大雪のせいで）でした。選択肢の **bad** という表現が、放送英文中では **heavy snow** というより具体的な言い方になっています。また、「文」の形ではなく、due to ～（～のために）というパターンが使われています。これは、内容をほんとうに理解できているかを試しているのです。言い換えのトリックにひっかからないようにしましょう！

正解と訳 次ページ

放送英文 ※本試験では、この英文と質問は印刷されておらず、音声のみ。

 Track **45**

Thank you for riding on Dachshund Buses today. My name is

p.193へ ← **2**

Jack Traven, and I will be your driver for today. Unfortunately,

due to the recent heavy snow, we will be running a little behind

p.193へ ← **4**

schedule until we get out of the city. Once we make it to the

p.193へ ← **3**

highway, I will do my best to make up for lost time. Please

buckle your seatbelts and enjoy your trip!

QUESTION: Why is the bus delayed?

例題 **正解** **4**

本日はダックスフント・バスにご乗車いただきありがとうございます。私はジャック・トラーベンと申します。本日の運転手を務めさせていただきます。あいにく、最近の大雪のせいで、街から出るまでは少し時刻表よりも遅れての運行となります。いったん高速道路に入ったら、遅れを取り戻すように最善を尽くします。シートベルトをお締めいただき、快適なご乗車をお楽しみください！

質問：なぜバスは遅れているのか。

1 大事故が起きている。
2 バスは修理を必要としている。
3 運転手がまだ到着していない。
4 天候が悪い。

《文の内容一致選択問題》はこう解く！

第2部

DAY 1
DAY 2
DAY 3
DAY 4
DAY 5
DAY 6
DAY 7

ワンモアポイント❗

〈公共アナウンス〉パターンの出だし集

このパターンで過去に出題された出だしのワンフレーズを3つ
集めました。音声を聞いて、それぞれ誰の誰に対するアナウン
スなのかを考えてみてください。

Track
46

① ＿＿＿＿＿＿＿＿＿　② ＿＿＿＿＿＿＿＿＿　③ ＿＿＿＿＿＿＿＿＿

[正解]

① 店から客へ（店内放送）

Attention, customers.（お客さまへお知らせです。）

●類似フレーズ

Thank you for shopping at Fairways Department Store.
（フェアウェイズ百貨店でのお買い物、ありがとうございます。）
Attention, patients of the Newhouse Medical Clinic.
（ニューハウス医院の患者さまにお知らせです。）　※病院での放送
Good evening, skiers and snowboarders.
（スキーヤーとスノーボーダーのみなさん、こんばんは。）　※スキー場での放送

② 先生から生徒へ（授業）

Class, here are some essay topics.
（クラスのみなさん、ここにいくつかのエッセイテーマがあります。）

●類似フレーズ

Good afternoon, students.（みなさん、こんにちは。）
Attention, all students.（みなさん、注目してください。）

③ 公共交通機関から乗客へ（空港・駅、機内・車内）

Attention, please. We are landing at Chicago's O'Hare International Airport.
（お聞きください。われわれはシカゴ・オヘア国際空港に着陸しようとしております。）

この3つのケースがとてもよく出題されます。紹介したフレーズを頭に入れておき
ましょう。

リスニング

 英文を聞き、その内容に対する質問に答えましょう。

Track
A 47~49

No. 1
□
1 A pair of tickets to an event.
2 A chance to meet a famous person.
3 A trip to a radio station.
4 A special kind of belt.

No. 2
□
1 The first floor.
2 The second floor.
3 The fourth floor.
4 The sixth floor.

No. 3
□
1 A ceremony will be held.
2 Sword fighting lessons will be taught.
3 There will be a contest.
4 A famous band will perform.

No. 1 Track 47 　　　正解 **1**

放送英文 Good morning to all of our listeners on WCNA 98. ❶ Our next guest is a current Global Wrestling Association champion, and his name is Ron Leeman! Call in now and tell us what questions you would like us to ask him. ❷ One caller will win two tickets to GWA Super Slam this Sunday, where ❸ Ron Leeman will defend his belt against Frank Grimes!

Question: What can people who call in to the radio station get?

訳 WCNA 98の放送をお聞きのみなさま、おはようございます。次のゲストは世界レスリング協会の現チャンピオン。その名はロン・リーマンです！　ぜひお電話いただいて、リーマンさんに聞きたい質問を教えてください。お電話いただいた方から1名様に、今度の日曜日に行われる世界レスリング協会のスーパー・スラムのチケットを2枚プレゼントいたします。同試合では、ロン・リーマンがフランク・グライムズとタイトル防衛試合を行います。

質問： そのラジオ局に電話をかけた人々は、何を得ることができるか。

1 あるイベントのペアチケット。
2 ある有名人に会う機会。
3 ラジオ局への旅行。
4 特別なベルト。

解説 **選択肢の先読み▶** a radio station という言葉が使われているので、「ラジオの放送」であることを予想しておくといいだろう。また、tickets to an event という表現から、なんらかの「イベント」の話が出ることも予想できる。

アナウンス問題では、冒頭で「どういう趣旨のアナウンスか」が示されるが、この問題でも冒頭で「ラジオ局の放送」であることがわかる。❶で「有名人」のゲストが紹介されているが、この人に「会える」わけではないので2はおかしい。また、❸で「ベルトの防衛」の話は出ているが、このベルトをプレゼントするわけではないので、4も不適。正解は選択肢1で、❷の GWA Super Slam という名称が、選択肢では an event に言い換えられている。current「現在の」／call in「電話する」／defend「～を防衛する」。

「公共アナウンス」のパターンでは、この問題のように Good morning ... という「あいさつ」から始まることもよくあります。ここでは、「ラジオの放送」ですので、listeners（放送をお聞きのみなさま）という表現を使って、「呼びかけている」わけですね。

No. 2 **A** Track 48

正解 **2**

放送英文 Attention, shoppers. We have a missing child alert. ❶ Please help us look for a six-year-old boy named Damien. He is wearing a red T-shirt and navy slacks and ❷ was last seen in a toy store on the fourth floor. If you see him or have any relevant information, ❸ please come to the lost and found counter located on the second floor. Thank you for your attention.

Question: Where should people go if they find the missing child?

訳 お客様にご案内いたします。迷子のお知らせです。ダミアンという6歳の男の子を探しております。赤いTシャツにネイビーのズボンを身に着けております。4階のおもちゃ売り場で姿が見えなくなりました。もしダミアンを見かけた、あるいは何か関連する情報をお持ちの場合は、2階の遺失物カウンターまでお越しください。どうぞよろしくお願いいたします。

質問：迷子の子供を見つけたら、人々はどこに行くべきか。

1 1階。
2 2階。
3 4階。
4 6階。

解説 **選択肢の先読み**▶選択肢に並んでいるのはすべて「〜階」という表現。そのため、「何階に何があるのか」という情報を確実に聞きとることが重要である。

「何階に何があるのか」を整理してみよう。そもそも「1階」は出てこないので、選択肢1は除外できる。「4階」は❷にあるように「迷子になった場所」である。❶に「6歳の男の子」という表現は使われているが、「6階」には言及されていないので、4も不適。❸に「2階にある遺失物カウンターまでお越しください」とあるので、選択肢2が正解である。missing「迷子の」／alert「警報、通知」／slacks「ズボン」／relevant「関連した」／lost and found「遺失物係」。

「数字の聞き取り」がポイントとなるタイプの問題です。英検の場合、fourteen「14」と forty「40」を区別させるような手ごわい問題はそれほど出ませんが、「電話番号」「住所」「部屋番号」「日付」「金額」などといった情報の聞き取りが必要になる問題はときおり出題されています。余裕があったら、数字の聞き取りの練習も行っておくと安心できるでしょう。

No. 3　Track 49　　　正解 **3**

放送英文 ▶ Welcome, everyone, to this year's Blackrose Park Medieval Fair. We have several events going on today, so do not miss them! ❶ In the morning, we will have a welcoming ceremony followed by a knight sword fighting demonstration. ❷ We will also have a historical dance competition in the afternoon. ❸ In the evening, there will be live music in the central plaza.

Question: What is happening in the afternoon at the fair?

訳 ▶ みなさん、今年のブラックローズ公園の「中世祭」にようこそ！　今日はいくつかのイベントが行われますので、お見逃しなく！　午前中には、歓迎式に続いて騎士による模擬剣闘が行われます。午後には伝統舞踊の大会も行われます。夜には、中央プラザにて、音楽のライブが催されます。

質問：その祭典では、午後に何が行われるのか。

1 ある式典が開かれる。
2 剣闘の指導が行われる。
3 ある大会が開かれる。
4 ある有名なバンドが演奏する。

解説 ▶ **選択肢の先読み** ▶ ceremony、contest、band などのキーワードから、なんらかの「**大会**」や「**音楽のライブ**」などが行われることを予想しておきたい。また、sword fighting「剣闘」についても言及されることを頭の片隅に置いておこう。

イベントの内容を紹介するアナウンスでは「**時系列**」をきちんと整理して理解することが大切である。❶より、午前中には「歓迎式典」および「騎士による模擬剣闘」がある。❷より、午後に開かれるのは「伝統舞踊の大会」。そして、❸には、夜に「音楽のライブ」があると説明されている。質問文は「午後に何が行われるのか」を尋ねているので、a historical dance competition を a contest「ある大会」と言い換えた、選択肢3が正解だとわかる。medieval「中世の」／ knight「騎士」／ demonstration「実演」。

> Welcome「ようこそ」も、アナウンス問題の冒頭で使われることがよくあります。この問題は「お祭りの案内」でしたが、たとえば Welcome to Early Bird on TCKN!（TCKN 局の「Early Bird」へようこそ！）のように、「番組」のパターンでも使われることがあります。welcome to ～「～へようこそ」は、このように「場所」以外に対しても使える表現です。

本番形式に挑戦！

実戦練習

さあ、本番と同じ15問です。巻末のマークシートを使って、解いてみましょう！　途中で音声を止めずに、本番さながらに解答することが大切です。

リスニングテスト第2部です。英文を聞き、その質問に対して最も適切なものを **1**、**2**、**3**、**4** の中から一つ選びなさい。
★英文はすべて一度しか読まれません。

No. 1
   1 Go on dates with other people.
   2 Prepare food together.
   3 Go out to restaurants.
   4 Work overtime.

No. 2
   1 To announce a new sale to shoppers.
   2 To notify customers of a change in store hours.
   3 To tell people about an incident.
   4 To ask someone to move their car.

No. 3
   1 Get a promotion.
   2 Make her first computer program.
   3 Start teaching employees.
   4 Change her job.

No. 4
   1 Learning how to snowboard.
   2 Getting a new skateboard.
   3 Participating in a major competition.
   4 Mastering new techniques.

No. 5
1 She cut his grass for him.
2 She hired him as an employee.
3 She lent him a tool he needed.
4 She gave him some money.

No. 6
1 He saw his goats sleeping on some beans.
2 He found some beans that had fallen into hot water.
3 He ate some leaves that gave him energy.
4 He noticed his goats biting on berries.

No. 7
1 She is kind and easy to talk to.
2 She gets her work done quickly.
3 She knows business very well.
4 She can speak several languages.

No. 8
1 Laugh and encourage the main players.
2 Make sure the players are following the rules.
3 Vote to select a winner.
4 Say insulting things about the players.

No. 9
1 Become a teacher.
2 Get a law degree.
3 Learn more about business.
4 Take care of children.

No. 10
1 Humans can only glow in very low temperatures.
2 Humans cannot see any forms of bioluminescence.
3 Bioluminescence has not been found in humans.
4 Light that humans produce is too weak to be seen.

No. 11
1 She will purchase some tableware.
2 She will go to a party.
3 She will meet up with friends.
4 She will go see a movie.

DAY 1 DAY 2 DAY 3 DAY 4 DAY 5 DAY 6 DAY 7

No. 12
  1 She hosted social gatherings.
  2 She used online services.
  3 She sold it at seminars.
  4 She relied on word-of-mouth.

No. 13
  1 She forgot her favorite book there.
  2 She hoped to find some new ideas.
  3 She was looking for a new place to live.
  4 She went to see her mother.

No. 14
  1 They won an office contest.
  2 They found a way to cut costs.
  3 They helped achieve excellent sales results.
  4 They gave up their bonuses to help others.

No. 15
  1 He was recovering from injuries.
  2 He got too tired.
  3 He was celebrating a victory.
  4 He had an illness.

正解と訳 p.204

DAY 1

DAY 2

DAY 3

DAY 4

DAY 5

DAY 6

DAY 7

No. 1 A Track **51**   正解 **2**

放送英文
Lisa and Nick have been married for five years. They both work full-time jobs, so they are usually very busy. ❶ In order to spend more time together, they have decided to have a date night every week. ❷ On Wednesday nights, they turn their phones off, cook dinner together at home, and watch a movie or TV show.

Question: What is one thing Lisa and Nick do on Wednesday nights?

訳
リサとニックは結婚して5年になる。ふたりはどちらもフルタイムで働いているので、たいていとても忙しい。もっと一緒の時間を過ごすために、ふたりは毎週「デートする夜」を設けることにした。水曜日の夜には、ふたりは携帯電話の電源を切り、自宅で一緒に夕食を作って、映画やテレビ番組を見るのだ。

質問：リサとニックが水曜日の夜にすることのひとつは何か。

1 他の人たちとデートに行く。
2 一緒に食事をつくる。
3 レストランに行く。
4 残業する。

解説
選択肢より「何をするのか」が問われることを予測する。❶に「週に一度、デートする夜を設けることにした」とあり、その具体的な内容が❷で説明されている。「水曜日の夜に、携帯電話の電源を切って、夕食を一緒に作って、映画やテレビを見る」という内容に合致するのは選択肢2の**「一緒に食事をつくる」**のみなので、これが正解。full-time「フルタイムの、正規の」／TV show「テレビ番組」。

No. 2 A Track **52**   正解 **2**

放送英文
❶ Good afternoon, shoppers. Thank you for choosing to shop here at Vermilion Fabrics. We hope you are making the best of our summer sales. ❷ Due to the severe weather warning that was just issued for Vermilion County, we will be closing the store an hour earlier today, at 7 p.m. Weather reports advise anyone traveling by car to be extremely careful, as freezing rain could make the roads icy.

Question: Why is this announcement being made?

訳
お買い物中のみなさまにごあいさつ申し上げます。ヴァーミリオン・ファブリックスをご利用くださりありがとうございます。当店のサマーセールを、存分にお楽しみいただいていることと存じます。ヴァーミリオン郡に発令された気象警報のために、本日はいつもより1時間早い午後7時に閉店となります。天気予報では、冷たい雨が道路を凍結させる可能性があるため、車の運転には細心の注意を払うように

警告しております。

質問： なぜこの放送が行われているのか。

1 新たなセールについて買い物客に知らせるため。

2 営業時間の変更を買い物客に通知するため。

3 人々にある事件について教えるため。

4 誰かに車を動かすことを頼むため。

 選択肢より「目的」が問われることが予測できる。❶から、これが「買い物客に向けたアナウンス」であるとわかる。「今行われているセール」の案内はされているものの、「新たなセール」の話はないので1は不適。❷で「**気象警報が出ているので、いつもより1時間早く閉店する**」と述べられており、これに合致する選択肢2が正解となる。make the best of ～「～を最大限に活用する」／sever weather warning「気象警報」／issue「～を発令する」／freezing rain「（地表に落ちた瞬間に凍る）冷たい雨」／icy「氷で覆われた」。

No. **3** Track **53**

 正解 **4**

Rosa turned 35 years old this year. She is a salesperson, but ❶ she wants to try working in a different industry. For the past four years, Rosa has been teaching herself computer programming. She has even created a few simple computer programs on her own. ❷ By next year, Rosa plans to quit her current job and become a full-time computer programmer.

Question: What will Rosa probably do by next year?

訳 ローザは今年35歳になった。彼女は営業職だが、他の業界で働いてみたいと思っている。この4年間、ローザはコンピュータのプログラムの勉強をしている。彼女は自分でいくつかのコンピュータ・プログラムをつくったほどだ。来年までには、ローザは今の仕事を辞めて、コンピュータ・プログラマーとしてフルタイムで働き始めるつもりだ。

質問： ローザはおそらく来年までに何をするか。

1 昇進する。

2 はじめてコンピュータ・プログラムをつくる。

3 従業員を教育し始める。

4 転職する。

解説 選択肢はすべて動詞の原形から始まるので、「何をするのか」が問われると予測する。「昇進」の話は出てこないし、「従業員を教育する」という描写もないので、1と3は不適。選択肢2は「すでにしたこと」である。❶「他の業界で働いてみたい」および❷「**来年までには今の仕事を辞めて正社員のプログラマーとして働く計画がある**」という部分を基に、選択肢4を選ぼう。turn「～になる」／salesperson「営業担当者」／teach *oneself*「独学する」／on *one's* own「ひとりで」。

No. **4** Track **54** 正解 **3**

放送英文 Sky Brown is a 12-year-old girl and originally from Miyazaki, Japan. ❶ She is the youngest professional skateboarder in the world. ❷ She learned how to ride skateboard by watching videos on the Internet. One day, while training, she fell and got injured so badly that she had to be hospitalized. ❸ After she recovered, she returned to her training and is now looking forward to her Olympic debut.

Question: What is Sky Brown looking forward to?

訳 スカイ・ブラウンは12歳の女の子で、もともとは日本の宮崎県の出身である。彼女は世界最年少のプロスケートボード選手だ。彼女はインターネット上の動画を見て、スケートボードのやりかたを覚えた。ある日、トレーニングをしていた際に、彼女はコロンで大けがを負い、入院しなければならなくなった。回復後は、再びトレーニングを始め、今ではオリンピックに初出場するのを心待ちにしている。

質問：スカイ・ブラウンは何を楽しみにしているか。

1 スノーボードのやり方を習うこと。
2 新しいスケートボードを買うこと。
3 ある大規模な大会に参加すること。
4 新しい技術を習得すること。

解説 選択肢より、「スポーツ」が話題になると当たりをつけておこう。❶より、「最年少のプロスケートボード選手」の話だとわかる。❷は「ネット動画でスケートボードの乗り方を覚えた」とあるが、「スノーボード」ではないので選択肢1は無関係。そして、❸は「ケガから回復したあと、トレーニングを再開した。**今はオリンピックでのデビューを心待ちにしている**」という内容で、「オリンピック」を a major competition と言い換えた選択肢3が正解となる。get injured「負傷する」／*be* hospitalized「入院する」／recover「回復する」／debut「デビュー、初出場」。

No. **5** Track **55** 正解 **3**

放送英文 Craig got fired from his job at a record store because he kept falling asleep at work. One day, he saw his friend, Felicia. ❶ She told Craig that he could use her lawn mower to cut his neighbors' grass. ❷ Craig made so much money cutting grass that he decided to make his own lawn care business. ❸ He wants to hire Felicia to help manage his schedule and contact clients.

Question: What did Felicia do to help Craig?

訳 仕事中に居眠りばかりしていたために、クレイグはレコード店での仕事を首になった。ある日、彼は友だちのフェリシアに会った。彼女がクレイグに、近所の人の草を刈るのに彼女の芝刈り機を使っていいよと言った。クレイグは、草刈りでたくさんお金を稼いだので、芝刈りの事業を自分で始めることにした。彼はフェリシアを雇って、スケジュール管理や顧客との連絡を手伝ってもらいたいと思っている。

質問：フェリシアはクレイグを助けるために何をしたか。

1 彼の家の芝を刈ってあげた。
2 彼を従業員として雇った。
3 <u>彼に、彼が必要な道具を貸した。</u>
4 彼女にお金をあげた。

解説 選択肢はすべて「彼女が彼に何かをした」という文なので、放送英文では「フェリシアがクレイグに何をしたか」を確実に聞きとろう。❷は「クレイグがお金を稼いだ」という話、❸は「クレイグがフェリシアを雇いたい」ということなので、選択肢2および4は誤り。正解は選択肢3で、❶の「**近所の人の草を刈るのに、彼女の芝刈り機を使ってもいいと言った**」と完全に合致する。get fired「解雇される」／fall asleep「眠り込む」／lawn mover「芝刈り機」。

....

No. **6** Track **56** 正解

放送英文 ❶ The beans used to make coffee were first discovered in Ethiopia by a goat farmer named Kaldi. ❷ One day, Kaldi saw his goats eating some red berries. These goats suddenly got very energetic. Kaldi chewed on the berries too, and felt a rush of energy. ❸ He shared his discovery with other people, and soon, news of the berries, and the beans inside them, spread.

Question: How did Kaldi discover coffee beans?

訳 コーヒー豆は、カルディと言う名前のエチオピアのヤギ農家によって最初に発見された。ある日、カルディは彼のヤギが赤い実を食べているのを見かけた。突然、これらのヤギは大変元気になった。カルディもその実をかんでみたところ、精力がわき起こるのを感じた。彼は彼の発見を他の人々にも知らせた。やがて、その実と、その中の豆の情報が広まった。

質問：カルディはどのようにしてコーヒー豆を発見したのか。

1 飼っているヤギが豆の上で寝ているのを見た。
2 熱湯の中に落ちていた豆を見つけた。
3 ある葉っぱを食べたら、精力がわいた。
4 <u>飼っているヤギが実を食べているのに気づいた。</u>

解説 選択肢から「ヤギ」や「マメ」などが登場することを押さえておこう。❶で「コー

ヒー豆は、カルディという人が最初に発見した」という情報が提示されているが、質問文は「どうやって発見したのか」というもの。❷の内容をまとめると「飼っているヤギが食べていた赤い実を自分も食べたら元気になった」ということで、選択肢4と合致する。なお、このことを❸では the discovery「その発見」と言い換えている。bean「豆」／goat「ヤギ」／berry「実」／energetic「精力的な」／rush「ほとばしり、殺到」。

No. 7   **A** Track **57**   正解 **4**

放送英文 ❶ Sue lives in New York and works as a professional voice actor. ❷ Many companies want to work with her because she can speak three different languages: English, Japanese, and Chinese. She is currently attending business school so she can start her own voice acting company. She is very busy with work and school, so she often takes walks through the park to get rid of stress.

Question: Why do many companies want to work with Sue?

訳 スーはニューヨークに住んでおり、プロの声優として働いている。彼女は英語・日本語・中国語という3つの言語を話せるので、多くの会社が彼女と仕事をしたがっている。自分の声優事務所を立ち上げるために、彼女は現在ビジネススクールに通っている。彼女は仕事と学業で大変忙しいので、ストレス解消のためによく公園を散歩している。

質問：なぜ多くの会社がスーと仕事をしたがっているのか。

1 親切で話しやすいから。
2 仕事が早いから。
3 ビジネスをよく理解しているから。
4 複数の言語を話せるから。

解説 選択肢から「ある女性」の話であることが先読みできるが、❶でそれが「スー」という人物だとわかる。それ以降、放送文はすべて彼女についての説明であるが、「性格」や「仕事の速さ」、「熟練度」については言及されていない。❷を見ると、「彼女が英語・日本語・中国語を話せるので、多くの会社が彼女と仕事をしたがっている」とあり、several「複数の」という形容詞を使ってこれを言い換えた選択肢4が正解。voice actor「声優」／take walks「散歩する」／get rid of ～「～を取り除く」。

No. 8   **A** Track **58**   正解 **1**

放送英文 The Dozens is a verbal game that is commonly played in black communities of the United States. ❶ In the game, two people take turns comically insulting the other person or their family members until one person gives up. ❷ Comments in the game focus on the opposite player's intelligence, appearance, and financial situation. ❸ It is usually played in front of groups of people who laugh and cheer on the people playing.

Question: What do people in the audience do during the Dozens?

訳　「ダズンズ」とは言葉を使ったゲームで、アメリカの黒人社会でよく行われている。このゲームでは、どちらか一方が降参するまで、ふたりで交互に相手や相手の家族をおもしろおかしく罵倒しあう。ゲームでの発言は、相手の知性、容姿、経済事情が中心となる。このゲームは、通常、対戦している人たちのことを笑ったり応援したりする人々の前で行われる。

質問：「ダズンズ」の最中に、それを見ている人々は何をするのか。

1 笑ったり、主役をはげましたりする。
2 選手にルールを遵守させる。
3 投票によって勝者を決める。
4 選手に対して罵り言葉を投げかける。

解説　選択肢中の player や rule、winner といった単語から、ある「ゲーム」についての話だと予想しておこう。この「ダズンズ」というゲームは、❶「順番に相手を罵り合う」、❷「相手の知性、容姿、経済事情を罵る」、❸「**まわりの人々が笑ったり、応援したりする**」というもの。質問は「まわりで見ている人」についてなので、❸を基に選択肢1が正解だと判断できる。verbal「言葉の」／commonly「一般に」／black community「黒人社会」／take turns 〜ing「順番に〜する」／comically「おもしろおかしく」／opposite「反対の、逆の」／intelligence「知性」／appearance「容姿」／cheer「応援する」。

No. 9   Track **59**　　　正解

放送英文　❶ Ever since he was a child, Jake wanted to be a teacher. ❷ But his parents wanted him to be a lawyer because they earn more money. ❸ They said that they would pay Jake's college fees only if he went to law school, so Jake got a law degree. ❹ Jake now uses the money he gets working as a lawyer to pay for classes he is taking to become a teacher.

Question: What is Jake studying to do?

訳　子どものころから、ジェイクは先生になりたかった。しかし、彼の両親は、もっとお金を稼げるので、彼に弁護士になってほしいと思っていた。両親は、彼が法科大学院に進むのであれば大学の学費を払うと言っていたので、彼は法学の学位を取得した。現在ジェイクは弁護士として働いて稼いだお金を使って、教師になるために出席している講義の授業料を払っている。

リスニング

質問：ジェイクは何をするために勉強しているのか。

1 教師になる。

2 法学の学位を取得する。

3 ビジネスについてもっと学ぶ。

4 子どもの世話をする。

解説　選択肢から「**教師**」「**法学**」がキーワードになると先読みしておこう。❶に「ジェイクは教師になりたかった」とある。しかし、❷によると「両親は弁護士になってほしかった」ので、❸「両親の希望通りに法科大学院に行って、法学の学位を取った」のである。そして、❹は「**弁護士として働きながら、教師になるための授業料を払っている**」という内容なので、今のジェイクは「教師になるために勉強している」わけだから、選択肢1が正解である。lawyer「弁護士」／earn「～を稼ぐ」／fee「授業料」／degree「学位」。

No. 10　　Track 60　　正解

放送英文　❶ Bioluminescence is the natural ability of living organisms to produce light. It is most often used to attract mates and for light in dark places. ❷ In fact, most living creatures are bioluminescent to a degree as a result of chemical reactions within their cells. ❸ This includes human beings. However, ❹ humans glow 1,000 times weaker than what our eyes can naturally detect.

Question: Why don't humans appear to glow?

訳　「生物発光」とは、生物が生まれながらに持っている、光を生み出す能力である。それは、仲間を引き寄せるために、あるいは暗い場所を照らす光としてよく用いられている。実際、細胞内の化学反応の結果として、ほとんどの生物は生物発光の能力をある程度備えている。人間も例外ではない。しかし、人間の出す光は、人間が肉眼で見ることのできる光の千分の一の弱さである。

質問：なぜ人間は光らないように見えるのか。

1 人間は極低温でしか光ることができない。

2 人間の目ではどのような生物発光も見ることができない。

3 生物発光は、人間の体内では見られない。

4 人間が出す光は弱すぎて見ることができない。

解説　glow「光る」や light「光る」という選択肢のキーワードを頭に入れておこう。bioluminescence は難しい言葉だが、❶から「生物が光を生み出す能力」だとわかる。❷より「ほとんどの生物は生物発光できる」とあり、それには❸「人間も含まれる」とある。そして、❹「人間の出す光は、肉眼で見ることのできる光の千分の一」ということは、「**人間も光るものの、光が弱すぎる**」ということだから、選択肢

4を正解として選ぶことができる。bioluminescence「生物発光」／living organism「生物」／to a degree「ある程度」／chemical reaction「化学反応」／cell「細胞」／glow「輝く」／detect「〜に気づく、〜を見つける」。

No. 11 **A** Track **61** 正解 **1**

放送英文 Yoko loves sci-fi movies. She has a large collection of sci-fi DVDs at home. She invited a few of her friends to her apartment for a sci-fi movie watching party next weekend. ❶ However, she did not have enough plates and forks for her guests, so Yoko has to do some shopping. ❷ Tomorrow, she plans to go to the store and buy a new DVD and necessities for the party.

Question: What will Yoko do tomorrow?

訳 ヨウコは SF 映画が大好きだ。彼女は家に、かなりの量の SF ものの DVD を収集している。SF 映画を見るパーティを来週開催するために、彼女は、自分のアパートに何人かの友だちを招待した。しかし、彼女の家には来客用のお皿やフォークが十分になかったので、ヨウコは買い物をしなければならない。明日、彼女はお店に行って、新しい DVD と、パーティに必要なものを買うことにしている。

質問：明日ヨウコは何をするのか。

1 食器類を買う。
2 パーティに行く。
3 友人たちと集まる。
4 映画を見に行く。

解説 選択肢はすべて She will 〜. という形なので、「彼女はどうする予定か」という質問だと予想可能。❶を見ると、「皿やフォークが十分にないので、買いに行かなければならない」とある。さらに、❷では「明日、お店に行って、新しい DVD と、パーティに必要なものを買う」と説明している。❷だけ見ても、necessities for the party が何を指すのかがわからないが、❶と合わせて考えれば選択肢 1 が正解だと判断できるはずだ。sci-fi「サイエンスフィクション（SF）」／collection「収集物」／necessity「必要なもの、必需品」。

この問題は、❷だけ見ても正解にたどりつけません。直前の❶も合わせて検討することで「お皿やフォークを買いに行く」ということがはじめてわかり、さらに選択肢で「お皿やフォーク」が tableware「食器類」と言い換えられていることに気づけば、正解にたどり着けます。このように、複数個所を参照しないと正解が判然としないこともよくありますので、すべてを確実に聞きとってくださいね！

第2部
DAY 1
DAY 2
DAY 3
DAY 4
DAY 5
DAY 6
DAY 7
211

リスニング

放送英文 ❶ Thank you all for coming to our seminar today. ❷ Our next speaker is Mizuho Stonewell, creator of Golden Leaf, the world's best-selling line of organic tea products. She started her own tea business in her apartment, mixing, weighing, and packing all of the hand-made tea bags herself. ❸ Today, she is going to talk to us about how she used social media to promote her product.

Question: How did Mizuho Stonewell promote her product?

訳 本日は、弊社のセミナーにお越しいただきありがとうございます。次は、世界的なベストセラーになっている、オーガニック茶葉を使用した「ゴールデン・リーフ」シリーズをつくられた、ミズホ・ストーンウェル氏にお話しいただきます。同氏は、アパートの自室で茶製品のビジネスを始めて、手作りのティーバッグのブレンド、計量、そして梱包をひとりで行っていました。本日は、自社製品の宣伝にどのようにソーシャルメディアを活用したかについて、同氏からお話を伺います。

質問：ミズホ・ストーンウェルは、どのようにして自分の商品を宣伝したか。

1 親睦会を開いた。
2 <u>インターネット上のサービスを利用した。</u>
3 セミナーで販売した。
4 口コミに頼った。

解説 選択肢には「人の集まり」「セミナーでの販売」「口コミ」といった表現が並んでいるので、「どうやって商品を売り込んだのか」という質問である可能性が高い。❶より「セミナーが行われている」ことがわかるが、これは「販売目的のセミナー」ではなく、❷より「ある起業家の話を聞く」場であることがわかる。質問は「ミズホ・ストーンウェルがどうやって商品の宣伝をしたか」であり、❸の「**製品の宣伝にどのようにソーシャルメディアを活用したか**」という表現から、選択肢2が正解だと判断できる。「ソーシャルメディア」が online services「インターネット上のサービス」と言い換えられている。best-selling「最もよく売れている」（≒ top-selling）／weigh「～を量る」／hand-made「手作りの」／word-of-mouth「口コミ」。

放送英文 ❶ Ann is a writer. She writes books about romance and life in the countryside. ❷ Recently, she has been having trouble coming up with ideas for new stories. ❸ So, she went back to her hometown to find inspiration. While walking in the park, Ann saw a mother bird feeding her baby birds. Ann decided to write a new story about a mother taking care of her family.

Question: Why did Ann go back to her hometown?

訳 アンは作家である。彼女は恋愛や田舎暮らしについての本を書いている。このところ、彼女は新しいストーリーのアイデアが思いつかずに苦労している。そのため、ひらめきを得るために、彼女は自分の故郷に帰った。公園を歩いているときに、アンは、母鳥がひな鳥にえさをあげているのを見かけた。アンは、家族の世話をする母親の話を新たに書くことにした。

質問： なぜアンは故郷に戻ったのか。

1 お気に入りの本をそこに置き忘れた。
2 新しいアイデアを見つけたいと思った。
3 新たに住む場所を探していた。
4 母親に会いに行った。

解説 選択肢の「**本**」「**アイデア**」「**新たに住む場所を探す**」などが内容のヒントになる。❶で「アンという作家」について説明されている。彼女は❷「新しいストーリーのアイデアが出てこないので悩んでいる」ために、❸「**ひらめきを得るべく、故郷に帰った**」。そのため、「なぜアンは故郷に戻ったのか」という質問に対する答えは、選択肢2ということになる。romance「ロマンス、恋愛」／countryside「田舎」／come up with ～「～を思いつく」／feed「～に食べ物を与える」。

No.14   Track 64 正解 3

放送英文 Moving on to our next talking point, I would like to discuss this year's sales. ❶ Thanks to the efforts of our sales team, we achieved record sales this year. ❷ I think we should reward them for their hard work. I would like to give each employee twice their normal bonus, and I am willing to give up my own bonus to do so. What do the rest of you think?

Question: What is one reason that employees are being rewarded?

訳 次のテーマに移って、今年の売り上げについて話し合いたいと思います。営業部の努力のおかげで、今年は記録的な売り上げがありました。彼らの努力に対して、報酬を与えるべきだと思います。それぞれの社員に通常の倍のボーナスを支給したいと思います。そのためには、私は自分のボーナスを断念してもいいと思っています。他のみなさんはどう思われますか？

質問： 社員たちが報酬を受ける理由のひとつは何か。

1 社内のコンテストで優勝した。
2 コスト削減の方法を発見した。
3 素晴らしい売り上げの成果の達成に貢献した。
4 他の社員を助けるために、自分のボーナスをあきらめた。

213

解説 選択肢に出てくる「**売り上げ**」「**ボーナス**」という言葉がキーワード。❶「**営業部の努力のおかげで売り上げが躍進した**」ことに対し、❷「**報酬を与えるべきだ**」という話をしている。質問は「なぜ報酬を受けるのか」ということなので、正解は選択肢3である。move on to ~「~に移る」／achieve「~を達成する」／record「記録的な」／reward「~に報酬を与える、~に報いる」。

―――

No. 15 **A** Track **65**   正解 **1**

放送英文 ❶Nate Robinson loves doing kick boxing. He has been practicing it ever since he was 18. Now, he regularly participates in kick boxing matches. ❷In one recent match, Nate broke his jaw and two ribs, and lost the fight. ❸He had to stop training for three months to let his body heal. Even so, Nate still plans to continue training and fighting in the future.

Question: Why did Nate stop training for a while?

訳 ネイト・ロビンソンはキックボクシングをするのが好きだ。彼は18歳のときから、ずっとキックボクシングの練習を続けている。今では、彼は定期的にキックボクシングの試合に出ている。最近行われたある試合で、ネイトはあごの骨と、2本の肋骨を折って試合に負けてしまった。身体を回復させるために、彼は3か月の間、トレーニングを中止しなければならないった。それでも、ネイトは今後もトレーニングと試合を続けていくつもりだ。

質問：なぜネイトはしばらくトレーニングを中止しなければならなかったのか。

1 またケガから回復する途中だった。
2 疲れすぎてしまった。
3 勝利を祝っていた。
4 病気になった。

解説 選択肢1～3から「**なんらかの（激しい）スポーツ**」の話であることを予想できるが、❶から「**キックボクシング**」の話であるとわかる。そして、❷に「**試合でケガをし、さらに負けた**」とある。質問は「なぜトレーニングを中断したのか」であり、❸に「**身体を回復させるためにトレーニングを中止した**」とあるので、正解は選択肢1。❷ではっきり「試合に負けた」と言われているので3はおかしいし、「疲労」「病気」が原因ではないので2および4も不適。kick boxing「キックボクシング」／practice「~を練習する」／participate in ~「~に参加する」／match「試合」／jaw「あご」／rib bone「肋骨」／heal「（傷が）治る」。

DAY 1

DAY 2

DAY 3

DAY 4

DAY 5

DAY 6

模擬試験

全69問の完全模試に
チャレンジ！
本試験のリハーサル

本番と同じように解く！
この模擬試験の目的は、本試験に向けたリハーサルです。
次の4点を守って、本番さながらに取り組んでください。

■❶全69問を通して受験する
■❷時間をキッチリ計り、85分で筆記セクションを解く
■❸リスニングセクションでは音声を止めずに解く
■❹マークシートに解答する

【所要時間】　　約110分
【CD トラック】CD-B　1　▶　32
【用意するもの】■筆記用具　　　■消しゴム
　　　　　　　　■時計　　　　　■マークシート（巻末収録）
【解答解説】　　別冊・解答解説

これまで学習してきたことを、実践してみましょう！

1 次の *(1)* から *(20)* までの ( ) に入れるのに最も適切なものを **1**、**2**、**3**、**4** の中から一つ選び、その番号を解答用紙の所定欄にマークしなさい。

(1) Philip felt ( ) after working outdoors all day in the hot sun, so he went right to bed after dinner.

1 amused　　**2** exhausted　　**3** related　　**4** devoted

(2) The number of people coming to their games has been ( ), so the team is trying to attract more fans.

1 migrating　　**2** wounding　　**3** decreasing　　**4** circulating

(3) At first, Melissa only ( ) to live abroad for one year. However, she enjoyed it so much that she stayed for an extra year.

1 faded　　　　　　　　**2** imitated
3 concentrated　　　　**4** intended

(4) The temperature is ( ) very cold, but the weather report says that it is going to become warmer in a few days.

1 currently　　　　　**2** instantly
3 permanently　　　　**4** eventually

(5) The man who caused the accident said he had been driving safely. However, there were several ( ), and they said they had seen him go through a red light.

1 empires　　**2** witnesses　　**3** fragments　　**4** definitions

(6)   Marcia got a lot of (   ) on her new dress. Her friends all said the color looked really good on her.

     1 promotions   **2** landscapes   **3** compliments **4** faculties

(7)   Hawaii is one of the world's most popular tourist (   ). Millions of people visit it because of its beautiful nature, friendly people, and warm weather.

     1 destinations   **2** tendencies   **3** suspicions   **4** remainders

(8)   After being questioned by the police for several hours, the criminal finally (   ) and told them where he had hidden the money.

     1 proposed   **2** stimulated   **3** immigrated **4** confessed

(9)   Peter decided he should (   ) his 80-year-old mother to the bank because she does not hear well and sometimes gets confused.

     1 accompany   **2** tolerate   **3** inspire   **4** consume

(10)   For many years, Janet only had a desktop computer. However, she wanted something (   ), so she recently bought a tablet.

     1 enthusiastic **2** accidental   **3** occupied   **4** portable

(11) *A:* Dad, can you help me with my homework, please?

B: Sorry, I'm a little busy (   ). I should be able to help you in about 20 minutes.

1 out of touch   **2** at the moment

3 along the way   **4** for a living

(12) Glen is always very considerate (   ) others. For example, he always holds doors open for old people.

1 of   **2** by   **3** in   **4** at

(13) As soon as he sent the email, Tony realized he had (   ) some important information, so he immediately sent another one.

1 signed up   **2** left out   **3** gotten over   **4** dropped off

(14) Jack was planning to go fishing on the weekend, but he (   ) staying at home because it rained both days.

1 gave out   **2** rolled over   **3** held out   **4** ended up

(15) Justin just moved to Tokyo and has not found an apartment yet, so for the (   ) being, he is staying with a friend.

1 time   **2** fact   **3** moment   **4** reason

(16) **A:** Did you travel directly from Tokyo to London?

  B: No, I flew (   ) of Hong Kong. It's a lot cheaper when you don't fly direct.

  1 by way   **2** with regard   **3** in place   **4** at peace

(17) Carrie really (   ) her mother. They're both tall, with long blonde hair and beautiful blue eyes.

  1 shows off   **2** takes after   **3** brings about **4** looks over

(18) Jerome has a baseball (   ) by his favorite pitcher that he keeps on his desk at work.

  1 signed   **2** signing   **3** signs   **4** sign

(19) If it (   ) for his mother, Jeremy would never have become a famous singer. She paid for all his voice lessons and told him that he should always follow his dreams.

  1 had not been   **2** would not be
  3 is not   **4** could not be

(20) Having (   ) her morning run, Paula took a shower and drank a cup of coffee to relax.

  1 finished   **2** finishing   **3** finish   **4** finishes

2 **A** 次の英文 ⟨A⟩、⟨B⟩ を読み、その文意にそって (21) から (26) までの（　）に入れるのに最も適切なものを 1、2、3、4 の中から一つ選び、その番号を解答用紙の所定欄にマークしなさい。

Return of the Coral Reefs

Coral reefs are made of individual corals called polyps*. These polyps grow on the skeletons of other dead polyps, and this process creates the vast coral reefs that are found all over the world's oceans. There are many kinds of plants and animals living in most coral reefs, and they are usually found in shallow water where sunlight can easily reach. The largest coral reef system, the Great Barrier Reef in Australia, (**21**).

Coral reefs are very sensitive to changes in the ocean's temperature, which has been steadily rising over the past several decades. Due to climate change and ocean pollution, plant-like organisms called algae, which provide corals with food, are dying. (**22**), the decreasing number of algae is causing the colorful reefs to turn white. However, researchers have found that some corals are capable of recovering, even in high temperatures, as long as humans don't interfere. It turns out that some corals only appear dead when exposed to unusually warm water. Actually, the coral's polyps go into their skeleton, making the reef appear dead, and come back out of the skeleton when conditions improve.

Coral reefs help filter pollution out of seawater. They also draw crowds of tourists with their natural beauty and thus contribute to many countries' tourism industries. The discovery that certain types of corals can recover from extended exposure to warmer temperatures offers a ray of hope for the rich marine environments found in coral reefs, but only if the influences of humans can be (**23**).

*polyp(s)：ポリプ（円筒状の単体のサンゴ）

(21) 1 is located in the deep sea
      2 has heavy rainfall every year
      3 gets no sunlight most of the year
      4 is about 2,400 kilometers long

(22) 1 However   2 Furthermore
      3 Therefore   4 Ultimately

(23) 1 drastically increased   2 improved over time
      3 treated fairly   4 kept to a minimum

The Age of Quantum Computers

Ordinary computer chips use things called bits to process information. They answer any computational problem with either one of two possibilities; on or off. These answers are often represented as the numbers 0 and 1. Recent advancements in computer science have led to the creation of quantum computer technology. Quantum computers process information using qubits. (*24*   ) these "on or off" states, qubits also have a third state where they are both on and off at the same time, or somewhere in between the two. This allows for much higher amounts of data to be processed.

Building a computer that can handle large amounts of information with qubits is a difficult task. (*25*   ), so they must be kept at extremely cold temperatures in order to keep them from overheating. Also, the equipment needed to keep a quantum computer chip in working condition alone takes up a great deal of space.

In 2019, it was announced that a newly developed quantum computer chip completed a complicated calculation in 200 seconds. The same calculation would take a normal supercomputer 10,000 years to finish. However, the chip requires a temperature close to absolute zero for stable operation. Scientists (*26*   ) a practical quantum computer due to the vast amount of energy it takes to run one and issues with computing stability. Nonetheless, quantum computing is a giant leap forward in the field of computer technology. There may come a time when we will be able to use a smaller-sized quantum computer without any huge cooling system at home.

(24)

1 In addition to   **2** On account of

3 Owing to   **4** In spite of

(25)

1 Quantum computers are enormous

2 The costs can be huge

3 Qubits can be unstable

4 Information must be collected

(26)

1 are against the idea of

2 are in little need of

3 have already given up on

4 still have yet to create

次の英文 A、B、C の内容に関して、(27) から (38) までの質問に対して最も適切なもの、または文を完成させるのに最も適切なものを 1、2、3、4 の中から一つ選び、その番号を解答用紙の所定欄にマークしなさい。

From: Andy Faulkner <afaulkner@roadrunner.com>
To: Ritchie James <ritchie-james@memail.com>
Date: December 13
Subject: Recent Noise Complaints

Dear Mr. James,

This is Andy Faulkner, the owner and landlord of Roadrunner Apartments. I am writing you today about the complaints we have received from your neighbors. Here at Roadrunner Apartments, we try to create a welcoming and comfortable atmosphere. We ask that all of our residents do their own parts to ensure that we maintain this friendly environment.

As I am sure you are aware, your contract with Roadrunner clearly states that no loud music or playing of musical instruments is permitted in any of our apartments. Recently, several of your neighbors have complained of loud music being played all day and all night. One of your neighbors even reported that she was kept awake at night because of the noise coming from your apartment at midnight. Furthermore, this is not the first time that you have been warned about loud music coming from your room.

All residents at Roadrunner Apartments have the right to a quiet and relaxing atmosphere. I ask that you respect the rights of your neighbors and stop playing music at high volumes in your apartment immediately. Failure to do so will be seen as a violation of your lease and we will even consider taking legal action to force you out of this apartment building. This is your final notice.

Sincerely,

Andy Faulkner

Roadrunner Apartments Landlord

(27)   Andy Faulkner
1 likes to play the piano.
2 owns an apartment building.
3 is Ritchie James' neighbor.
4 is a professional writer.

(28)   What did one of Ritchie James' neighbors report?
1 She couldn't sleep at night.
2 She got into an argument with him.
3 She got locked out of her room.
4 She plays in a band with him.

(29)   What is one thing Ritchie James asked to do?
1 Turn his lights off at night.
2 Stop playing loud music.
3 Increase his rent payments.
4 Hold a party for his neighbors.

3 **B**

Tattoos

Tattoos are designs made by inserting ink or other substances into the skin to change its color. Throughout history, tattoos have been used for many different purposes in different cultures. These include everything from fashion to religious ones, and some even for health and healing purposes. In the past, tattoos have also been used for marking animals. In some parts of the world, criminals were marked with tattoos to make them easy to identify.

Historical research has shown that tattoos have been used in almost every human civilization. In ancient Greece, it was said that tattoos were used for communication among spies. The Romans marked criminals and slaves with tattoos. It is believed that in the Americas, ancient civilizations used tattoos in religious ceremonies. The Maori people in New Zealand used facial tattoos to show their family ties and social status. Researchers have even found a mummy, a dead body preserved in cloth, in western Europe dating back to 3,250 B.C. that had as many as 61 tattoos all over its body.

While there is evidence that tattoos had been used in the Western world for hundreds of years, it is believed that the modern popularity of tattoos came from the famous British explorer, James Cook. On Cook's first trip to the South Pacific in 1768, several members of his crew returned to England with new tattoos that they had received from the native people there. In addition, Cook later brought back with him a tattooed man named Omai. Many people saw his tattoos and decided that they wanted tattoos of their own, too.

In Japan, both the Ainu and Ryukyuan* people were known to have used unique styles of tattoos on their arms, faces and bodies for social purposes. In mainland Japan, however, tattoos were considered to be the marks of connections to the criminal underworld because criminals were often tattooed as a form of punishment. In 1872, the Meiji government banned all tattooing. It became legal again only much later in 1948, after the second World War. Nowadays, this negative image is slowly changing, and more and more people are getting tattoos for fashion or personal reasons.

*Ryukyuan：琉球の

(30)   Which of the following is true about tattoos?
   1 They are painted over the skin with brushes for a variety of reasons.
   2 People who committed a crime were never allowed to get a tattoo.
   3 They were used for many different purposes, but only on humans.
   4 One of the many reasons people got tattoos was for their health.

(31)   What is one way the Maori people used tattoos?
   1 They got tattoos at funerals in order to show grief for the dead.
   2 They used tattoos so that they could easily identify criminals and slaves.
   3 They made use of tattoos as secret signs that only spies could understand.
   4 They had their faces tattooed to show the ties with their family and friends.

(32) John Cook
   1 was famous for being covered head-to-toe in tattoos.
   2 sailed to the South Pacific with some crew members.
   3 had a tattoo removed when he got back to England.
   4 set off on a journey to make tattoos more popular.

(33) In Japan,
   1 tattoos were widely accepted during the second World War.
   2 tattooing has been gradually gaining popularity these days.
   3 the use of tattoos is strictly prohibited by law.
   4 most people consider tattoos to be out of fashion nowadays.

Burnout

Burnout is defined as the loss of motivation, which is often caused when a person is devoted to something and fails to produce the desired results. It is a reaction to stress, especially emotional stress, and it can lead to a number of problems both at work and at home. People get frustrated with their jobs, and their job performance becomes worse. It can also affect their relationships with other people.

Researchers have identified six main causes of burnout for cases found in the workplace: too much work, a lack of personal freedom, too few rewards, unfairness, conflicting values and the breakdown of community. In short, if someone feels exhausted, starts to hate their job and begins to feel less capable at work, they are displaying signs of burnout. This can be damaging to companies on the whole. If too many employees are experiencing burnout, the company's overall production may soon start to fall.

It is thought that newer technology and how it is used have much to do with burnout in the modern age. In the past, workers would awake at sunrise and work until sunset, living in harmony with the natural light of the sun. Nowadays, however, most people wake up with an alarm clock, force their bodies into action, and commute to work on crowded public transportation. Even after a day of computer work, most people stay up late staring at computer screens or portable devices at home. Certain types of light from these devices have been proven to cause trouble with sleep.

In addition to irregular sleep, too much use of social media may actually be another major source of stress. Many people feel pressured to stay up-to-date with the flood of information on social media. They also feel stress due to having to compete with other people's supposed success that they see posted on social networking sites. Some experts believe that these may all be contributing to an increase in cases of burnout in recent times. For people suffering from burnout, a vacation may offer some relief, but a week away from the office may not be enough to cope with the effects of burnout. The key to avoiding burnout may be to maintain a good work-life balance, regularly taking breaks from work.

(34) Burnout

    1 has few or no effects on people who are out of work.

    2 can become a cause of a decline in work efficiency.

    3 only happens to people who have problems at home.

    4 can be avoided by devoting oneself completely to work.

(35) What is one way some people show signs of burnout?

    1 They treat their coworkers in an unfair way.

    2 They have too much to do at work almost every day.

    3 They begin to feel they are not cut out for the job.

    4 They see other employees as not being rewarded enough.

(36) Why are cases of burnout becoming more common in modern times?

    1 Technology has changed the way we work in the present day.

    2 Most workers are forced to work extremely long hours.

    3 The light from computer screens is brighter than sunlight.

    4 Some forms of public transportation are available even after midnight.

(37) How can burnout be effectively managed?

    1 By communicating more with others through social media sites.

    2 By adjusting balance between work and private life.

    3 By staying up-to-date with the news on the Internet.

    4 By trying to catch up with more successful people.

(38) Which of the following statements is true?

    1 There is little we can do to prevent burnout from happening.

    2 The government and companies can benefit from more cases of burnout.

    3 Light from some portable devices has been shown to help treat burnout.

    4 The use of social media has been linked to an increase in burnout.

4 ライティング

- 以下の **TOPIC** について、あなたの意見とその理由を2つ書きなさい。
- **POINTS** は理由を書く際の参考となる観点を示したものです。ただし、これら以外の観点から理由を書いてもかまいません。
- 語数の目安は80語〜100語です。
- 解答は、解答用紙のB面にあるライティング解答欄に書きなさい。なお、解答欄の外に書かれたものは採点されません。

TOPIC

Some people say that young adults should spend a year abroad before they start working. Do you think this is a good idea?

POINTS
- *Language study*
- *Safety*
- *Cost*

MEMO

Listening Test **B** Track **01~32**

2級リスニングテストについて

❶ このリスニングテストには、**第1部**と**第2部**があります。

★英文はすべて一度しか読まれません。

第1部……対話を聞き、その質問に対して最も適切なものを **1**、**2**、**3**、**4** の
中から一つ選びなさい。

第2部……英文を聞き、その質問に対して最も適切なものを **1**、**2**、**3**、**4** の
中から一つ選びなさい。

❷ *No. 30* のあと、10秒すると試験終了の合図がありますので、筆記用具を置い
てください。

第1部

No. 1　　**1** Offer him extra lessons.
　　　　2 Lend him a book.
　　　　3 Give him the location of a store.
　　　　4 Let him watch TV.

No. 2　　**1** He is much happier now.
　　　　2 He does not get along with his coworkers.
　　　　3 His last job was his favorite.
　　　　4 He is looking for a new job.

No. 3　　**1** Go home for the day.
　　　　2 Take an examination.
　　　　3 Participate in a contest.
　　　　4 Study more at home.

No. 4　　**1** He saw his friend using his dictionary.
　　　　2 He forgot to return something.
　　　　3 His friend refused to help him.
　　　　4 His personal item is missing.

No. 5	**1** She will take a train and a bus.
	2 She will take a taxi.
	3 She will get a ride from a stranger.
	4 She will go on foot.

No. 6	**1** He works at a theater.
	2 He is a skilled singer.
	3 He brings home used clothing.
	4 He plays an instrument.

No. 7	**1** He went to the wrong table.
	2 He left French fries in the kitchen.
	3 He mistook an order.
	4 He forgot a knife and fork.

No. 8	**1** In the lobby.
	2 In the cafeteria.
	3 In a meeting room.
	4 In the man's room.

No. 9	**1** Make some posters.
	2 Go to the park.
	3 Make a post on social media.
	4 Search around her home.

No. 10	**1** It may be in a different room.
	2 It can be read online.
	3 It is not currently available.
	4 It is on the shelf.

No. 11	**1** She could not find her ticket.
	2 She went to purchase something.
	3 There was an accident.
	4 The train was running behind schedule.

Listening Test

No. 12   **1** She saw some flowers in bloom.
        2 She has completed all of her tasks for the week.
        3 She has not gone flower viewing.
        4 She knows of a vacant area.

No. 13   **1** Reschedule a meeting.
        2 Return a package.
        3 Change a shipping plan.
        4 Cancel an order.

No. 14   **1** He wanted to go sightseeing.
        2 He disliked the climate in his town.
        3 He went to meet with family members.
        4 He wanted to experience winter there.

No. 15   **1** Go to a different store.
        2 Make a purchase.
        3 Exchange a product.
        4 Talk to another employee.

第2部

No. 16   **1** The quality of food they received.
        2 The amount of work they had to do.
        3 The low wages they were paid.
        4 The cruel way they were treated.

No. 17   **1** He hopes to work at a restaurant.
        2 He has little free time.
        3 He works in the hospitality industry.
        4 He is a professional critic.

No. 18   **1** By learning his poems by heart.
            2 By looking for his notebook.
            3 By buying a book of poems.
            4 By going for a walk in the park.

No. 19   **1** She contributed to successful space missions.
            2 She created a new kind of computer.
            3 She once went to space.
            4 She became a highly skilled pilot.

No. 20   **1** She likes children.
            2 She can help people.
            3 She can receive many gifts.
            4 She wants to meet new people.

No. 21   **1** On aisle 7.
            2 On aisle 8.
            3 On aisle 11.
            4 On aisle 15.

No. 22   **1** She cannot explore the places she visits.
            2 She gets lost while sightseeing.
            3 She often misses her flights.
            4 She cannot take the classes she likes.

No. 23   **1** To report exceptionally hot weather.
            2 To invite people to a party.
            3 To tell listeners about an event.
            4 To announce the results of a competition.

No. 24   **1** Becoming a tennis coach.
            2 Buying sports equipment.
            3 Playing sports full-time.
            4 Entering a competition.

Listening Test

No. 25   **1** It was built by Europeans.
        2 It was abandoned around the 11th century.
        3 It was a poor city.
        4 It had large buildings.

No. 26   **1** The trains are no longer crowded.
        2 Her company changed a policy.
        3 She got a new job.
        4 She works fewer days now.

No. 27   **1** At the office or workplace.
        2 Only in the Netherlands.
        3 Inside one's own home.
        4 In places with a lot of greenery.

No. 28   **1** He did not know how to record videos.
        2 He developed an unhealthy habit.
        3 He did not have many followers.
        4 He came down with a serious illness.

No. 29   **1** Passengers will head to the boarding gate.
        2 Passengers will get on the aircraft.
        3 The plane will arrive at O'Hare Airport.
        4 The plane will depart for San Francisco.

No. 30   **1** She visited her family members.
        2 She went to another country.
        3 She began studying architecture.
        4 She started learning a language.

DAY 1
DAY 2
DAY 3
DAY 4
DAY 5
DAY 6
DAY 7

《二次試験 面接》対策
合格への攻略ポイント

一次試験に合格すると、二次試験が待っています。《面接》と聞くと、なにやら緊張してしまいますが、難しく考える必要はありません。

時間はわずか7分程度。ゆっくりとした英語でのやりとりですし、どのように応答すればよいのか、「型」がある程度決まっています。

面接室への入室から、退出まで、実際の問題を解きながら、シミュレートしてみましょう。

《面接試験》の特徴を知ろう！

一次試験に合格すると、受験日の4週間後に面接形式のスピーキングテストがあります。これは、面接委員と1対1で英語のみで行われ、問題カードの音読、Q & A、アティチュード（態度）が評価されます。

●基本データ

問題数	音読＋4問［No. 1〜No. 4］
試験時間	約7分
合格ライン	20点／33点中

試験当日持ち物リスト

☐ **二次受験票**‥‥二次受験票（顔写真貼付）
☐ **本人確認票、または身分証明書**‥‥身分証明書は学生証、生徒手帳、運転免許証、パスポートなど。
☐ **筆記用具**‥‥‥鉛筆と消しゴム
☐ **スリッパ**‥‥‥建物内はスリッパや上ばきに履き替えなければいけないこともある。

■ 試験会場に到着→面接室に入るまで

場　所	すること
会場受付で	二次受験票と本人確認票、もしくは身分証明書を提示する。電源を切った携帯電話を携帯電話収納ケースに入れ、これを首からかける。

↓

控え室で	面接カードの受験者記入欄に受験番号や氏名を記入・マークする。英検二次試験受験者心得にも目を通しておく。面接室へは、面接カード、受験票、自分の荷物を持って移動する。

↓

面接室の前で	面接室担当の係員に受験票と面接カードを提出する。自分の面接の順番が来るまで、係員の指示に従い、面接室の前で待機する。

■ 面接シミュレーション

(1)　面接室に入る

面接委員に面接カードを渡すのを忘れないでください。では、どうぞ。

❶ 係員から面接室に入るように指示を受ける。

受：May I come in?
面：Sure.

❷ 面接室のドアをノックし、中に入る。

やりとりの訳 ・・

② 受：部屋に入ってもいいですか。
　　面：ええ、いいですよ。

※フキダシ内の受は受験者、面は面接委員を表します。

(2) カードを渡して着席

受：Hello.
面：Hello. Can I have your card, please?
受：Yes. Here you are.
面：Thank you.

❸ 面接委員に面接カードを渡す。

面：Please have a seat.
受：Thank you.

❹ 座るよう指示が出されたら、着席する。荷物は自分の脇に置く。

やりとりの訳

③ 受：こんにちは。
　 面：こんにちは。面接カードをいただけますか。
　 受：はい。どうぞ。
　 面：ありがとう。
④ 面：どうぞ座ってください。
　 受：ありがとうございます。

(3)　氏名、受験級の確認とあいさつ

B Track 35

❺ 面接委員が受験者の氏名と受験級を確認する。

面 : Good afternoon.
受 : Good afternoon.
面 : My name is Ask Taro. May I have your name, please?
受 : My name is ＿＿＿＿ ＿＿＿＿ .
面 : This is the Grade 2 test. OK?
受 : OK.
面 : How are you today?
受 : I'm fine.
面 : Good.

❻ 英文とイラストが印刷された問題カードを面接委員から受け取る。

面 : OK. Let's start the test. This is your card.
受 : Thank you.

やりとりの訳

⑤ 面：こんにちは。
　 受：こんにちは。
　 面：私の名前はアスク太郎です。あなたのお名前はなんですか。
　 受：------- ------- です。
　 面：これは2級の試験です。だいじょうぶですか。
　 受：ええ。
　 面：きょうは調子はどうですか。
　 受：いいですよ。
　 面：よかったです。
⑥ 面：それではテストを始めましょう。これがあなたの問題カードです。
　 受：ありがとうございます。

(4) 黙読と音読

面：First, please read the passage silently for 20 seconds.
受：All right.

❼ 20秒で問題カードのパッセージを黙読する。

面：Now, please read the passage aloud.
受：OK.

❽ 続いて、面接委員からパッセージを音読するよう指示される。

音読後に、英検2級では No. 1〜4の4つの質問に答えます。質問と解答例は、245 ページからの「実戦練習」で詳しく解説していきます。

やりとりの訳

⑦ 面：最初に、20秒でパッセージを黙読してください。
　 受：わかりました。
⑧ 面：それでは、声に出してパッセージを読んでください
　 受：わかりました。

(5) 試験終了！

Track
B **37**

面：All right. This is the end of the test. Could I have the card back, please?
受：Here you are.

❾ 試験の終了が面接委員から告げられます。問題カードを面接委員に返却しましょう。

面：Thank you. That's all. You may go now.
受：Thank you.
面：Good bye. Have a nice day.
受：You, too. Bye.

❿ あいさつをして退出します。

やりとりの訳 ....

⑨ 面：では、これでテストは終了です。問題カードを返却してくださいますか。
　受：はい、どうぞ。
⑩ 面：ありがとう。これですべて終了です。もう退出して構いません。
　受：ありがとうございました。
　面：さようなら。よい一日を。
　受：よい一日を。さようなら。

アティチュードって何?

二次試験では英語での応答や音読のほかに、**アティチュード（attitude）**が評価されます。アティチュードは「態度、姿勢」という意味を表します。入室時から退出時までの受験者の態度や姿勢がどのように評価されるのかを理解し、高い評価を得られるように準備をしておきましょう。

❗ 受験者の積極性を見ている

面接では、相手（面接委員）とコミュニケーションを取りたいという意志を積極的に態度で示すことが必要です。質問に対する答えの内容も大事ですが、試験本番では以下のことを実践してみてください。

☐ 相手の目を見ながら、聞いたり話したりしましょう。自信がなさそうに下を向いたり、視線をそらしたりする態度はよくありません。

☐ 短い応答ばかりでは、積極的にコミュニケーションを取りたいという気持ちは伝わりません。とにかく、英語で話したいという気持ちが面接委員に伝わるようにしましょう。

☐ 積極的に会話を楽しんでいるときには自然と笑顔が浮かびます。これもフレンドリーな印象を与え、高評価につながります。

❗ 声の大きさや発音を見ている

コミュニケーションの基本として、発声も重要です。相手が聞きとりやすいように、十分な声の大きさ、はっきりとした発音、正しいアクセントやイントネーション（上がり調子・下がり調子など）に気をつけてください。これは、パッセージ（カードの英文）を音読するときも同じです。

☐ はっきりと大きな声で読む、答えることが大切です。

☐ 音読する際は、速さは二の次でかまいません。ゆっくりでも正確に読むことを心がけましょう。

☐ 本番で失敗しないように、ふだんから音読の練習を積み重ねておきましょう。

❗ スムーズな応答を見ている

コミュニケーション能力は相手とのやりとりがどれだけ自然に、またスムーズにできるかによって評価されます。

☐ 面接委員のあいさつや問いかけに対し、不自然なほど間を置いてはいけません。あいさつや問いかけはある程度形が決まっていますので、239ページからの「面接シミュレーション」で十分に練習しておきましょう。

☐ 質問によっては少し間を置いてもかまいません。実戦練習を通して感覚をつかみましょう。

※   ※   ※

ここまで読んで気づいた人もいるかもしれませんが、何も特別な対策をする必要はありません。相手の言うことをきちんと聞き、自分が言いたいことを誠実に伝えようとすれば、これらは自然に現れます。面接委員とのコミュニケーションを楽しんでくださいね。本番形式に挑戦!

本番形式に挑戦！
実戦練習①

CD 音声は面接委員が問題カードを渡すところから始まります。面接委員の指示・質問に続いて、応答するための時間を設けています（時計の秒針が進む音を小さく入れているので、その間に黙読、音読、応答をしてください）。実際に面接を受けているつもりで質問に答えていきましょう。

B Track **38~43**

2級 (Grade 2)　受験者用問題カードA

Self-driving Cars

Nowadays, many people use cars to get around town. Cars can be quick and convenient, but they can also be very dangerous. There are many car accidents every day. For this reason, some car companies have created cars that can drive themselves. Some people choose to drive such cars, and by doing so they try to avoid causing traffic accidents.

Your story should begin with this sentence:

One day, the Nagamine family were talking about going on a trip.

音読を攻略しよう!

20秒間の黙読を終えると、音読するよう指示が出されましたね。必ずタイトルから読みはじめてください。読めない単語が出てきても無言にならないように。スペルから発音を予想し、最後まで読み進めよう。

音読例

B Track **44**

※強く読む単語を太く示し、休止を置く所にスラッシュを入れています。

Sélf-dríving Cars

Nówadays, / many people use **cars** to get around **town**. / Cars can be **quick** and **convénient**, / but they can also be very **dángerous**. / There are many **cár accidents** / every day. / For this **reason**, / some **cár companies** have created cars / that can **drive themsélves**. / Some people **choose** to drive such cars, / and by doing so / they try to avoid causing **tráffic accidents**.

音読するときのポイント

❗ 強弱をハッキリと

解説　意味的に重要な語は**内容語**と呼ばれ、通常、強く読まれる。それらは品詞で決まっていて、名詞・動詞・形容詞・副詞など。一方、**機能語**と呼ばれる代名詞・助動詞・前置詞・接続詞・関係詞・冠詞は、一般的に強く読まれない。強弱のメリハリが英語らしい発音につながるので、強く意識しよう。

❗ まとまりを意識

解説　意味のまとまりごとに区切って読もう。**ピリオド部分**にはもちろん十分な休止を置く。加えて、**コンマ、節と節の間、文頭の前置詞句**も意味的なまとまりの切れ目なので、短く区切ろう。焦らず、はっきり読むことが大切だ。

❗ 上げ下げのルールを忘れずに

解説　ピリオドで終わる文や疑問詞で始まる疑問文は**下降調**、助動詞や be 動詞で始まる一般疑問文は**上昇調**で読み終えること。Which ... , A or B? のような選択疑問文は A の部分が上昇調、B の部分が下降調となる。

No.1　パッセージの内容に関する質問

ひとつ目は、パッセージの内容を理解できているかを問う質問です。質問の疑問詞を聞き逃さないように。質問が聞き取れなかった場合には、I beg your pardon?（もう一度言っていただけますか）と言えば、同じ質問をくり返してくれることを覚えておこう。

Ⓑ Track **45**

Now, I'll ask you four questions. Number one.

質問

According to the passage, how do some people try to avoid causing traffic accidents?

（本文によれば、一部の人々はどうやって交通事故を起こすことを避けていますか）

解答例

They choose to drive cars that can drive themselves.

（彼らは、自動運転する車を選んで乗っています）

解説 ▶ How ～?（どうやって～）に対して答える頻出パターン。質問と同じ表現が by doing so they try to avoid causing traffic accidents. （そうすることで交通事故を起こすことを避けている）とある。この by doing so が指す内容が答えだと考えられるが、それは直前の choose to drive such cars（そのような車を選んで運転する）という部分。このままでは「どのような車」なのかがわからないので、前の文の cars that can drive themselves（自動運転する車）という部分も参照する必要がある。これらをまとめた、上の解答例が模範解答である。このように、**パッセージの英文に少し手を加えて応答しなければならないことを覚えておこう。**なお、「～することによって」という意味の by *doing* を用いて、By choosing to drive cars that can drive themselves. と答えてもよい。

[パッセージ訳]

自動運転車

最近は、多くの人々が街の中を行き来するのに自動車を使っている。自動車は速く移動できて便利だが、とても危険な場合もある。毎日たくさんの交通事故が起こっている。このため、一部の自動車会社は自動運転する自動車をつくった。一部の人々はそのような車を選んで乗り、そうすることによって交通事故を起こすことを避けている。

No.2 問題カードのイラストの描写

3コマのイラストを英語で描写する問題です。与えられる20秒の間に考えをまとめ、左から順に、各コマを描写していきましょう。

B Track **46**

Number two.

質問

Now, please look at the picture and describe the situation. You have 20 seconds to prepare. Your story should begin with the sentence on the card. <20 seconds> **Please begin.**

（では、絵を見て、状況を説明してください。準備するのに20秒あります。カードに書かれた文で話し始めてください。……では始めてください。）

We should buy a new car.

1コマ目の解答例

One day, the Nagamine family were talking about going on a trip. Mr. Nagamine said to his wife, "We should buy a new car."

（ある日、長峰さん夫妻は旅行に行くことについて話していました。長峰さんは妻に、「新しい車を買うべきだ」と言いました）

解説 〈質問〉で示されているように、描写は問題カードにある**指定のセンテンスから始める**こと。そして、最初のコマには吹き出しにセリフがあるので、それをあとに続けよう。間接話法も可能だが、時制の一致など面倒なので、**直接話法で表現するほうが確実**である。基本は X said to Y, "〜" の形。ここでポイントとなるのは、文脈上 X と Y が誰なのか明らかであれば**代名詞を用いる**こと。本文では、the Nagamine family が1文目にすでにあるので、Mr. Nagamine said to his wife として、"〜" には、吹き出しの英文をそのまま続けている。時制については、**過去時制**（過去形／過去進行形）を用いて描写するのが基本であることも覚えておこう。

2コマ目の解答例

The next day at a car shop, Mr. Nagamine was looking at the cars, while Mrs. Nagamine was talking to the salesperson.

（翌日、自動車販売店で、長峰さんは車を見ていました。その一方で、長峰夫人は販売員と話していました）

解説 コマとコマの間にある、**場面の変化を示す語句**で描写を始めよう。ここでは **The next day at a car shop** からスタート。このコマでは「車を見ている長峰さん」と「販売員と話している長峰夫人」が描かれているので、どちらも確実に英語で表現しよう。イラストには複数の車が展示されているので、解答例の Mr. Nagamine was looking at the cars. のように複数形にする。また、「販売員」は the salesperson だが、どうしてもこの単語が思いつかなかったら、多少の減点はあるかもしれないが、someone「誰か」を使ってしのぐこともできる。大事なのは、**イラストに描かれた2つのポイントを必ず説明する**ことである。なお、場面が変わっているので、登場人物については、he / she ではなく Mr. Nagamine / Mrs. Nagamine を用いる。

3コマ目の解答例

A week later, Mr. and Mrs. Nagamine were putting their bags in their new car. Mr. Nagamine was thinking of camping by a river.

（1週間後、長峰夫妻は、新しく買った車に荷物を積んでいました。長峰さんは、川のそばでキャンプをすることを考えていました）

解説 まず、**場面の移り変わりを示す A week later** から始める。イラストには、長峰夫妻が車に荷物を積み込んでいる様子が示されている。単に their car や the car を用いてもいいが、直前のコマからの類推で「買ったばかりの車」と考えられるので、their new car と表現するのが最適。そして、長峰さんの考えていることが吹き出しに示されている。「川沿いでキャンプをすること」を**考えている**ので、解答例のように think of を使って表現するといいだろう。吹き出しには必ず言及することを心がけたい。なお、ここまで見てきたように、**各コマの描写は2〜3文で十分である**ことを覚えておこう。

No.3 問題カードの英文に関連した一般的な質問

ここからはカードをふせて面接が行われます。パッセージやイラストと直接的な関係はないが、関連性のあるテーマについて、自分の意見を述べなければいけません。賛成か反対の立場を明確に答えるようにしましょう。

Track
47~48

Now, Mr. / Ms. -------, please turn over the card and put it down. Number three.

質問

Some people say that there should be an upper age limit for driving. What do you think about that?

（運転可能な年齢の上限を設けるべきだという人たちがいます。あなたはそれについてどう思いますか）

同意する場合

解答例

I agree. I think that it is dangerous for elderly people to drive. Their eyesight may be poor and they may be slow to react to possible dangers.

（私も同じ意見です。高齢者が運転するのは危険です。彼らの視力は弱っている可能性がありますし、起こりうる危険に対する反応が鈍いかもしれません）

同意しない場合

解答例

I disagree. I don't think it is fair to limit what people can do based on their age. Some elderly people are still able to do many things on their own with no problem.

（私の意見は違います。人々が何をできるかを、年齢に基づいて制限するというのは不公平です。高齢者の中には、まだ自分たちだけで多くのことを問題なくこなせる人だっています）

解答例のように、最初に **I agree.** か **I disagree.** で賛成か反対の立場をはっきりさせ、その理由を**2～3のセンテンス**で説明するのが答えやすい。必ず**複数の理由（ポイント）**を示そう。自分の考えにこだわりすぎて、複雑な内容にしてしまわないように注意しよう。面接時は緊張していて、ふだんのように頭が回らないことも多い。「よくある話」でもまったくかまわないので、できるだけ**シンプルな展開**にするのが望ましく、無理に長い文章をつくろうとする必要はまったくない。なお、解答例のほかにも、以下のような理由説明が考えられる。

〈同意する場合〉

Driving can be too tiring for some elderly people. When they are tired, they may lose focus and end up driving dangerously.
（一部の高齢者にとっては、運転は過度な疲労を伴います。疲れていると、集中力が失われて危険な運転をしてしまうことになります）

〈同意しない場合〉

Elderly people generally have weaker physical strength than younger people, so it's harder for them to walk or ride bikes. They need to be able to drive to wherever they want to go.
（一般に、高齢者は若者よりも体力が弱いため、歩いたり自転車に乗ったりするのがより困難です。彼らは、自分の行きたいところへどこでも車で移動できないと困るのです）

No.4 一般的な質問

最後は、これまでとはまったく関係のないテーマについての質問です。No. 3同様、質問に対する自分の立場、考えをはっきりと答えましょう。

Number four.

Track
B 49~50

質問

These days, many people buy and sell used goods through Internet auction sites. Do you think more people will use such sites?

(このごろでは、多くの人がインターネットのオークションサイトでものを買ったり売ったりしています。あなたはそのようなサイトを使う人が増えると思いますか)

Yes の場合

解答例

Yes. ⇒ Why?

For some people, having to talk face-to-face with others about prices can be stressful. Also, you can check out a variety of items from many different sellers at the same time.

(一部の人々にとって、他の人と金額について面と向かって話し合うことはストレスになりかねません。また、さまざまな出品者のいろいろな商品を同時に比較することができます)

No の場合

解答例

No. ⇒ Why not?

When buying things through Internet auction sites, only limited information of the product is available. So, I think people will choose to buy things at physical stores.

(インターネットのオークションサイトを用いてものを買う際には、その商品に関して限られた情報しか入手できません。そのため、人々は実店舗で買うことを選ぶようになると思います)

Do you ～? で質問されるので、まず **Yes** か **No** で立場を明確にする。すると、Why? や Why not?、Please tell me more. と理由を尋ねられるので、**2〜3センテンス**で答えよう。No. 3と同様に、理由（ポイント）は必ず2つ以上含めるようにしたい。また、あまり難しく考えすぎて、答えに詰まるような状態は避けたい。「一般論」でかまわないので、**スムーズに応答**できるように心がけよう。解答例のほかには、次のような理由説明も考えられる。

〈Yes の場合〉

Comparing products on such sites can help people find the cheapest prices. It can also help people save money by reducing traveling costs.
（そのようなサイトで賞品を比較することで、最も安い値段のものが見つかります。また、交通費が減るので、お金の節約にもなります）

〈No の場合〉

I think many people prefer to see and touch the products they want to buy before making a purchase. That way, they can make sure that it is in good condition.
（多くの人々は、商品を購入する前に、その商品を見たり触ったりすることを好みます。そうすることで、商品がよい状態にあるかどうかを確かめられます）

本番形式に挑戦！
実戦練習②

CD音声は面接委員が問題カードを渡すところから始まります。面接委員の指示・質問に続いて、応答するための時間を設けています（時計の秒針が進む音を小さく入れているので、その間に黙読、音読、応答をしてください）。実際に面接を受けているつもりで質問に答えていきましょう。

B Track **51~56**

2級 (Grade 2)　受験者用問題カードB

Japanese Pop Culture

Japanese pop culture is becoming more and more popular around the world. For example, Japanese anime and manga are gaining popularity among young people in many countries. Some people use such anime and manga as study materials. In this way, they study the Japanese language in an enjoyable way. For this reason, many people are more interested in traveling to Japan.

Your story should begin with this sentence:

One day, Makoto and his mother were cleaning the living room.

音読を攻略しよう！

20秒間の黙読を終えると、音読するよう指示が出されましたね。必ずタイトルから読みはじめてください。読めない単語が出てきても無言にならないように。スペルから発音を予想し、最後まで読み進めよう。

音読例

※強く読む単語を太く示し、休止を置く所にスラッシュを入れています。

Track
B 57

Japanese Pop Culture

Japanese **pop** culture / is becóming more and more **pópular** / around the **world**. / For **example**, / Japanese **anime** and **manga** / are gaining **populárity** / among **young** people / in many countries. / Some people use such **anime** and **manga** / as **study matérials**. / In this way, / they **study** the **Japanese language** / in an **enjóyable** way. / For this reason, / many people are more **ínterested** / in tráveling to **Japan**.

音読するときのポイント

❗ 強弱をハッキリと

解説 意味的に重要な語は**内容語**と呼ばれ、通常、強く読まれる。それらは品詞で決まっていて、名詞・動詞・形容詞・副詞など。一方、**機能語**と呼ばれる代名詞・助動詞・前置詞・接続詞・関係詞・冠詞は、一般的に強く読まれない。強弱のメリハリが英語らしい発音につながるので、強く意識しよう。

❗ まとまりを意識

解説 意味のまとまりごとに区切って読もう。**ピリオド部分**にはもちろん十分な休止を置く。加えて、**コンマ、節と節の間、文頭の前置詞句**も意味的なまとまりの切れ目なので、短く区切ろう。焦らず、はっきり読むことが大切だ。

❗ 上げ下げのルールを忘れずに

解説 ピリオドで終わる文や疑問詞で始まる疑問文は**下降調**、助動詞や be 動詞で始まる一般疑問文は**上昇調**で読み終えること。Which ... , A or B? のような選択疑問文は A の部分が上昇調、B の部分が下降調となる。

No.1 パッセージの内容に関する質問

ひとつ目は、パッセージの内容を理解できているかを問う質問です。質問の疑問詞を聞き逃さないように。質問が聞き取れなかった場合には、I beg your pardon?（もう一度言っていただけますか）と言えば、同じ質問をくり返してくれることを覚えておこう。

B Track **58**

Now, I'll ask you four questions. Number one.

質問

According to the passage, how do some people study the Japanese language?

（本文によれば、一部の人々はどうやって日本語を勉強していますか）

解答例

By using Japanese anime and manga as study materials.

（日本のアニメやマンガを学習素材として用いることによって）

解説 　2級の No. 1は、このように **How ～? で始まる質問**が問われるのが基本（Why ～? で問われることもある）。質問と同じ表現は Some people use such anime and manga as study materials.（一部の人々は、そのようなアニメや漫画を学習素材として用いている）で用いられている。しかし、このままでは「どのようなアニメやマンガ」なのかがわからないので、前の文の Japanese anime and manga（日本のアニメやマンガ）という部分を参照し、これらをまとめた They use Japanese anime and manga as study materials. あるいは By using Japanese anime and manga as study materials. が正解となる。such や this などの代名詞を「そのまま」使うのではなく、**それらが指している内容に置き換えて解答**しなければ合格点をとることはできないので、必ず前の部分も参照するようにしよう。

[パッセージ訳]

日本のポップカルチャー

日本のポップカルチャーは世界中でますます人気を集めている。例えば、日本のアニメとマンガや、多くの国の若者の間で人気を増している。一部の人々は、そのようなアニメや漫画を学習素材として用いている。そうすることによって、彼らは楽しく日本語を勉強しているのだ。このような理由から、多くの人々は日本への旅行にますます興味を持ちつつある。

No.2 問題カードのイラストの描写

3コマのイラストを英語で描写する問題です。与えられる20秒の間に考えをまとめ、左から順に、各コマを描写していきましょう。

Number 2.

B Track **59**

質問

Now, please look at the picture and describe the situation. You have 20 seconds to prepare. Your story should begin with the sentence on the card. <20 seconds> **Please begin.**

（では、絵を見て、状況を説明してください。準備するのに20秒あります。カードに書かれた文で話し始めてください。……では始めてください。）

We need a new bookshelf.

1コマ目の解答例

One day, Makoto and his mother were cleaning the living room. Makoto said to his mother, "We need a new bookshelf."

（ある日、誠と彼の母親は居間の掃除をしていました。誠は彼の母親に、「新しい本棚が必要だよ」と言いました）

解説 まずは、〈質問〉で指示されているように、問題カードに書かれている指定のセンテンスから始める。それに続いて、**最初のコマにある吹き出しのセリフを描写する**。ここでは「誠が母親に話しかけている」ので、Makoto said to his mother, "We need a new bookshelf."（誠は彼の母親に、「新しい本棚が必要だよ」と言いました）となる。Makoto said to his mother that they needed a new bookshelf. のように言うこともできるが、時制や代名詞を考えなければならなくなるので、シンプルな**直接話法**を用いたほうがいいだろう。

2コマ目の解答例

That weekend, they were at a furniture store. Makoto was sitting in a sofa. His mother was choosing which bookshelf to buy.

(その週末、彼らは家具店にいました。誠はソファーに座っていました。彼の母親は、どの本棚を買うかを選んでいました)

解説 コマとコマの間にある英語表現は、必ず説明に取り入れよう。イラストには「ふたりが家具店にいる様子」が描かれている。Makoto and his mother ... という形にしても誤りではないが、they を用いて、ふたりを「まとめて」示すのが自然。このコマの描写は、まず That weekend, they were at a furniture store. となる。次に、「ソファーに座っている誠」を Makoto was sitting in[on] a sofa. と描写する。イラストでは、「両手にひとつずつ何かを持って悩んでいる様子」などが描かれていることがあるが、この場合は、choose という動詞を使うと自然な英文を構築できる。ここでは、彼の母親が「どの本棚を買うかを選んでいる」様子が描かれている。これも choose を使えば、His mother was choosing which bookshelf to buy. という自然な形で描写することができるだろう。

3コマ目の解答例

One week later, Makoto was carrying some comic books. His mother was looking at the new bookshelf and thinking to herself, "I should have bought a larger bookshelf."

(1週間後、誠はマンガの本を運んでいました。彼の母親は新しい本棚を見ながら「もっと大きい本棚を買えばよかった」と思っていました)

解説 さらに場面が変わっているので、コマとコマの間にある **One week later** から説明を始める。まず「マコトがマンガの本を運んでいる様子」が描かれているので、One week later, Makoto was carrying some comic books. となる。そして、彼の母親に注目すると、吹き出しの中に「もっと大きな本棚を買えばよかった」と思っている様子が描かれている。この「～すればよかった」は、〈**should have 過去分詞**〉というパターンを使うことで表現できるので、His mother thought, "I should have bought a larger bookshelf." のように言えればパーフェクトだ。なお、模範解答例では「新しい本棚を見ながら」という描写も取り入れて、His mother <u>was looking at the new bookshelf</u> and thinking to herself, "I should have bought a larger bookshelf." という例文を示してある。

No.3 問題カードの英文に関連した一般的な質問

ここからはカードをふせて面接が行われます。パッセージやイラストと直接的な関係はないが、関連性のあるテーマについて、自分の意見を述べなければいけません。賛成か反対の立場を明確に答えるようにしましょう。

Track
60~61

Now, Mr. / Ms. -------, please turn over the card and put it down. Number three.

質問

Some people say that spending too much time on reading comic books is bad for children. What do you think about that?

（マンガを読むのに過度な時間を費やすことは、子供にとってよくないという人たちがいます。あなたはそれについてどう思いますか）

同意する場合

解答例

I agree. Some comic books feature extremely violent stories. Children might be influenced by such comic books and start behaving badly.

（私も同じ意見です。一部のマンガは、ストーリーが極度に暴力的です。子供は、そのようなマンガの影響を受けて、素行が悪くなってしまうかもしれません）

同意しない場合

解答例

I disagree. Comic books help children develop reading skills. They are ideal for children who have just begun reading by themselves.

（私の意見は違います。マンガは、子供の読む能力の発達に役立ちます。マンガは、自分だけで読むことを始めたばかりの子供にとって理想的です）

最初に **I agree.** か **I disagree.** で賛成か反対の立場をはっきりさせた上で、必ず**複数の理由（ポイント）**を示そう。どうしても立場をしっかり決められない場合は、例えば It depends.（場合によります）などと言うことも不可能ではないが、できるだけシンプルな展開を目指したほうがいいだろう。ポイントを追加する場合、For example, ...（例えば…）などを用いて「例」をあげることも有効だが、2級の場合、**「自分の話（個人的な話）」**だけをするのは **NG**。必ず、**客観的な立場で論じる**ようにしよう。

〈同意する場合〉
Reading too many comic books can be dangerous for children because they might try to do things like jump off of a building or get into fights. Also, they need to rest their eyes so they don't get bad vision.
（マンガをたくさん読みすぎることは子供によって危険である可能性があります。それは、彼らがビルから飛び降りたり、ケンカをしたりしかねないからです。また、目が悪くならないように、彼らは目を休める必要もあります）

〈同意しない場合〉
Reading comic books is a great way for children to learn new things. There are many educational comic books for children and even some for adults.
（マンガを読むことは、子供が新しいことを学ぶのに最適な方法のひとつです。子供だけでなく、大人にさえ役立つ教育的なマンガがたくさんあります）

No.4 一般的な質問

最後は、これまでとはまったく関係のないテーマについての質問です。No. 3同様、質問に対する自分の立場、考えをはっきりと答えましょう。

Number four.

B Track **62~63**

質問

It is often said that in Japan, music from Western cultures is not as popular as it once was. Do you think overseas music will become popular again in Japan in the future?

（日本では、西洋文化の音楽が、かつてほどは人気を集めていないとしばしば言われます。あなたは、将来、海外の音楽が日本で再び人気を取り戻すと思いますか）

Yes の場合

解答例

I believe that Japan will continue to accept western cultures more and more in the future. Online services make it easier than ever to access overseas media, so more people will be able to enjoy music from other countries.

（私は将来、日本はさらに西洋文化を受け入れていくと思います。オンラインのサービスによって、海外のメディアがますます利用しやすくなっていますので、より多くの人々が他国の音楽を楽しめるようになるでしょう）

No の場合

解答例

It seems that many people are now more interested in hearing music from domestic artists. In fact, I think that Japanese music is even starting to become more popular abroad.

（多くの人々が、国内のアーティストの音楽を聴くことに興味があるようです。それどころか、日本の音楽は、今でも海外でさらに人気を集め始めていると思います）

解説 Do you ～? と聞かれているので、まずは Yes あるいは No で答えて、自分の立場をしっかり示そう。そして、**その理由（ポイント）を必ず複数示さなければパーフェクトな点をもらうことはできない**。どうしてもすぐに思いつかない場合は、例えば、Yes, I think overseas music will become popular again in Japan in the future.（はい。私は、将来、海外の音楽が日本で再び人気を取り戻すと思います）のように、質問を「そのまま」繰り返して時間を稼ぐこともできるが、これでは「ポイント」を示しているとは言えないので、必ずその後に理由を複数提示すること。

〈同意する場合〉
Many people use the lyrics from overseas music to study foreign languages. As the number of such people increases, overseas music will become popular again.
（多くの人々が、海外の音楽の歌詞を使って外国語の勉強をします。そのような人々の数が増えれば、海外の音楽に再び人気が出るでしょう）

〈同意しない場合〉
More and more people, especially young ones, are now losing interest in music. I'm afraid music itself will start to lose popularity pretty soon.
（若い人を中心に、音楽への興味を失いつつある人が増えています。残念ながら、音楽自体が、そのうち人気を失ってしまうでしょう）

●三屋 仁

著述業。英検やTOEIC® TEST などを題材とした実用英語に関する著作を多く手がける。学校英語と実用英語の橋渡しをすることを一貫したテーマにしている。TOEIC® TEST の学習用コンテンツやリメディアル教材を大学に提供もしている。著書に、『例文でまるごと覚える　23日完成　合格できる単熟語　英検準2級』（共著、小社刊）などがある。

●菅原 由加里

英語学習全般を扱うフリーライター。大学受験用全国模試英語問題の作成、英語の資格試験関連教材・学校英語教材・英語辞書の執筆などを手がける。ほかに、著者に、『英語長文シリーズ　SWITCH』（文英堂）などがある。

【全面改訂版】「図解」でわかる!
はじめての英検2級　総合対策

2021年6月25日　第1刷発行

著　者	三屋 仁
	菅原 由加里
発行者	天谷 修身
発　行	株式会社 アスク出版
	〒162-8558
	東京都新宿区下宮比町2-6
	TEL：03-3267-6864
	FAX：03-3267-6867
	URL：http://www.ask-digital.co.jp/
装　幀	宮間 清美
本文デザイン／DTP	株式会社 創樹
印刷・製本	大日本印刷株式株式会社

ISBN 978-4-86639-401-5　　　　　　　　Printed in Japan
乱丁、落丁、CD に不具合が発生した場合はお取り替えいたします。弊社カスタマーサービス（電話：03-3267-6500　受付時間：土日祝祭日を除く平日10:00～12:00／13:00～17:00）までご相談ください。

はじめての

英検®
文部科学省後援

2級

総合対策

別冊 解答・解説

正解一覧

模擬試験の正解リストです。答え合わせにご利用ください。

●正解数

筆　記			リスニング		合　計
大問1	大問2	大問3	第1部	第2部	
/20問	/6問	/12問	/15問	/15問	/68問

※目標点：40問正解

●筆記

大問1

解　答　欄		
問題番号	1　2　3　4	
(1)	2	
(2)	3	
(3)	4	
(4)	1	
(5)	2	
(6)	3	
(7)	1	
(8)	4	
(9)	1	
(10)	4	
(11)	2	
(12)	1	
(13)	2	
(14)	4	
(15)	1	
(16)	1	
(17)	2	
(18)	1	
(19)	3	
(20)	1	

（大問1 全体＝1）

大問2

解　答　欄		
問題番号	1　2　3　4	
A (21)	4	
A (22)	2	
A (23)	4	
B (24)	1	
B (25)	3	
B (26)	4	

（大問2 全体＝2）

大問3

解　答　欄

問題番号			1	2	3	4
3	A	(27)	①	❷	③	④
		(28)	❶	②	③	④
		(29)	①	❷	③	④
	B	(30)	①	②	③	❹
		(31)	①	②	③	❹
		(32)	①	❷	③	④
		(33)	①	❷	③	④
	C	(34)	①	❷	③	④
		(35)	①	②	❸	④
		(36)	❶	②	③	④
		(37)	①	❷	③	④
		(38)	①	②	③	❹

●リスニング

第1部／第2部

リスニング解答欄

問題番号		1	2	3	4
第1部	No. 1	①	②	❸	④
	No. 2	❶	②	③	④
	No. 3	①	❷	③	④
	No. 4	①	②	③	❹
	No. 5	❶	②	③	④
	No. 6	❶	②	③	④
	No. 7	①	②	❸	④
	No. 8	①	②	③	❹
	No. 9	①	❷	③	④
	No.10	❶	②	③	④
	No.11	①	②	③	❹
	No.12	①	②	❸	④
	No.13	①	②	❸	④
	No.14	①	❷	③	④
	No.15	①	②	③	❹
第2部	No.16	❶	②	③	④
	No.17	①	②	❸	④
	No.18	❶	②	③	④
	No.19	❶	②	③	④
	No.20	①	❷	③	④
	No.21	①	②	❸	④
	No.22	❶	②	③	④
	No.23	①	②	❸	④
	No.24	①	②	❸	④
	No.25	①	②	③	❹
	No.26	①	❷	③	④
	No.27	①	②	③	❹
	No.28	①	❷	③	④
	No.29	①	②	③	❹
	No.30	①	②	③	❹

(1) フィリップは、暑い日差しの中、屋外で一日中働いて**疲れ切って**いたので、夕食の後、すぐに床に就いた。

正解 **2**

1 amused（面白がって） 　 **2 exhausted（疲れ切った）**
3 related（関連した、親類の） 　 **4** devoted（献身的な）

解説　文脈に合う形容詞を選ぶ問題。after 以下は「1日中外で働いた」「夕食の後、すぐに寝た」という内容になっているので、空所には**「疲れて」**という意味の形容詞が入るとわかる。よって、正解は **exhausted** である。

> 空所だけを見ても解けない問題の典型的な例ですね。文脈を正しく捉えて、どのような表現を空所に入れるべきかを考えましょう！

(2) 試合に来てくれる人々の数が**減り続けて**いるので、そのチームはもっとファンを呼び込もうとしている。

正解 **3**

1 migrating（移住して） 　 **2** wounding（傷つけて）
3 decreasing（減少して） 　 **4** circulating（循環して、広まって）

解説　so は「だから」「そのため」という意味なので、so の前には**「理由」**が示されている。so 以下の「そのチームはもっとファンを集めようとしている」という内容が「理由」になるようにするには、空所に **decreasing** を入れて、「試合に来る人の数が減り続けているので」とするのが最も適切である。

> the number of 〜「〜の数」という表現は、この問題のように decrease「〜が減る」や increase「〜が増える」という動詞とともに用いられることがよくあります。

(3) 当初、メリッサは1年間だけ海外に住む**つもりだった**。しかし、それがとても楽しかったので、彼女はもう1年滞在した。

正解 **4**

1 faded（衰えた） 　 **2** imitated（〜を模倣した）
3 concentrated（集中した） 　 **4 intended（〜を意図していた）**

解説　空所の後が to 不定詞になっているので、to 不定詞を目的語にとれる動詞を選ぼう。fade や imitate は、通常 to 不定詞を目的語にはとれない。concentrate は、〈concentrate on ＋動名詞〉という形で動名詞を目的語にとる。**intend** は「〜することを意図している」「〜するつもりである」という意味で to 不定詞を目的語にとることができる。

(4) 現在、気温はとても低いが、天気予報によると、数日後にはもっと暖かくなる **正解** ということだ。 **1**

1 currently（現在は）　　　　　　　**2** instantly（すぐに、即座に）
3 permanently（永久に）　　　　　**4** eventually（結局は）

解説 適切な副詞を選ぶ問題。空所の部分を無視して読むと「気温はとても低いが、数日後には暖かくなる」という内容なので、「**一時的に気温が低い**」という内容だと見当がつく。選択肢中の currently は「現在は」という意味だが、「**現在は〜だが…**」というパターンで使われることが多いので、これが正解である。

> weather report[forecast]「天気予報」という表現は、問題文中の the weather report says ... というパターンの他、according to the weather report「天気予報によると」という表現で用いられるのが定番です。

(5) その事故を起こした男性は安全に運転していたと言った。しかし、複数の**目撃** **正解** 者がおり、彼らは彼が信号無視をするのを見たと証言した。 **2**

1 empires（帝国）　　　　　　　　**2** witnesses（目撃者）
3 fragments（断片）　　　　　　　**4** definitions（定義）

解説 they said や they had seen という表現から、空所には「人」が入ることがわかる。選択肢中では witness のみが「人」（目撃者）を表す名詞であり、「交通事故」という文脈にもぴったり合うことがわかる。

> witness「目撃者」「証人」という意味ですが、He witnessed a robbery.「彼は強盗事件を目撃した」のように他動詞の用法もあります。

覚えておこう！ ●●●●●●●●●●●●●●●●●●●●●●●●●●●●●●●●●●●●●●●

(1) □ outdoors 屋外で
(2) □ attract 〜を引きつける
(3) □ extra 余分な、追加の
(4) □ in a few days 数日後に
(5) □ drive safely 安全運転する　　□ go through a red light 信号無視をする

(6) マーシャは、彼女の新しいドレスに対して、多くの**ほめ言葉**をもらった。彼女
の友達はみんな、ドレスの色が彼女にすごく似合っていると言った。

1 promotions（昇進、促進）　　**2** landscapes（風景）
3 compliments（ほめ言葉、称賛）　**4** faculties（能力、学部、教授陣）

解説 第2文の「友だちに、ドレスが似合っているとほめられた」という内容がヒントにな
る。「ドレスについて、ほめ言葉をたくさんもらった」ということなので、**compliments**
が正解。このように、「〜についてのほめ言葉」は compliments on 〜 と表現する。

> 選択肢にある faculty は多義語で、「能力」以外にも「教授陣」などの意味がありま
> す。faculty meeting は「教授会」、faculty member は「大学の教職員」のことを
> 指します。英検の大問1の学習をするときには、正解以外の選択肢の用法についても
> 自分で掘り下げてみると、語い力を大幅にアップすることができますよ！

(7) ハワイは世界で最も人気のある観光**目的地**のひとつだ。ハワイにある美しい自
然、気さくな人々、暖かい天候のために、何百万もの人々がそこを訪れている。

1 destinations（目的地）　　**2** tendencies（傾向）
3 suspicions（疑い）　　　　**4** remainders（残り、余り）

解説 tourist と組み合わせて使える名詞を選ぶ問題。**destination** は「**行き先**」「**目的地**」と
いう意味で、tourist と組み合わせた tourist destination「観光目的地」という表現でよ
く使われる。

> 「観光」に関する文は大問1だけでなく、長文問題でも時折出題されています。tourist
> destination「観光目的地」以外にも、tourist attraction「観光名所」/ historic
> site「名所旧跡」/ landmark「歴史的建造物」など、関連表現をぜひ覚えておきま
> しょう。

(8) 何時間も警察によって尋問を受けた後で、その犯罪者はついに**罪を認め**、金の
隠し場所を教えた。

1 proposed（〜を提案した）　　**2** stimulated（〜を刺激した）
3 immigrated（移住した）　　　**4** confessed（不利な事実を認めた）

解説 適切な動詞を選ぶ問題。「警察の尋問を長時間受けた犯罪者がついに何をしたか」を
考えると、「罪を白状した」という意味の動詞が適切であるとわかるはず。選択肢の
confess は「不利な事実を認める」という意味で文脈に合致するため、これが正解で
ある。なお、confess には confess *one's* crime「犯罪を自白する」のように他動詞用法
もある。

(9) ピーターは、銀行まで、彼の80歳の母親に**付き添う**べきだと判断した。というのも、彼女は耳が悪く、しばしばまごついてしまうからだ。

1 accompany（〜に同行する）　**2** tolerate（〜に耐える）
3 inspire（〜に着想を与える）　**4** consume（〜を消費する）

解説 前に助動詞（should）があり、後には his 80-year-old mother という名詞があることから、空所には**他動詞**が入ることがわかる。「80歳の母親に対して、銀行までどうすべきなのか」と考えると、「一緒についていく」という意味の動詞が必要なので、**accompany** が正解。

accompany は「同行する」という意味ですが、「人」以外に対して用いる場合は、This study book is accompanied by two CDs.（この参考書には CD が2枚付属しています）のように「〜を…に添付する」という意味で使うこともあります。他には、He accompanied the singer on violin.（彼はその歌手にバイオリンで伴奏しました）のように、「〜の伴奏をする」という意味もあります。

(10) 何年もの間、ジャネットはデスクトップパソコンしか持っていなかった。しかし、彼女は何か**持ち運べる**ものが欲しかったので、最近タブレット型パソコンを買った。

1 enthusiastic（熱心な）　**2** accidental（偶然の）
3 occupied（占領された）　**4** portable（携帯用の）

解説 適切な形容詞を選択する問題。後ろに so があるので、空所には「タブレット型パソコンを買った理由」が示されている。「デスクトップパソコン」と「タブレット型パソコン」の違いは「持ち運べるかどうか」なので、**portable** が正解である。

〈something＋形容詞〉で「何か〜なもの」という意味になります。anything や nothing も、I didn't find anything good at the flea market.（フリーマーケットでは、何もいいものが見つかりませんでした）や Nothing great was ever achieved without enthusiasm.（熱意なしに偉大なことがなされたことなどない［哲学者ラルフ・ワルド・エマーソンの言葉］）などのように同様の語順になります。

覚えておこう！

(6) □look good on 〜 〜に似合う
(7) □friendly 人なつっこい、フレンドリーな
(8) □question 〜を尋問する　□criminal 犯罪者
(9) □get confused 当惑する、錯乱する
(10) □desktop computer デスクトップパソコン　□tablet タブレット型パソコン

(11)

A: お父さん、宿題を手伝ってくれない?

B: 悪いけど、**今は**ちょっと忙しいんだ。あと20分ぐらい経ったら、手伝える はずだよ。

正解 **2**

1 out of touch（連絡を取らないで）

2 at the moment（今のところ）

3 along the way（これまでに、道中で）

4 for a living（生活のために）

解説 選択肢の熟語はいずれもよく使われるものばかりなので、すべて覚えておきたい。「**今は忙しいけど、20分後なら手伝える**」という内容にすると最も自然なので、**at the moment** が正解である。

---

(12) グレンは、いつも他の人のこと**を**とても**気づかって**いる。例えば、常に彼はお年寄りのためにドアを押さえてあげるようにしている。

正解 **1**

1 of（〜のことを）   2 by（〜によって）

3 in（〜の中に）   4 at（〜で）

解説 正しい前置詞を選ぶ問題。considerate と組み合わせて熟語をつくれる前置詞は **of** のみで、*be* considerate of 〜で「〜のことを気づかう」という意味になる。なお、of の代わりに to を用いることもできる。

> hold doors open for 〜は「自分の次の人のために、ドアを開けた状態にしておく」という意味です。なお、hold doors open は、doors が目的語、open が形容詞で補語なので、第5文型（SVOC）です。

---

(13) その E メールを送ってすぐに、トニーはある重要な情報**を書き忘れて**しまったことに気がついたので、ただちにもう1通送信した。

正解 **2**

1 signed up（契約して）   **2 left out（〜を書き忘れて）**

3 gotten over（〜を乗り越えて）   4 dropped off（〜を下車させる）

解説 適切な句動詞を選ぶ問題。「トニーがすぐに別のメールを送った」ことの適切な理由を考えると、**left out** を入れて「重要な情報を書き忘れた」という内容にするのが最も自然だとわかる。なお、drop には「〜を省く」という意味があるが、drop off は「〜を下車させる」「〜を落第させる」「外れて落ちる」「衰える」などの意味の句動詞なので、ここでは文脈に合わない。

> Tony realized he <u>had left out</u> ... と過去完了が用いられているのは、「忘れていたことに気づいた」のように、「忘れた」時点と「気づいた」時点のズレを表すためです。

(14) ジャックは週末、釣りに行くことを計画していたが、土日とも雨だったので、**結局**家で過ご**した**。

1 gave out（〜を放出した）   2 rolled over（〜を転がした）

3 held out（〜を伸ばした）   **4 ended up（結局〜した）**

正解 4

解説 空所の直後が〜ing 形になっていることがヒントになる。**end up は動名詞を目的語にとる句動詞**であり、「結局〜する」という意味も文脈に合致する。

> end up の他、give 〜 up「〜をあきらめる」、put 〜 off「〜を延ばす」、look forward to 〜「〜を楽しみに待つ」なども、動名詞を目的語にとる句動詞です。

(15) ジャスティンは東京に引っ越してきたばかりで、まだアパートが見つかっていないため、**今のところは**友だちのところに滞在している。

1 time（時間）   2 fact（事実）

3 moment（瞬間）   4 reason（理由）

正解 1

解説 選択肢の中で、空所に入れて熟語をつくれるのは time のみ。for the time being で「今のところは」という意味になる。for the moment も「今のところは」という意味の熟語だが、for the moment being という言い方はできない。

> for the time being の being は「現在の」という意味の形容詞ですが、この熟語でしか用いられません。なお、「今のところは」という意味の類似表現として、他にも for the present や in the meantime なども覚えておきましょう。

（覚えておこう！） ••

(11) ☐ **help 〜 with ...** 〜が…するのを手伝う

(12) ☐ **hold 〜 open for ...** …のために〜を開けたままにしておく

(13) ☐ **immediately** 直ちに

(14) ☐ **stay at home** 家にいる（= stay home）

(15) ☐ **stay with a friend** 友だちの家に滞在する、友だちと一緒に暮らす

(16)

A: 東京からロンドンまでは直行だったんですか?

B: いいえ、香港を**経由し**ました。直通便ではないほうが、かなり安いんです。

1 by way（〈by way of ～で〉～を経由して）

2 with regard（〈with regard to ～で〉～に関しては）

3 in place（所定の位置に、準備が整って）

4 at peace（平和に、安らかに）

解説 in place of ～は「～の代わりに」という意味だが、これでは文脈に合わない。of と組み合わせることができるもうひとつの表現は **by way** で、by way of ～で「**～を経由して**」という意味になる。

 fly は「空を飛ぶ」という意味ですが、「飛行機に乗って飛ぶ」、つまり「飛行機を利用する」という意味にもあります。Thank you for flying ABC Airlines. は「ABC 航空をご利用いただきありがとうございます」という一種の決まり文句ですが、この場合の fly は「（ある航空会社）を利用して行く」という意味の他動詞です。

(17)

キャリーは母親に**よく似ている**。ふたりとも背が高く、髪はブロンドで、きれいな青い瞳をしている。

1 shows off（～を見せびらかす）　　**2 takes after**（～に似ている）

3 brings about（～を引き起こす）　　**4** looks over（～に目を通す）

解説 適切な句動詞を選ぶ問題。どの句動詞も、目的語をとることができるので、文脈から正解を判断する必要がある。They're both ... という文から、「**キャリーと母親が似ている**」ことがわかるので、**takes after** が正解となる。

 take after は「年上の親族に似ている」という意味の句動詞です。「先に生まれた親族の特徴を受け継いでいる」というニュアンスです。これに対して resemble は、「親族以外」に対しても使えますし、This song resembles his other song.（この曲は、彼の別の曲に似ています）のように、「人以外」についても使うことができます。

(18)

ジェロームは彼の大好きなピッチャーによって**サインされた**野球ボールを持っていて、彼はそれを職場の机に保管している。

1 sign の〈過去分詞・過去形〉　　**2** 〈現在分詞・動名詞〉

3 〈3人称単数現在形〉　　　　　　**4** 〈原形〉

解説 空所に入れる、動詞 sign の正しい形を選ぶ問題。「彼の好きなピッチャーによってサインされた野球ボール」という**受け身**の関係にする必要があるので、**signed** が正解である。by his favorite pitcher「彼の好きなピッチャーによって」という前置詞句が大きなヒントになる。

(19) 彼の母親がいなかったら、ジェレミーは決して有名な歌手になっていなかっただろう。彼女は彼のボイスレッスンの料金をすべて払ってあげた上で、彼に自分の夢を常に追いかけるように言ったのだ。

〔選択肢訳なし〕

正解 **3**

解説 仮定法の基本パターンを完成させる問題。..., Jeremy would never have become a famous singer.（ジェレミーは決して有名な歌手になっていなかっただろう）という形に合わせるには、仮定法過去完了の If it **had not been** for his mother, ...（彼の母親がいなかったら…）というパターンが最適。

> If it were not for ～や If it had not been for ～は、それぞれ Were it not for ～ / Had it not been for ～という倒置のパターンで使われることもあります。また、Without ～でもほぼ同じ意味を表すことができます。

(20) 朝のランニング**を終えた**後、ポーラはシャワーを浴び、コーヒーを飲んでリラックスした。

正解 **1**

1 finish の 〈**過去分詞・過去形**〉　　2 〈現在分詞・動名詞〉
3 〈原形〉　　　　　　　　　　　　4 〈3人称単数現在形〉

解説 分詞構文のパターン。When she had finished her morning run, ...（朝のランニングを終えた後…）を分詞構文にすると、Having **finished** her morning run, ... となる。〈having ＋過去分詞〉という形にすることで、時間的なズレを表現することができる。

> 分詞構文のパターンは、この完了分詞構文と、She sat with her legs crossed.（彼女は足を組んで座っていました）のような〈with ＋ O ＋過去分詞〉のパターンが頻出です。

覚えておこう！ ••

(16) ☐ **fly direct** 直行する
(17) ☐ **blonde** ブロンドの（男性については blond を用いることが多い）
(18) ☐ **at work** 職場の、仕事中で
(19) ☐ **voice lesson** ボイスレッスン　☐ **follow *one's* dreams** 夢を追い求める
(20) ☐ **take a shower** シャワーを浴びる

A

サンゴ礁の再生

　サンゴ礁は、ポリプと呼ばれる単体のサンゴから形成されている。これらのポリプはほかの死んだポリプの骨格上で繁殖していくが、この過程で世界中の海にある広大なサンゴ礁が生まれるのだ。ほとんどのサンゴ礁に多様な動植物が生息しており、❶それらは通常日光が届きやすい浅い水域で見受けられる。❷世界最大のサンゴ礁地帯、オーストラリアのグレートバリアリーフは *(21)* 〈全長約2,400キロである〉。

　サンゴ礁は海水の温度変化にとても敏感だが、その温度は過去数十年にわたり着実に上昇してきている。❸サンゴに栄養物を供給する、藻類と呼ばれる植物のような微生物が、気候変動や海洋汚染の影響で死にひんしている。*(22)* 〈さらに〉、❹藻類が減少すると、色とりどりだったサンゴ礁は白色化してしまう。しかし、研究者たちは、❺人間が干渉しなければの話だが、海水温度が高くても再生可能なサンゴ礁があることを発見した。そのようなサンゴは、異常に高温な海水にさらされると、死んだように見えるだけなのだ。実際は、サンゴのポリプが骨格の中へ入ってしまった結果、そのサンゴ礁が死滅したように見えるが、環境が改善すれば再び骨格から出てくるのである。

　サンゴ礁は海水汚染物の除去に寄与する。また、その自然美は大勢の観光客を呼び込むため、多くの国の観光業に貢献している。ある種のサンゴが高温に長期間さらされた後でも再生できるという発見は、サンゴ礁に見られる豊かな海洋環境へ希望の光を与えてくれる。しかし、それは人間によるサンゴ礁への影響が *(23)* 〈最小限に抑えられた〉場合の話である。

覚えておこう！

- skeleton 骨格　 vast 広大な　 shallow 浅い　 sunlight 日光
- the Great Barrier Reef グレートバリアリーフ　 *be* sensitive to 〜 〜に敏感である
- steadily 着実に、絶え間なく　 decade 10年　 pollution 汚染、汚染物質
- plant-like organism 植物のような微生物　 algae 藻類（algaの複数形）
- *be* capable of 〜 〜できる　 recover 回復する　 interfere 〜に干渉する
- It turns out that 〜 〜ということがわかる　 appear 〜のように見える
- exposed to 〜 〜にさらされて　 filter 〜をろ過する　 seawater 海水
- tourism industry 観光業　 discovery 発見　 extended 延長された、長期の
- exposure 露出、さらされること　 a ray of hope 希望の光　 marine 海の、海洋の

(21)

1 is located in the deep sea（深海に位置している）

2 has heavy rainfall every year（年間降水量が多い）

3 gets no sunlight most of the year（ほぼ1年中日光が当たらない）

4 is about 2,400 kilometers long（全長およそ2,400キロメートルである）

正解 **4**

解説　1問目なので、第1段落の内容を探る。まず❶より、選択肢1および3を除外することができる。また、「降水量」の話は出てこないので、選択肢2も不適。正解は**選択肢4**で、❷の「世界最大のサンゴ礁地帯」という表現の具体的内容になっている。

> 選択肢に並んでいる語句は、すべて文法的には問題ない形になっています。そのため、文脈をしっかりつかんで、内容的に最もふさわしいものを選ぶ必要があります。

(22)

1 However（しかし）

2 Furthermore（さらに）

3 Therefore（それゆえに）

4 Ultimately（最終的に）

正解 **2**

解説　正しい副詞表現を選択する問題。前後の関係をきちんと把握することが必要だが、空所より前の部分は❸「藻類が死にひんしている」、空所直後は❹「藻類が減ると、サンゴ礁が白色化する」という内容になっている。逆接関係ではないので1は不可。「原因・結果」の関係でもないので3も選べない。「藻類が死滅しつつある。**さらに**、白色化も進んでいる」のように、**具体的な事例を追加**しているので、**選択肢2**が正解である。

> 選択肢4のultimatelyは「最終的に」「結局のところは」のような意味の副詞。finallyと同様に、「他のことがすべて行われた後で、最後に何かが行われる」というような場合に用いられます。

(23)

1 drastically increased（急激に増加された）

2 improved over time（時間をかけて改善された）

3 treated fairly（公平に扱われた）

4 kept to a minimum（最小限に抑えられた）

正解 **4**

解説　「人間によるサンゴ礁への影響が〈どう〉であれば、サンゴ礁周辺の豊かな海洋環境への希望の光がもたらされるのか」を考える。「人の手がなるべく入らない」ことが大切なのだから、「最小限にとどめる」という意味の**選択肢4**が正解である。❺の内容も大きなヒントになる。

> keep ～ to a minimumは「～を最小限にとどめる」という意味の表現です。minimumの動詞形はminimizeで、こちらは「～を最小限にする」という意味です（反意語はmaximize「～を最大化する」）。

量子コンピュータの時代

　従来のコンピュータ・チップは、ビットというものを用いて情報を処理している。それらは、あらゆる計算問題を「オンとオフ」という2つの選択肢の1つを用いて解決している。その解答は、たいてい「0と1」という数字によって示される。近年のコンピュータ科学の進歩は、量子コンピュータ技術の誕生につながった。量子コンピュータはキュービットを用いて情報を処理する。これらの「オンとオフ」という状態 *(24)*〈に加えて〉、❶キュービットは「オンとオフ」が同時に成立している状態、あるいはオンとオフの中間の状態という、3つ目の状態も有している。これによって、もっと大量のデータを処理することが可能になるのだ。

　キュービットを用いて大量情報を取り扱うことのできるコンピュータを作り上げるのは、困難な仕事である。*(25)*〈**キュービットは不安定になりうる**〉ため、❷オーバーヒートを防ぐには超低温状態に保っておかなければならない。さらに、量子コンピュータのチップを稼働させておくのに必要な装置だけでも、かなりのスペースを必要とする。

　2019年には、新たに開発された量子コンピュータのチップが、ある複雑な計算を200秒で終わらせたという発表があった。同じ計算を通常のスーパーコンピュータにやらせた場合、10,000年かかるだろうとされている。しかし、❸そのチップは、安定した動作を保つために絶対零度近くの温度を必要とする。❹作動させるのに莫大なエネルギーが必要で、また❺計算の安定性にかかわる問題があるために、科学者たちは実用的な量子コンピュータ *(26)*〈を**まだ作り上げていない**〉。それでもなお、量子コンピュータはコンピュータ技術の分野におけるとても大きな一歩である。巨大な冷却装置を必要としない、もっと小さな量子コンピュータを、我々が家で使える時がいつか来るかもしれない。

覚えておこう！ •••

- ☐ **quantum computer** 量子コンピュータ　☐ **ordinary** 普通の、通常の
- ☐ **computer chip** コンピュータ・チップ　☐ **bit** ビット（2進数の単位）
- ☐ **process** ～を処理する　☐ **computational** 計算の　☐ **represent** ～を示す、～を表す
- ☐ **advancement** 進歩　☐ **computer science** コンピュータ科学
- ☐ **qubit** キュービット（量子ビット）　☐ **allow for ~** ～を可能にさせる
- ☐ **handle** ～を取り扱う　☐ **overheating** オーバーヒート、加熱
- ☐ **equipment** 装置、器具　☐ **in working condition** 作動している
- ☐ **take up ~** ～を占める　☐ **a great deal of ~** たくさんの～　☐ **calculation** 計算
- ☐ **supercomputer** スーパーコンピュータ　☐ **absolute zero** 絶対零度
- ☐ **stable** 安定した　☐ **operation** 動作　☐ **practical** 実用的な　☐ **giant** 巨大な
- ☐ **leap** 飛躍　☐ **smaller-sized** 小型の　☐ **cooling system** 冷却装置

(24)
1 **In addition to（〜に加えて）**
2 On account of（〜の理由で）
3 Owing to（〜のために）
4 In spite of（〜にもかかわらず）

解説 空所の直後では「オンとオフ」という「2つの状態」が示されているのに対し、❶では「オンとオフが同時に成立している状態（オンとオフの中間の状態）」という「3つ目の状態」が示されている。「**オンとオフに加えて、さらに3つ目の状態がある**」という文脈なのだから、「〜に加えて」という意味の **In addition to** が正解である。

選択肢に並んでいる表現は、いずれも論理関係を明確化するための必須表現です。これらのように「複数の語のまとまりが1つの前置詞のように機能するもの」を「群前置詞」と呼びます。according to 〜「〜によると」や in front of 〜「〜の前に」なども群前置詞です。

(25)
1 Quantum computers are enormous（量子コンピュータは巨大である）
2 The costs can be huge（ばく大な費用がかかる）
3 **Qubits can be unstable（キュービットは不安定になりうる）**
4 Information must be collected（情報を収集しなければならない）

解説 空所の直後に so「そのため」があるため、空所には so 以下の「理由」が示されていると考えられます。❷「オーバーヒートを防ぐために超低温状態に保つ必要がある」ことの理由として成立するのは、**Qubits can be unstable** のみなので、これが正解。「大きさ」「費用」「情報収集」は、「オーバーヒート」とは関係ない。

(26)
1 are against the idea of（〜という考えに反対している）
2 are in little need of（〜をほとんど必要としていない）
3 have already given up on（〜をすでに断念している）
4 **still have yet to create（〜をまだ作り上げていない）**

解説 ❸「チップの安定動作のために超低温が必要」、❹「莫大なエネルギーが必要」、❺「計算の安定性に問題がある」ということから、「実用化には至っていない」ということがわかるので、正解は選択肢4の still have yet to create である。

have yet to *do* は「まだ〜していない」という意味ですが、これは have to *do*「〜しなければならない」という表現に、yet「今でも」という副詞が加わったものです。「今でも〜しなければならない状態にある」ということから、「まだ〜していない」という意味になるわけです。

A

送信者：アンディ・フォークナー <afaulkner@roadrunner.com>
宛先：リッチー・ジェームズ <ritchie-james@memail.com>
日時：12月13日
件名：最近の騒音苦情について

ジェームズさま

❶ロードランナー住宅のオーナー兼管理人、アンディ・フォークナーです。本日は近隣の方から頂いた苦情についてご連絡いたしました。ロードランナー住宅では、温かく過ごしやすい環境を築くことに努めております。この親しみやすい環境を守るため、住民のみなさまにご協力をお願いしております。

ご承知のとおり、あなたのロードランナー住宅との契約には、当アパート居室内での大音量の音楽再生や楽器演奏は禁止されていると明記されています。ここ最近、あなたの近隣の複数の住人から、朝から晩まで大音量の音楽が流れているという苦情が寄せられています。❷中には、真夜中にあなたの部屋から出る騒音のせいで、夜眠りにつくことができなかったという方もいらっしゃいました。さらに、あなたの部屋の騒音について警告させていただいたのは、今回が初めてではありません。

ロードランナー住宅のすべての住民の方々には、静かで穏やかな環境で過ごす権利があります。❸近隣の方々の権利を尊重し、直ちに音楽を大音量で流すのをおやめください。そのようにしていただけない場合は、賃貸契約の違反とみなし、強制退去を促す法的措置を取ることも考慮いたします。今回が最終通告になります。

敬具
アンディ・フォークナー
ロードランナー住宅 管理人

覚えておこう！ ••

☐ complaint 苦情 ☐ owner 所有者 ☐ landlord 大家、家主 ☐ neighbor 隣人
☐ welcoming 心地よい、歓迎する ☐ comfortable 快適な ☐ atmosphere 雰囲気
☐ resident 住民、住人 ☐ ensure 〜を確かなものにする ☐ maintain 〜を保つ
☐ aware 気づいている ☐ contract 契約 ☐ state 〜を述べる、〜を言明する
☐ loud 騒々しい ☐ permit 〜を許可する ☐ apartment アパート内の部屋
☐ several 複数（の） ☐ keep 〜 awake 〜を眠らせない ☐ at midnight 真夜中に
☐ warn 〜に警告する ☐ the right to 〜 〜に対する権利 ☐ respect 〜を尊重する
☐ at high volumes 大音量で ☐ failure to do 〜し損なうこと ☐ violation 違反
☐ lease 賃貸契約 ☐ take legal action 法的手段をとる
☐ force 〜 out of ... 〜を…から追い出す ☐ final notice 最終通告

(27) アンディ・フォークナーは

1　ピアノを弾くのが好きだ。

2　アパートを所有している。

3　リッチー・ジェームズの隣人だ。

4　職業作家だ。

解説 1問目なので、第1段落をしっかり見よう。冒頭の❶で、the owner and landlord of Roadrunner Apartments という表現が用いられている。owner「所有者」を、own「〜を所有（して）する」という**他動詞に言い換えた**選択肢2が正解。

---

(28) リッチー・ジェームズの隣人のひとりは何を報告したか。

1　夜眠りにつくことができなかった。

2　彼と言い争いになった。

3　部屋から閉め出された。

4　彼とバンドを組んでいる。

正解 **1**

解説 2問目なので、第2段落に注目しよう。❷に「騒音のせいで、**夜眠りにつくことができなかった**という人もいた」とある。この部分で使われている was kept awake at night という表現を、couldn't sleep at night「夜眠ることができなかった」と言い換えた選択肢1が正解である。

 本文で説明されている内容は、通常、選択肢では言い換えられた形で登場します。ここでは was kept awake が couldn't sleep になっていましたね。「起きたままの状態にされた」→「眠れなかった」という言い換えですが、このように「肯定文」を選択肢では「否定文」に言い換えるパターンもあるので、注意しておきましょう。

(29) リッチー・ジェームズが要求されたことのひとつは何か。

1　夜に電気を消す。

2　大音量で音楽を流すのをやめる。

3　もっと高い賃料を払う。

4　隣人のためにパーティーを開催する。

解説 リッチー・ジェームズが大家から要求されていることは、❸に示されている。respect the rights of your neighbors（近所の人々の権利を尊重する）および stop playing music at high volumes in your apartment immediately（**音楽を大音量で流すのをすぐにやめる**）という2点が要求されている。そして、選択肢2を見ると、playing music at high volumes「大きなボリュームで音楽を流す」が playing loud music「うるさい音楽を流す」と言い換えられているので、これが正解。

B

入れ墨

入れ墨とは、❶インクなどの物質を肌に注入して、肌の色を変化させることによって作られるデザインである。歴史を通じて、入れ墨はさまざまな文化において、さまざまな目的のために使われてきた。ファッションから宗教上の目的などあらゆる事例があり、❷健康や治療の目的で使われたことすらある。かつて、❸入れ墨は動物に印をつけるために用いられていたこともある。世界の一部では、❹犯罪者を見分けやすくするために入れ墨で印をつけていた。

歴史研究によって、入れ墨は人類のほとんどすべての文明で用いられていたことがわかっている。古代ギリシャでは、入れ墨はスパイ同士の意思伝達手段として使われていたとされている。ローマ人たちは、犯罪者や奴隷に入れ墨で印をつけていた。南北アメリカ大陸の古代文明では、宗教儀式で入れ墨が用いられていた。❺ニュージーランドのマオリ族は、家族のきずなや社会的地位を表すために、顔に入れ墨を入れていた。研究者たちは、西ヨーロッパで、61か所もの入れ墨を体中に入れた、紀元前3250年のマミー、つまり布にくるんで保存された死体すら発見している。

入れ墨が西洋世界で何百年にもわたって使われていたことを示す証拠がある一方で、現代の入れ墨に対する人気は、有名なイギリスの探検家、ジェームズ・クックに由来すると考えられている。❻1768年にクックが南太平洋へはじめて航海に出た際には、複数の乗組員が、現地の原住民に入れてもらった新しい入れ墨をした状態でイギリスに帰還した。さらに、クックは後にオマイという入れ墨を入れた人物を連れて帰った。オマイの体の入れ墨を見た多くの人々は、自分たちも入れ墨を入れたいと思ったのである。

日本では、アイヌと琉球民族が、社会的な理由で腕、顔、体に独特な様式の入れ墨を入れていたことが知られている。しかし、日本の本土では、入れ墨は犯罪の裏社会とのつながりを示す印だと考えられていた。というのも、犯罪者はしばしば刑罰の一形式として入れ墨を入れられていたからである。1872年に、明治政府は入れ墨を入れることを完全に禁止した。入れ墨が再び合法化されたのは、それからだいぶ経った第二次世界大戦後の1948年のことである。❼このころは、このような否定的なイメージは徐々に変わりつつあり、より多くの人々がファッションや個人的な好みから入れ墨を入れるようになってきている。

覚えておこう！ ●●●●●●●●●●●●●●●●●●●●●●●●●●●●●●●●●●●●●●

- [ ] tattoo 入れ墨　 [ ] insert ～を注入する　 [ ] substance 物質　 [ ] skin 皮膚
- [ ] heal ～を治療する　 [ ] mark ～に印をつける　 [ ] criminal 犯罪者
- [ ] ancient Greece 古代ギリシャ　 [ ] spy スパイ　 [ ] Roman ローマ人　 [ ] slave 奴隷
- [ ] religious ceremony 宗教的儀式　 [ ] the Maori people マオリ族　 [ ] facial 顔の
- [ ] family ties 家族の絆　 [ ] mummy ミイラ　 [ ] preserve ～を保存する
- [ ] date back to ～ ～にさかのぼる　 [ ] evidence 証拠　 [ ] popularity 人気
- [ ] explorer 探検家　 [ ] crew 乗組員　 [ ] native people 現地人
- [ ] tattooed 入れ墨を入れた　 [ ] unique 独特の、固有の　 [ ] mainland 本土
- [ ] criminal underworld 犯罪地下組織　 [ ] punishment 罰　 [ ] ban ～を禁止する

(30) 入れ墨に関する以下の記述のうち、正しいものはどれか。

1 様々な理由で、肌の上に筆で塗られる。

2 犯罪を犯した人は入れ墨を入れることを許されなかった。

3 様々な理由で用いられたが、人間にしか用いられなかった。

4 人々が入れ墨を入れる多くの理由のひとつが、健康のためである。

解説 1問目なので、第1段落から答えを探そう。❶から、1の「ブラシで描く」は不適だとわかる。また、❸から3「人間だけに使われていた」というのも誤り。❹「犯罪者を見分けるため」という説明は、2「犯罪者には許されなかった」と合致しない。正解は選択肢4で、❷の **for health and healing purposes** という記述から判断できる。

---

(31) マオリ族が入れ墨を使っていた理由のひとつは何か。

1 死者への悲しみを表すために葬式で入れ墨を入れていた。

2 犯罪者や奴隷を簡単に特定するために入れ墨を使っていた。

3 スパイにしかわからない秘密のサインとして入れ墨を用いていた。

4 家族や友人とのきずなを示すため、顔に入れ墨を入れていた。

解説 「マオリ族」について書かれた第2段落から答えを探す。「葬式」についての説明は出てこないので、1は除外。また、2は「ローマ人」、そして3は「古代ギリシャ」についての説明である。❺でマオリ族の風習について触れられており、**to show their family ties and social status**（家族のきずなや社会的地位を表すため）とある。これとほぼ同じ内容の4が正解。

---

(32) ジョン・クックは

1 体中に入れ墨を入れていたことで有名だった。

2 何人かの乗組員たちとともに南太平洋に航海した。

3 イギリスに戻った際に入れ墨を除去した。

4 入れ墨の人気を広めるために旅に出た。

解説 1はクックではなく、「オマイ」の話である。「入れ墨の除去」「入れ墨の人気を広めたい」という話は出来ないので、3および4も不適。❻の **On Cook's first trip to the South Pacific in 1768** から、2が正解とわかる。Cook's first trip という名詞表現が、選択肢では文の形で言い換えられている。

---

(33) 日本では、

1 第二次世界大戦中、入れ墨が広く受け入れられていた。

2 最近、入れ墨が徐々に人気を集め出している。

3 入れ墨を入れることは法律によって固く禁じられている。

4 このごろは、ほとんどの人々が入れ墨を時代遅れだと考えている。

解説 4問目なので、第4段落をよく読もう。入れ墨は「第二次大戦後に許可された」のだから、1はおかしい。また、「法で禁止されている」「時代遅れである」という記述はないので3と4は不適。❼の **more and more people are getting tattoos for fashion or personal reasons** を、「人気が出てきている」と言い換えた2が正解。

$\boxed{C}$

燃え尽き症候群

　燃え尽き症候群とは「やる気の欠如」と定義されるが、これは人が何かに一生懸命取り組んでいるのに、望ましい結果を生み出せなかった場合によく引き起こされる。それはストレス、特に心的ストレスに対する反応であり、仕事・家庭の両方における多くの問題につながる可能性がある。❶仕事でストレスがたまると、仕事の成果に悪影響を及ぼしてしまう。また、そのことによって人間関係にも影響が出てしまうのだ。

　研究者たちは、職場における燃え尽き症候群の主要な原因を6つ特定した。すなわち、❷過度の仕事、個人の自由の欠如、少なすぎる報酬、不公平な扱い、価値観の衝突、共同体の崩壊である。❸要するに、疲れ果て、仕事が嫌になり始め、仕事の能力が落ちてきたと感じ始めたら、それが燃え尽き症候群の兆候なのだ。これは会社全体にも損害を与えかねない。過度に多くの従業員が燃え尽き症候群を起こしてしまうと、会社の全体的な生産性はやがて落ち始める。

　❹より新しい技術の導入およびその利用法が、現代の燃え尽き症候群に関与していると考えられている。かつて、労働者は日の出とともに起床して日没まで働き、太陽の自然光と調和した生活を送っていた。しかし、このごろは、ほとんどの人が目覚まし時計を使って起床し、肉体をむりやり活動させて、混雑した公共交通機関を使って通勤している。1日中パソコン仕事をした後でも、たいていの人々は夜遅くまで家でパソコンの画面や携帯機器を眺めている。こういった機器から放出されるある種の光は、睡眠障害をもたらすことがわかっている。

　不規則な睡眠に加えて、❺実はソーシャルメディアの過度な使用もストレスの大きな源の1つであるかもしれない。多くの人々は、ソーシャルメディア上にあふれる情報を常に把握していなければならないという圧力を感じている。彼らはまた、ソーシャルネットワークのウェブサイトに投稿される、他の人たちの「成功しているように見える姿」に張り合わなければならないことにストレスを感じている。一部の専門家は、これらすべてが近年の燃え尽き症候群の事例の増加に寄与している可能性があるとしている。燃え尽き症候群に苦しんでいる人たちは、休暇をとることである程度苦痛は和らぐかもしれないが、職場から1週間離れるだけでは、燃え尽き症候群の影響に対処するのに十分とは言えないだろう。❻燃え尽き症候群を避けるための鍵は、定期的に仕事を休み、仕事と生活のバランスをうまく保つことにあるのかもしれない。

覚えておこう！ ●●●●●●●●●●●●●●●●●●●●●●●●●●●●●●●●●●●●●●

☐ **burnout** 燃え尽き症候群　☐ *be* **devoted to ～** ～に専念する
☐ **desired** 期待通りの、望ましい　☐ **get frustrated with ～** ～にいら立つ
☐ **job performance** 業績、仕事ぶり　☐ **identify** ～を特定する　☐ **reward** 報酬
☐ **conflicting values** 価値観の衝突　☐ **breakdown** 断絶、機能停止
☐ **production** 生産、生産性　☐ **in harmony with ～** ～と調和して
☐ *be* **proven to** *do* ～すると証明される　☐ **irregular sleep** 不規則な睡眠
☐ **stay up-to-date with ～** ～に遅れずについていく　☐ **flood** 洪水　☐ **supposed** 想定されている
☐ **relief** 安心、（苦痛や心配などの）軽減　☐ **cope with ～** ～に対処する
☐ **work-life balance** 仕事と生活のバランス

(34) 燃え尽き症候群は

1 仕事をしていない人々には、ほとんどあるいはまったく影響がない。

2 仕事の効率の低下の原因になりうる。

3 家庭に問題を抱えている人々にしか起こらない。

4 仕事に完全に没頭することで避けられる。

解説 burnout「燃え尽き症候群」の概要は第1段落に示されているが、❶に**「仕事の成果に悪影響を及ぼす」**とある。これを can become a cause of a decline in work efficiency（仕事の効率の低下の原因になりうる）と言い換えた、選択肢2が正解である。

誤答の選択肢の中にも、本文で使われている表現が出てくるので、落ち着いて正しく内容を把握しましょう。選択肢4の devoting oneself completely to work に似た a person is devoted to something という表現が本文に出ていますが、「仕事に没頭することで、燃え尽き症候群を避けられる」という内容は本文と完全に矛盾しています。

(35) 一部の人々が燃え尽き症候群の兆候を示すひとつの方法は何か。

1 自分の同僚を公平に扱わない。

2 ほとんど毎日やるべき仕事が過剰にある。

3 仕事に向いていないと感じ始める。

4 他の従業員が十分な報酬を受けていないと考える。

解説 2問目なので第2段落を調べよう。❷に「過度の仕事」について言及されているが、これは「燃え尽き症候群の原因」なので2は不適。「燃え尽き症候群の兆候」について触れられているのは❸で、**「仕事の能力が落ちてきたと感じ始める」**ことが兆候のひとつとして説明されている。これを be cut out for ～「～に向いている」を用いて言い換えた、選択肢3が正解である。

(36) 燃え尽き症候群の症例が近年さらに一般的になっているのはなぜか。

1 技術によって、現代の働き方が変化した。

2 たいていの労働者は極端に長い時間働くことを強いられている。

3 パソコンの画面から出る光は日光よりも明るい。

4 一部の公共交通機関は、真夜中すぎでも利用できる。

解説 「パソコンの画面」「交通機関」などの話は出てくるものの、記述内容が間違っているので3と4は不可。また、「不規則な睡眠」の話をしているので、2も選べない。❹に「新しい技術が生まれたことが燃え尽き症候群と関係している」とあり、それ以降は「昔は日没とともに仕事を終えていたが、いまはそうではない」という内容になっている。つまり、これは**「技術の進歩によって人々の働き方が変わった」**ということなのだから、選択肢1が正解だとわかる。

(37) 燃え尽き症候群はどうすればもっと効果的に管理できるか。

1 ソーシャルメディアのウェブサイト上で、他者ともっと交流することによって。

2 仕事と私生活のバランスを調整することによって。

3 インターネット上のニュースを常に把握することによって。

4 自分より成功している人々に追いつこうと努力することによって。

解説 「ソーシャルメディア」については、むしろ「ストレスの原因」にされているので、1は不適。また、選択肢3および4も、「ストレスの原因」として本文で言及されている。正解は2で、❻の**「仕事と生活のバランスをうまく保つ」**がadjustを使って言い換えられている。

---

(38) 次の記述のうち正しいものはどれか。

1 燃え尽き症候群の発生を防ぐためにできることはほとんど何もない。

2 燃え尽き症候群の症例が増加すると、政府と企業は恩恵を受けられる。

3 一部の携帯機器から出る光は、燃え尽き症候群の治療に役立つことがわかっている。

4 ソーシャルメディアの利用は、燃え尽き症候群の増加とつながりがあるとされてきた。

解説 5問目なので、文章全体から答えを探そう。3の「携帯機器の光」については第3段落で触れられているものの、「携帯電話の光は睡眠障害の原因になる」と書かれているので、これは選べない。❺の**「ソーシャルメディアの過度な使用もストレスの大きな源の1つであるかもしれない」**という内容を、link「結びつける」を使って言い換えた4が正解である。

大問3の最後の長文問題では、パッセージ全体の内容から答えを探らなければならない設問が出されます。場合によっては、複数の箇所を参照し、総合的に判断することが必要になります。

筆記　　大問 4　テキスト本体　230ページ

問題文 訳

トピック

若年成人は、仕事を始める前に1年間海外で過ごすべきだという人もいます。あなたは、これがよい考えだと思いますか。

ポイント
- 語学学習
- 安全
- 費用

解答例①

I think it is a good idea to spend a year abroad before they start working. First, it is a good way to improve one's English. Many companies want to hire people who speak English fluently, so it could help young adults to get a job. Second, it helps people to learn about foreign cultures. These days, there is a lot of globalization in the world. People who lived abroad can bring back new ideas and new ways of thinking to Japan. For these two reasons, I agree with visiting foreign countries before people start working.（96 語）

解答例① 訳

私は、彼らが仕事を始める前に1年間海外で過ごすのはよい考えだと思います。第一に、それは英語を磨くためのよい方法だからです。多くの会社が英語を流ちょうに話せる人を雇いたいので、若年成人の就業の手助けになります。第二に、それは人々が外国の文化を学ぶのに役立ちます。近年は、世界中でグローバル化が進んでいます。海外で暮らした経験がある人は、新しいアイデアや考え方を日本に持ち帰ることができます。これら2つの理由から、私は就業前に外国を訪れることに賛成です。

I do not think it is a good idea to spend a year abroad before they start working. First, it is very expensive. College tuition is very high, so many parents have already paid a lot of money to support their children. It is not fair to ask them for more. Secondly, traveling abroad is dangerous. Nowadays, not only is crime a big problem, but there are many dangerous diseases. For these reasons, I do not think it is a good idea to spend a year abroad before they start working. (91語)

解答例② 訳

私は、就業前に海外で1年間過ごすのは、よい考えだとは思いません。第一に、それにはかなりのお金がかかります。大学の学費はとても高いので、多くの親たちは子供を養うために、すでにかなりのお金を払っています。これ以上払うように彼らに頼むのは公平ではありません。第二に、海外旅行は危険です。近ごろは、犯罪が大きな問題であるだけでなく、危険な病気も数多くあります。これらの理由から、私は就業前に海外で1年間過ごすのがよい考えだとは思いません。

覚えておこう！ ・・・・・・・・・・・・・・・・・・・・・・・・・・・・・・・・・・・・

①
☐ **improve** ~を改善する ☐ **hire** ~を雇う ☐ **fluently** 流ちょうに
☐ **globalization** グローバル化 ☐ **bring ~ back** ~を持ち帰る ☐ **ways of thinking** 考え方

②
☐ **expensive** 費用がかかる ☐ **college tuition** 大学の学費 ☐ **support** ~を扶養する
☐ **fair** 公平な、公正な

リスニング　第1部　テキスト本体　232～234ページ

No. 1 **B** Track **02** 正解 **3**

放送英文

M: Mrs. Yoshida, I'm enjoying Japanese class, but I want to learn more. What can I do to supplement my studies?

W: Well, you could watch Japanese movies and TV shows.

M: That sounds like fun! Do you know where I can find some?

W: ❶ I know a Japanese bookstore that also has a lot of DVDs you can rent. ❷ I'll write down their address for you.

Question: What will the teacher do for the student?

訳

男：吉田先生、日本語の授業を楽しく受講していますが、もっと学びたいのです。どうやって勉強を補えばいいでしょうか？

女：そうですね、日本の映画やテレビ番組を見るといいですよ。

男：それはおもしろそうです！　どこで手に入るでしょうか？

女：たくさんの DVD の貸し出しもしている日本の書店を知っています。住所を書いてあげますね。

質問：先生は生徒に何をしてあげるのか？

1　補習をする。

2　本を貸す。

3　ある店の場所を教える。

4　テレビを見せる。

解説

選択肢から、「何をするか」が問われることを予測しておこう。質問は「先生（女性）が生徒（男性）に何をするか」というもの。❶で「DVD を貸し出している書店を知っている」と述べた後で、❷「その店の住所を書いてあげる」と申し出ている。これは**「店の場所を教えてあげる」**ということなので、選択肢3が正解。

I'll ～．「～するつもりです」を他の人に対して用いると、「してあげますよ」という「申し出」の表現にもなります。最後に for you をつけると、申し出であることがわかりやすくなります。

覚えておこう！ ●●●●●●●●●●●●●●●●●●●●●●●●●●●●●●●●●●●●●●

□ supplement ～を補う　□ write ～ down ～を書き留める

No. 2 **B** Track **03**

 正解 **1**

放送英文
> **W:** How's your new job going, Jamie?
> **M:** Great, actually! ❶ I like it a lot more than my old job. That place was the worst.
> **W:** Yeah, you used to always look really tired and depressed. You look a lot happier now.
> **M:** ❷ My new job is a lot more fun, and ❸ I really like my new coworkers.

Question: What is one thing we learn about the man?

訳
> **女：**新しい職場はどうなの、ジェイミー？
> **男：**実は、すごくいいよ！ 前の職場よりずっと気に入っているんだ。あそこは最悪だったよ。
> **女：**ええ、以前はいつもすごく疲れて、落ち込んでいるように見えたものね。今は、以前よりずっと幸せそうに見えるわよ。
> **男：**新しい仕事のほうがずっと楽しいし、新しい同僚のこともすごく好きだよ。

質問：男性についてわかるひとつのことは何か。

1 今のほうがずっと幸せである。
2 同僚とうまくいっていない。
3 前の仕事は彼のお気に入りだった。
4 新しい仕事を探している。

解説
選択肢から「転職」「職場での人間関係」などについての話であることが予想できる。❸から、選択肢2は除外できる。❶および❷から、彼が「今の職場のほうがいいと思っている」ことがわかるので、正解は選択肢1。選択肢3は、それとは正反対の内容である。

> 女性の発言で使われている used to *do* は「〜していたものだった」という意味ですが、多くの場合は「今はそうではない」というニュアンスを伴います。ここでは、「昔はいつも疲れて、落ち込んでいたように見えたが、今はそう見えない」という含みを持たせています。

覚えておこう！ •

☐ **depressed** 落ち込んで ☐ **coworker** 同僚 ☐ **get along with** 〜 相性が合う

No. 3 **B 04** Track

正解 **2**

放送英文
> *W:* Hello? May I ask who's calling?
> *M:* Good morning, Ms. Reynolds. This is Gordon Dirst. I'm a teacher at your daughter's high school.
> *W:* Good morning, Mr. Dirst. Has Sasha done something wrong?
> *M:* No, Sasha's actually one of our best students. ❶ I was calling to recommend her for advanced placement classes. ❷ She would need to take a placement test first.

Question: What does the man suggest the woman's daughter do?

訳
> 女：もしもし？　どちらさまですか？
> 男：おはようございます、レイノルズさん。ゴードン・ディルストと申します。お子さんの学校の教員です。
> 女：おはようございます、ディルスト先生。サーシャが何か悪いことでもしてしまいましたか？
> 男：いいえ、サーシャさんは実際、最も優秀な生徒のひとりですよ。お電話を差し上げたのは、彼女を上級クラスに推薦したかったからです。その場合、最初にクラス分けテストを受けていただく必要があります。

質問：男性は女性の娘に対して、何することを提案しているか。

1　今日はもう家に帰ること。
2　ある試験を受けること。
3　ある競技会に参加すること。
4　家でもっと勉強すること。

解説　❶で「上級クラスに推薦するために電話をした」ということがわかる。ここで使われている I was calling to ～という表現は「電話の目的」を示すために使われる表現である。選択肢には「推薦」の話はないので、❷の「**最初にクラス分けテストを受ける必要がある**」を基に、選択肢2が正解だとわかる。

> May I ask who's calling? は「誰が電話をかけているか、聞いてもいいですか？」→「どちら様ですか？」という意味で、電話を受けた側が使う決まり文句です。Who's calling? / Who's calling, please? と言うこともできます。また、少しカジュアルですが、Who is this? も相手の名前を尋ねるための表現としてよく使われます。

━━━━━━━━━━━━━━━━━━━━━━━━━━━━━━━

覚えておこう！ ・・

☐ **advanced placement class** 上級クラス（高校で、大学の内容を先取りして教えるプログラム）
☐ **placement test** クラス分けテスト　☐ **for the day** 1日の終わりに

放送英文

M: Hey Pam, ❶ have you seen my electronic dictionary?

W: ❷ I saw Jim using it the other day, but he said he was going to return it when he was done with it.

M: What? I can't believe this! Jim stole my dictionary! He's gone too far this time. I'm going to find him.

W: Dwight, calm down. I'm sure your dictionary is around here somewhere. ❸ I'll help you look for it.

Question: Why is the man upset?

訳

男：やあ、バム、僕の電子辞書を見なかった？

女：この間、ジムが使っているのを見たけど、彼は使い終わったら返すつもりだって言ってたわよ。

男：なんだって！　信じられない！　ジムが僕の辞書を盗んだ！　今回はさすがにやりすぎだ。ジムを探してくる。

女：ドワイト、落ち着いて。あなたの辞書は、きっとどこかこのあたりにあるはずよ。私も探すのを手伝うわ。

質問：なぜ男性は気分を害しているのか。

1　彼の友達が彼の辞書を使っているのを見た。

2　何かを返すのを忘れた。

3　彼の友達が、彼を手伝うことを拒否した。

4　彼の私物が見つからない。

解説　❷に「ジムが使っているのを見た」とあるが、これは女性の発言なので選択肢1は不適。また、❸より、選択肢3も誤りだとわかる。「彼の持ち物」の話をしているのだから、選択肢1も不適切。正解は選択肢4。❶で「私の電子辞書を見なかったか？」のelectronic dictionary を、personal item「個人の持ち物」「私物」という抽象的な表現で言い換えている。

upset は「悲しい」「怒っている」「がっかりしている」など、様々な感情を表す形容詞です。文脈から判断するしかありませんが、upset は本来「ひっくり返す」という意味の動詞なので、「悲しみ」「怒り」「失望」などのために「心がひっくり返った状態」と考えるといいでしょう。

覚えておこう！ •••

☐ **electronic dictionary** 電子辞書　☐ **be done with ～** ～を済ませる、～を使い終わる
☐ **go too far** やりすぎる、度を超す　☐ **calm down** 冷静になる　☐ **upset** 動揺して、気分を害して
☐ **personal item** 私物

No. **5** **B** Track **06**

正解 **1**

放送英文

W: Excuse me. Do you know the quickest way to walk to the Skylight Museum?

M: The Skylight Museum is pretty far from here. ❶ You would either have to take the train and then a bus or just take a taxi.

W: Well, ❷ a taxi would be faster, but I don't have the money for one right now. ❸ Is there a station nearby?

M: Yeah, there's one in the basement of that shopping center.

Question: How will the woman get to the Skylight Museum?

訳

女：すみません、スカイライト博物館に徒歩で一番早く着くには、どのように行けばいいでしょうか？

男：スカイライト博物館はここからかなり遠いですよ。列車に乗ってからバスに乗り換える必要がありますよ。あるいはタクシーに乗ってしまうのがいいでしょう。

女：ええと、タクシーのほうが早いとは思いますが、今はタクシーに乗るためのお金を持ち合わせていないのです。近くに駅はありますか？

男：ええ。あのショッピングセンターの地下にありますよ。

質問：女性はどうやってスカイライト博物館に行くか。

1 電車とバスに乗る。
2 タクシーに乗る。
3 見知らぬ人に車に乗せてもらう。
4 歩いていく。

解説 ❶で「列車に乗ってからバスに乗り換える、あるいはタクシーに乗る」という2つの選択肢が示されている。これに対して、❷「タクシーのほうが早いだろうが、お金がない」と答えた上で、❸「近くに駅はありますか？」と聞いているのだから、女性は「電車に乗って、それからバスに乗り換える」ことになる。よって、選択肢1が正解。

You would either have to take the train and then a bus or just take a taxi. は、take the train and then a bus と just take a taxi が or によって並べられています。take the train and then a bus が「列車に乗ってからバスに乗る」というひとつのかたまりになっていることに注意してください。

覚えておこう！ ••

☐ **nearby** 近くに ☐ **basement** 地下 ☐ **stranger** 知らない人 ☐ **on foot** 徒歩で

放送英文

W: That jacket looks amazing on you! You have to tell me where you got it.

M: It was actually a gift from my uncle. ❶ He works at the theater as an orchestra conductor and ❷ sometimes takes some of the unused costumes home.

W: So it's a costume from a play? That's awesome!

M: Yeah, but sometimes he brings home some really wild things, too.

Question: What does the boy say about his uncle?

訳

女：そのジャケット、すごく似合っているね！　どこで買ったのか教えてよ。

男：実は、おじからもらったものなんだ。彼は劇場で、オーケストラの指揮者をしているんだけど、ときどき未使用の衣装を持ち帰ってきてくれるんだよ。

女：じゃあ、舞台の衣装なのね？　いいね！

男：うん、でもときどき、すごく変わったものを持ち帰ることもあるよ。

質問：男の子は、彼のおじのことをなんと言っているか。

1　劇場で働いている。

2　すぐれた歌手である。

3　古着を持ち帰る。

4　楽器を演奏する。

解説　❷に「未使用の衣装を持ち帰ってきてくれることがある」とあるので、選択肢2の「古着を持ち帰る」は不可。また、彼のおじが「歌手」や「楽器演奏者」であるという説明は出てこないので、選択肢2および4も除外できる。❶に「**オーケストラの指揮者として、劇場で働いている**」とあるので、選択肢1が正解である。

You have to tell me where you got it. は「あなたは私に、それをどこで手に入れたのかを教えなければなりません」と直訳できますが、ここでは「ぜひ教えてほしい」という気持ちが You have to ～によって表されています。You must come and see us.（ぜひ会いに来てね）のように、You must ～にも同様の用法があります。

覚えておこう！ ●●●

☐ **theater** 劇場　☐ **conductor** 指揮者　☐ **unused** 未使用の　☐ **costume** 衣装
☐ **awesome** 素晴らしい　☐ **wild** すごい、変わった　☐ **used** 中古の

No. 7 Track **08**

正解 **3**

放送英文
> **M:** OK, ma'am. Here is your medium-rare T-bone steak with a side of French fries.
> **W:** That looks amazing! ❶ Um, this steak is a little too undercooked for me. I actually asked for it to be well-done.
> **M:** ❷ Oh, my mistake. I'll take it back to the kitchen and have the chef cook it a little more.
> **W:** That's OK. I'm really hungry, so I'll just have it the way it is.
>
> **Question:** What mistake did the man make?

訳
> 男：どうぞ、こちらがご注文のミディアムレアのTボーンステーキ、フライドポテト添えでございます。
> 女：おいしそう！ うーん、このステーキ、私にはちょっと焼きが足りないですね。実は、ウェルダンでお願いしたのですが。
> 男：私のミスです。キッチンに持ち帰り、シェフにもう少し焼いてもらいます。
> 女：大丈夫です。すごくおなかが空いているので、このまま食べます。
>
> 質問：男性はどのような間違いをしたのか。
>
> **1** 間違ったテーブルに行った。
> **2** キッチンにフライドポテトを忘れた。
> **3** 注文を間違えた。
> **4** ナイフとフォークを忘れた。

解説
> ❷で「ステーキの焼き具合が注文通りではない」と女性が述べているのに対し、男性は❶「私のミスです」と答え、自分の非を認めている。女性の言うとおり「**注文を間違えた**」のであるから、正解は選択肢の3である。

> T-bone steak with a side of French fries. の with a side of ~は「（付け合わせの）~を添えた」という意味です。ちなみに、on the side は「別添えで」という意味です。例えば、I'd like my salad dressing <u>on the side</u>. は「サラダのドレッシングは（サラダの上にかけずに）別添えにしてください」という意味になります。

覚えておこう！ ●●

☐ **medium-rare**（焼き具合が）ミディアムレアの
☐ **T-bone steak** Tボーンステーキ（T字型の骨がついたステーキ） ☐ **French fries** フライドポテト
☐ **undercooked** 加熱が不十分な ☐ **well-done**（焼き具合が）ウェルダンの、よく焼いた

放送英文 ▶ *W:* Hi, Michael. ❶ I want to talk to you about getting a new microwave for the cafeteria.

M: Sorry, Meredith, but not now. ❷ There's a client waiting in the lobby who I need to meet.

W: Do you have time after that to talk? This is really important.

M: OK. I'll make some time to talk about it. ❸ Let's meet in my office around three o'clock this afternoon.

Question: Where will the man and woman meet?

訳 ▶ 女：こんにちは、マイケル。食堂に新しい電子レンジを買い入れることについて、相談に乗ってほしいんだけど。

男：ごめん、メレディス、今はちょっと無理だよ。ロビーで待ってもらっている顧客に会いに行かないといけないんだ。

女：その後で、話す時間はある？　これ、すごく大事な話なの。

男：わかった。それについて話す時間をつくるよ。今日の午後3時ぐらいに、僕のオフィスで落ち合おう。

質問：男性と女性はどこで会うか。

1 ロビーで。

2 食堂で。

3 会議室で。

4 男性の部屋で。

解説 ▶ 選択肢を先読みすると、いずれも「場所」を表す表現になっているので、「どこで」という質問になることがわかる。❶「カフェテリア」は「電子レンジを置く場所」、❷「ロビー」は「顧客が待っている場所」であるが、質問は「男性と女性がどこで会うか」なので、❸の **午後3時にオフィスで会おう** を基に選択肢4が正解だと判断できる。

先読みによって「どこで」という質問になることが予想できた場合は、「場所」の表現を集中して聞き取るようにします。「いつ」という質問が予想できる場合は、「時」に関する表現を聞き逃さないようにしましょう。

覚えておこう！ ••

□ **microwave** 電子レンジ　□ **cafeteria**（会社や学校などの）食堂

No. 9 **B** Track **10** 正解 ②

放送英文
M: Is everything OK, Tammy? You look upset.
W: My dog ran away from home this morning and I can't find her anywhere.
M: That's awful! ❶ I can help you make some missing dog posters, if you want. ❷ You should also let people know through social media.
W: Thanks, but ❸ I think I'm just going to go look for her in the park. That's where she went the last time she ran away.

Question: What will the woman do next?

訳
男：どうしたの、タミー？　動揺しているように見えるよ。
女：今朝、飼い犬から家から逃げてしまって、どこにも見つからないの。
男：それは大変だ！　よかったら、迷子犬のポスターを作るのを手伝うよ。それと、ソーシャルメディアを通じて話を広めたほうがいいよ。
女：ありがとう、でもとりあえずは公園に探しに行ってみるつもり。前に逃げたときも、そこに行ってたから。

質問：女性は次に何をするのか。

1　ポスターをつくる。
2　公園に行く。
3　ソーシャルメディアに投稿する。
4　家の周りを探す。

解説
❶の「ポスター作りを手伝う」という申し出と、❷の「ソーシャルメディアを活用する」という提案を、女性は受け入れていない。そのため、選択肢1と3は誤り。❸で「公園に探しに行く」と言っているので、選択肢2が正解である。

> リスニング問題の第1部では、少しカジュアルな表現が用いられることもあります。例えば❸で go look for her という表現が使われていますね。これは go to look for her あるいは go and look for her を省略したカジュアルな言い方です。

覚えておこう！ ●●●●●●●●●●●●●●●●●●●●●●●●●●●●●●●●●

☐ **run away** 逃げる　☐ **missing dog** 迷子犬　☐ **make a post** 投稿する

放送英文

W: ❶ Welcome to Redmond Library. Do you need any help?

M: ❷ Your online catalog says you have this book in stock, but I can't find it anywhere.

W: It may have just been returned, and we just haven't put it back on the shelf yet. ❸ Let me check in the back room.

M: OK. Thank you.

Question: What does the woman say about the book?

訳

女：レッドモンド図書館へようこそ。何かお困りですか?

男：オンラインカタログによると、この本が置いてあるはずなのですが、どこにも見当たらないんです。

女：返却されたばかりで、まだ書棚に戻していないのかもしれません。奥の部屋を調べてみますね。

男：わかりました。ありがとうございます。

質問：その本について、女性は何と言っているか。

1 別の部屋にあるかもしれない。

2 オンラインで読むことができる。

3 今は利用できない。

4 書棚に置かれている。

解説　❶から「図書館のカウンターでの会話」ということがわかる。そして、男性が❷で「置いてあるはずの本が見つからない」と言っているが、それに対して女性が❸で「**奥の部屋を調べてみる**」と答えている。「他の部屋にあるかもしれないから調べてみる」ということなのだから、正解は選択肢1である。

> Your online catalog says you have this book in stock ... のように、「もの」を主語にして say が使われる場合は、「〜によると」(≒ according to 〜)で読み替えると理解しやすくなります。例えば The newspaper says ... も、According to the newspaper, ...(新聞によると…)のように文意を捉えるといいでしょう。

（覚えておこう！）••

☐ **in stock** 在庫がある、在架の　☐ **shelf** 棚　☐ **available** 手に入る、利用できる

No. **11** **B** Track **12**

放送英文
> **M:** Did you hear about the two trains that crashed into each other the other day?
>
> **W:** Actually, **❶** I was about to get on that same train, but I went to buy a drink at a convenience store. **❷** It took a little longer than I had thought, so I missed the train.
>
> **M:** Well, I'm glad you did.
>
> **W:** Me, too. It seems a lot of people got hurt.

Question: Why didn't the woman get on the train?

訳
> **男:** 先日、列車と列車が正面衝突したらしいね。
>
> **女:** 実は、まさにその列車に乗るところだったんだけど、コンビニに飲み物を買いに行ったの。そしたら思ったよりも時間がかかったので、列車に乗ることができなかったの。
>
> **男:** そうなんだ。乗れなくてよかったね。
>
> **女:** そうね。たくさんのケガ人が出たみたいね。

質問: なぜ女性はその列車に乗らなかったのか。

1 切符が見つからなかった。
2 何かを買いに行っていた。
3 事故が起こった。
4 列車が遅れていた。

解説 事故を起こした列車に女性が乗らなかった理由は、**❶**より「**コンビニに飲み物を買いに行った**」ということだとわかる。**❷**で、「思ったより時間がかかったので、列車に乗れなかった」と補足されている。**❶**の buy a drink を purchase something と言い換えた、選択肢2が正解である。

> 男性の I'm glad you did. という発言は、直前の I missed the train. を受けて、「miss してよかったね」と述べています。このように、前に出てきた動詞（句）を受ける do / does / did を「代動詞」と呼びます。

覚えておこう！ ••

☐ **crash into ~** ～に衝突する ☐ **miss** ～に乗り損なう ☐ **purchase** ～を購入する
☐ **behind schedule** 予定より遅れて

放送英文

W: The news this morning said that the cherry blossoms are in full bloom now.

M: Yeah, now's the perfect time to go flower viewing. I went yesterday, and they were absolutely beautiful.

W: I'm so jealous. ❶I've been busy with work all week, so I haven't gotten a chance to go yet.

M: Let's go together this afternoon. ❷I know a great place that has plenty of trees and isn't too crowded.

Question: What is one thing the woman says?

訳

女： 今朝のニュースによると、今は桜が満開だそうね。

男： うん、今が花見に行く最適な時期だね。僕は昨日行ったんだけど、すごくきれいだったよ。

女： うらやましいな。今週はずっと仕事が忙しくて、花見に行く機会がまだなかったの。

男： 今日の午後に、一緒に行こうよ。木がたくさん生えていて、それほど込み合っていない、すごくいい場所を知ってるよ。

質問：女性が言っていることのひとつは何か。

1　咲いている花を見た。

2　今週の仕事をすべて終わらせた。

3　まだ花見に行っていない。

4　空いている場所を知っている。

解説 ❷に「空いている場所を知っている」とあるが、これは男性の発言なので、選択肢4は誤り。❶に「今週はずっと忙しかったので、**花見に行く機会がなかった**」とある。この haven't gotten a chance to go yet を、has not gone flower viewing と言い換えている選択肢3が正解である。

go flower viewing は「花見に行く」という意味で、go cherry blossom viewing とも言います。あるいは、go to see the cherry blossoms「桜の花を見に行く」のように、「ストレート」に表現することもできます。

覚えておこう！ ••

☐ **cherry blossom** 桜の花　☐ **in full bloom** 満開で　☐ **flower viewing** 花見

☐ **absolutely** 絶対に、ものすごく　☐ **vacant** 空いている

No. 13 **B** Track **14**   正解 **3**

放送英文

M: Hello? This is Tarik Jones. I'm calling for Ms. Rolland.

W: This is she. I've been expecting your call, Mr. Jones. We're currently processing your order, but we should have it shipped out by tomorrow.

M: That's good to hear. ❶ Just one thing, though. ❷ I was wondering if we could have our order shipped express.

W: I'll see if we can change the shipping arrangements, but I'm afraid I can't make any promises.

Question: What does the man ask the woman to do?

訳

男：もしもし？　タリク・ジョーンズと申します。ローランド様とお話ししたいのですが。

女：私がローランドです。お電話をお待ちしておりました、ジョーンズ様。現在、お客様のご注文の処理を進めておりますが、明日までには発送できるはずです。

男：それはよかったです。でも、ひとつだけお願いがあります。こちらの注文品を、速達で発送していただけないでしょうか。

女：出荷手続きを変更できるか確認してみますが、お約束はいたしかねます。

質問：男性は女性に何をするように頼んでいるか。

1 打ち合わせの日程を再調整する。

2 荷物を返却する。

3 配送計画を変更する。

4 注文をキャンセルする。

解説

「男性が女性に頼んでいること」が何であるかが問われている。❶は「ひとつだけお願いがある」という意味で、頼みごとをする際の頻出表現。これに続く❷で、「**注文品を速達で発送してほしい**」と、具体的な依頼内容が示されている。つまり「配送の方法の変更」を依頼しているので、選択肢3が正解である。

> I was wondering if ～は「～できないでしょうか」という意味で、何かを控えめに依頼するときによく使われる表現です。

覚えておこう！ ••

☐ process ～を処理する　☐ express 速達で　☐ arrangement 手配

037

放送英文

W: Did you do anything interesting during the winter vacation? I went skiing with my family.

M: That sounds fun! ❶ I was tired of the cold and rainy weather here, ❷ so I took a trip to New Zealand.

W: Oh, good idea. It's summer in New Zealand now, right?

M: Yeah. It was nice and warm there. And the scenery is absolutely magnificent.

Question: Why did the man go to New Zealand?

訳 女：冬休み中に、何かおもしろいことはあった？　私は家族でスキーに行ったわ。

男：それは楽しそうだね！　僕はこの土地の寒くて雨ばっかり降る気候にうんざりしてしまったので、ニュージーランドに旅行したんだ。

女：まあ、それはいいアイデアね。ニュージーランドは、今は夏でしょ？

男：うん。ちょうどいい具合に暖かかったし、景色も本当に素晴らしいんだよ。

質問：なぜ男性はニュージーランドに行ったのか。

1　観光したかった。

2　自分の街の気候が嫌いだった。

3　家族に会いに行った。

4　ニュージーランドの冬を体験したかった。

解説 「男性がニュージーランドに行った理由」が問われている。❷は「だから、私はニュージーランドに旅行した」という内容なので、この前に「理由」があることがわかる。そこで❶を見ると**「この土地の寒くて雨が多い気候にうんざりした」**とあるので、「うんざりした」を「嫌っていた」(disliked) と言い換えた、選択肢2を選ぶ。

> absolutely は「絶対に」という意味ですが、単なる「強調」の副詞として使われることもよくあります。放送英文中の And the scenery is <u>absolutely</u> magnificent. も「すごく」「とても」という意味で用いられています。

覚えておこう！ ••

☐ **That sounds fun.** それは楽しそうですね。　☐ **take a trip to ~** ~に旅行する

☐ **scenery** 景色、風景　☐ **magnificent** 壮大な、最高の

No. 15 Ⓑ Track **16**

放送英文

W: Hello. ❶ I'd like to return this pocket watch. I bought it here last week, but the second hand fell off the moment I tried setting it.

M: I'm sorry. ❷ Please head over to the customer service desk, and they'll help you there.

W: OK. I've been coming here for years, and this is the first time anything like this has happened.

M: I hope this experience won't keep you from coming back in the future.

Question: What will the woman probably do next?

訳

女： こんにちは。この懐中時計を返品したいのです。先週ここで購入したのですが、時刻を合わせようとしたら、その途端に秒針が抜け落ちたんです。

男： 申し訳ありません。カスタマーサービス部に行っていただければ、そちらで対応させていただきます。

女： わかりました。この店には何年も通っているのですが、こんなことが起きたのは初めてですよ。

男： このようなことがございましたが、何とぞ今後も当店をご利用ください。

質問： 女性はおそらく次に何をするか。

1 違う店に行く。
2 購入する。
3 商品を交換する。
4 別の従業員と話をする。

解説

❶で、女性が「懐中時計の返品」のために店に来ていることがわかる。そして、❷で**「カスタマーサービスのところに行けば、そちらで対応する」**と案内されている。女性は OK. と答えているので、「カスタマーサービス部に行く」、つまり「カスタマーサービス部の人と話す」ことになるので、正解は選択肢 4 である。

second hand は「秒針」のことで、この second は「2番目」ではなく「秒」の意味です。なお、「短針」は hour hand または little hand、「長針」は minute hand または long hand です。

（覚えておこう！）••••••••••••••••••••••••••••••••••••

☐ **pocket watch** 懐中時計 ☐ **exchange** ～を交換する

No. 16　**B** Track **18**　　正解 **1**

放送英文　❶ The first strike ever in history is believed to have happened in Egypt in 12th century B.C. Many builders and craftsmen were paid to help build a massive building for the ruler of Egypt. ❷ The workers were dissatisfied with the quality of food they were served, so they threw down their tools and stopped working. After negotiations, the workers were given proper food and increased wages.

Question: What caused the workers to strike?

訳　史上初のストライキは、紀元前12世紀のエジプトで発生したと考えられている。エジプトの統治者のための巨大な建造物をつくるのを手伝うために、多くの大工や職人が雇われていた。労働者たちは、出される食べ物の質に満足していなかったので、自分たちの工具を投げ捨て、働くのをやめてしまった。交渉の末に、労働者たちにはちゃんとした食べ物が与えられ、賃金も増やされた。

質問：何が労働者たちのストライキを引き起こしたのか。

1　彼らが受け取った食べ物の質。
2　彼らがしなければならなかった仕事の量。
3　彼らが支払われていた低賃金。
4　彼らに対するひどい扱い。

解説　❶で「紀元前12世紀のエジプトで起こった史上初のストライキ」という主題が提示されている。これ以降、その話題が続くので、質問文の the workers は「一般の労働者」ではなく「当時のエジプトの労働者」を指す。ストライキを起こした理由は❷「出される食べ物の質に満足していなかった」なので、選択肢1が正解である。

> 放送英文の冒頭に The first strike ever in history という表現がありますが、ever は「これまでで」「今までに」という意味の副詞。the best idea ever「史上最高のアイデア」のように、最上級を強調する際にも用いられます。

覚えておこう！ ••

☐ **strike** ストライキ（をする）　☐ **builder** 建設者、大工　☐ **craftsman** 職人
☐ **massive** 巨大な　☐ **ruler** 統治者　☐ **throw 〜 down** 〜を投げ捨てる
☐ **negotiation** 交渉　☐ **wage** 賃金　☐ **cruel** 残酷な、ひどい

No. 17 **B** Track **19** 正解 **3**

放送英文

❶ Hiro works as front desk clerk at a luxury hotel. ❷ In his free time, he likes to eat at restaurants around the hotel. This helps him know what restaurants to recommend to guests. But Hiro also does it because ❸ he loves trying different kinds of cuisine. Recently, ❹ one of the hotel guests told Hiro that his restaurant recommendations were so helpful that he should think about becoming a food critic.

Question: What is one thing we learn about Hiro?

訳

ヒロは、ある高級ホテルのフロント係の仕事をしている。空き時間に、彼はホテルの周辺のレストランで好んで食事をする。これによって、彼は宿泊客にどのレストランを勧めたらいいか知ることができるのだ。しかし、ヒロがそのようにしているのは、様々な種類の料理を試したいからでもある。最近、ホテルの宿泊客のひとりが、ヒロがレストランを勧めてくれたことがとても役立ったので、料理評論家になったらどうかとヒロに言った。

質問：ヒロについてわかることのひとつは何か。

1 レストランで働くことを望んでいる。
2 ほとんど自由な時間がない。
3 サービス業に従事している。
4 プロの評論家である。

解説

❷は「自由な時間の過ごし方」の説明であり、「自由な時間がない」とは言われていないので、選択肢2はおかしい。❸「いろいろな種類の料理を食べてみたい」とはあるが、「レストランで働きたい」という記述はないので1もおかしい。❹は「客に、プロの評論家になることを提案された」という話なので、4も選べない。❶「**ある高級ホテルのフロント係の仕事**」は「**サービス業の一種**」なので、選択肢3が正解である。

hospitality industry「サービス業」「接客業」のhospitalityは「もてなし」のこと。Thank you for your hospitality. なら、「おもてなしありがとうございました」という感謝の言葉になります。

覚えておこう！ ●●

☐ **front desk clerk** フロント係 ☐ **cuisine** 料理 ☐ **food critic** 料理評論家
☐ **hospitality industry** 接客業、サービス業

放送英文　Earl likes to write poetry in his spare time. Sometimes he performs his poetry in front of other people at cafés and in the park. ❶ Last week, while at the park, he lost his notebook where he writes all of his poems. He could not find it anywhere. ❷ So, Earl decided that he would memorize all of his poems instead of writing them down.

Question: How will Earl resolve his problem?

訳　アールは暇なときに詩を書くのが好きだ。彼はときどき、カフェや公園で、他の人々の前で自分の詩を朗読している。先週、公園にいたときに、彼は自分の詩をすべて書いているノートをなくしてしまった。彼はそのノートをどうしても見つけることができなかった。そこで、アールは、詩を書き留めるのをやめて、すべて暗記することにした。

質問：アールはどうやって問題を解決するのか。

1 自分の詩を暗記することによって。
2 ノートを探すことによって。
3 詩集を買うことによって
4 公園に散歩に行くことによって。

解説　アールの「問題」は、❶で示されているように、「詩を書きこんだノートをなくした」ことである。これに対する解決法として、❷「ノートに書くのをやめて、全部暗記する」ことにしたのだから、正解は選択肢1である。

memorize「～を暗記する」が、選択肢では learn ～ by heart という熟語で言い換えられていますね。このように、「動詞1語」と「熟語」の言い換えパターンを覚えておくと、様々な場面で活用できます。他にも、respect / look up to ～「～を尊敬する」、postpone / put ～ off「～を延期する」などの例があります。

覚えておこう！ •••

☐ **poetry** 詩　☐ **spare time** 空き時間　☐ **perform** ～を演じる、～を朗読する
☐ **poem**（1編の）詩　☐ **memorize** ～を暗記する　☐ **learn ～ by heart** ～を暗記する

No. 19 **B Track 21** 正解 **1**

放送英文 Katherine Johnson was a mathematician and ❶ the first African American woman to work at NASA during their venture into space exploration. ❷ Her calculations were key to the success of U.S. crewed spaceflights. ❸ She was well-known for understanding complex calculations as well as promoting the use of computers to perform certain calculations. At age 97, she was awarded the Presidential Medal of Freedom, America's highest non-military honor, by President Barack Obama.

Question: What is one thing Katherine Johnson accomplished in her lifetime?

訳 キャサリン・ジョンソンは数学者で、宇宙探査計画実行中に NASA で働いた初のアフリカ系アメリカ人の女性である。彼女の計算は、アメリカの有人宇宙飛行を成功させるカギとなった。彼女は複雑な計算を理解できたことだけでなく、ある種の計算をさせるためにコンピュータを使用することを推進したことでもよく知られていた。97歳のときに、バラク・オバマ大統領によって、アメリカで文民に贈られる最高位の勲章である、大統領自由勲章を授与された。

質問：キャサリン・ジョンソンがその生涯において成し遂げたことのひとつは何か。

1 宇宙探査ミッションの成功に貢献した。
2 新たな種類のコンピュータをつくった。
3 一度宇宙に行った。
4 高い技術を持ったパイロットになった。

解説 ❶は「宇宙探査の実行の際に、NASAで働いた」ということであるが、「宇宙に行った」わけではないので3はおかしい。❸は「コンピュータの使用を推進をした」ということであり、「コンピュータをつくった」のではないから、2も除外できる。❷「彼女の計算が、アメリカの有人宇宙飛行の成功のカギとなった」という内容を要約した選択肢1が正解である。

Her calculations were key <u>to</u> the success ... の to は「前置詞」、そして、... promoting the use of computers <u>to</u> perform certain calculations. の to は「to 不定詞の to」です。前置詞の to は後ろに名詞や動名詞が続きますが、「to 不定詞の to」の後ろには「動詞の原形」が置かれます。

覚えておこう！ ....

☐ **mathematician** 数学者 ☐ **venture** 冒険、冒険的な企て ☐ **space exploration** 宇宙探査
☐ **crewed** 有人の ☐ **spaceflight** 宇宙飛行 ☐ **calculation** 計算 ☐ **award** ～を授与する
☐ **non-military** 非軍事的な、文民の

放送英文 ❶ Nina is a volunteer firefighter. ❷ She loves doing it because she can help people. One day, there was a really big fire at a library. Nina rescued several children from the fire. However, she breathed in a lot of smoke, which damaged her throat and lungs. Even so, Nina continues to volunteer. She wants to prevent other people from getting hurt like she did.

Question: Why does Nina continue to volunteer?

訳 ニナはボランティアの消防士だ。人々を助けることができるので、彼女はその仕事が好きである。ある日、図書館でかなり大きな火災が起こった。ニナは、その火災から複数の子どもたちを救った。しかし、彼女はたくさん煙を吸い込んだので、のどと肺を痛めてしまった。それでも、ニナはボランティアを続けている。彼女は、他の人が彼女のようにケガをするのを防ぎたいのだ。

質問：なぜにニナはボランティアを続けているのか。

1 子供が好きだから。
2 人々を助けられるから。
3 たくさんの贈り物をもらえるから。
4 知らない人と出会えるから。

解説 冒頭の❶に「ニナはボランティアの消防士である」いう描写がある。そして、❷に「**人々を助けられるので、彼女はそれをするのが好きだ**」とある。it「それ」は、❶の「ボランティアの消防士（の仕事）」を指している。そのため、ニナがボランティアを続ける理由は、選択肢2であることがわかるはず。

> ... she breathed in a lot of smoke, which damaged her throat and lungs. の which は関係代名詞ですが、先行詞は「前の文全体」です。「たくさん煙を吸い込んだ。そして、そのことが彼女ののどと肺を痛めた」のように読みましょう。

┌─────────────┐
│ 覚えておこう！ │ ●●●●●●●●●●●●●●●●●●●●●●●●●●●●●●●●●●●●●●●
└─────────────┘

□ firefighter 消防士　□ breathe ～ in ～を吸い込む　□ throat のど　□ lung 肺

No. 21 **B** Track **23** 正解 **3**

放送英文 Attention shoppers, thank you for coming to Pentagon City Mall. We would like to announce a flash sale on all sporting goods. ❶Everything in our sporting goods section on aisle 11 is currently up to 15 percent off. ❷ We also have a sale on office supplies, which can be found on aisle 8. Buy one office chair and get a second one of equal or lesser value free!

Question: Where are the sporting goods located?

訳 お客様にご案内いたします。ペンタゴン・シティー・モールへようこそお越しくださいました。ただいま、すべてのスポーツ用品の時間限定セールを行っております。11番通路のスポーツ用品コーナーでは、全商品最大15%オフとなっております。事務用品のセールも開催中です。こちらは、8番通路でございます。オフィス用の椅子は、1つお買いいただくと、同額あるいはそれより安い椅子を無料で差し上げております。

質問：スポーツ用品はどこにあるのか。

1　7番通路に。
2　8番通路に。
3　11番通路に。
4　15番通路に。

解説 選択肢を見ると「通路の番号」が並んでいるので、数字をしっかり聞き取ることが重要である。❷に「8番通路に事務用品がある」とあるので、選択肢2は除外する。そして❶には「11」と「15」が出てくるが、「**11番通路でスポーツ用品セールをやっていて、最大15%オフ**」という内容なので、正解は選択肢3である。

Buy one office chair and get a second one of equal or lesser value free! は「1つ買うと、同額あるいはそれより安い椅子が無料で手に入ります」ということですが、このような宣伝文句はよく見られます。Buy one and get one free. なら「1つ買うと、もう1つおまけします」という意味になります。

覚えておこう！ ••

☐ **flash sale** フラッシュセール（期間限定のセール） ☐ **aisle** 通路、廊下
☐ **office supplies** オフィス用品

放送英文 Iris just started working at her first job after graduating college. She is working as a flight attendant. She likes the job because she is able to travel a lot, but ❶ she is always so busy that she never has time to do much sightseeing. Now, she is taking online classes on tourism. She hopes to someday become a travel agent and get a chance to do much more sightseeing.

Question: What is Iris' problem?

訳 アイリスは、大学を出た後、最初の仕事を始めた。彼女は客室乗務員としては働いている。たくさん旅行できるので、彼女はその仕事のことを気に入っているが、彼女はいつも忙しいので、観光をする時間がない。今、彼女は観光事業に関する講義をオンラインで受講している。彼女はいつか、旅行代理店で働いて、もっと観光する機会を得たいと願っている。

質問： アイリスにはどのような問題があるか。

1 訪れる場所を探索することができない。
2 観光中に迷子になってしまう。
3 よく飛行機に乗り遅れる。
4 好きな講義を受講できない。

解説 アイリスの抱えている問題については、❶で「**いつも忙しいので、観光をする時間がない**」と説明されている。この「観光をする」を explore the places she visits「訪れる場所を探索する」と言い換えた、選択肢1が正解である。

Iris'は「アイリスの」という意味ですが、発音は「アイリスィーズ」です（Iris'sと表記される場合もあります）。このように、「s で終わる固有名詞」を所有格にする場合は、「'」あるいは「's」をつけ、[iz] という発音にするのが一般的です。

(覚えておこう！) ●●●

□ **flight attendant** 客室乗務員   □ **tourism** 観光産業、観光事業

No. 23 **B** Track **25** 正解 **3**

放送英文 ▶ Thanks for listening to WBLM 100. ❶ Today's weather will be sunny and clear all day, with a high temperature of 26 degrees and a low of 18. So, ❷ it'll be great weather for today's Fairfax County Food Festival! I hope you all are ready to try some of the greatest food in our city. This year, the festival will feature a barbeque cookoff contest!

Question: Why is this announcement being made?

訳 ▶ WBLM 100の放送をお聞きいただきありがとうございます。今日の天気は、一日中快晴、最高気温は26度、最低気温は18度でしょう。ですから、今日のフェアファックス郡料理フェスティバルには、最高の天気になります！ みなさん、この街の素晴らしい食べ物をぜひお試しくださいね。今年の料理フェスティバルでは、バーベキュー料理コンテストも行われます！

質問：この案内は何のために行われているのか。

1 例外的な猛暑について報道するため。
2 人々をあるパーティーに招待するため。
3 **あるイベントについて、聴取者に知らせるため。**
4 ある競技会の結果を知らせるため。

解説 ▶ ❶で「天気と気温」について案内しているが、これがこの放送の主目的ではない上に、「猛暑」であるとも言っていないので、選択肢1はおかしい。❷を見ると、「**今日のフェアファクス郡料理フェスティバルには最高の天気だ**」とあり、以降はこのフェスティバルの案内になっているので、選択肢3を正解として選ぶことができる。

> with a high temperature of 26 degrees and a low of 18は「最高気温は26度、最低気温は18度で」という意味で、天気予報でよく使われる表現です。Yesterday's high was 25 degrees.（昨日の最高気温は25度でした）のように、temperatureを省略して、high / lowだけで「最高気温」「最低気温」という意味で用いられこともあります。

覚えておこう！ ••

☐ **sunny and clear** 快晴の ☐ **county** 郡 ☐ **cookoff**（屋外で行われる）料理コンテスト

放送英文 Shane has been playing tennis since he was six. His parents sent him to tennis camp every summer. In high school, he was the number one player on the school tennis team and ❶ also won several local tournaments. Now that he is 19 years old, ❷ Shane has to decide whether to go on to college or to become a professional tennis player on a regular circuit.

Question: What does Shane have to make a decision about?

訳 シェーンは6歳のときからずっとテニスをしている。彼の両親は、彼を毎年テニス合宿に参加させた。高校のときは、彼は学校のテニスチームで一番の選手だったし、複数の地元の大会で優勝も経験した。もう19歳なので、シェーンは大学に進学するか、それとも定期的に試合をして周るプロテニス選手になるかを決めなければならない。

質問：シェーンは何に関して決断しなければならないのか。

1 テニスのコーチになること。
2 スポーツ用品を買うこと。
3 プロとして常にスポーツに取り組むこと。
4 ある大会に参加すること。

解説 「コーチ」と「スポーツ用品」については触れられていないので、選択肢1と2は不適。また、❶で「大会で優勝した」とあるが、これは過去なので4も除外できる。❷に「**進学するかプロテニス選手になるかを決めなければならない**」とあるので、これを言い換えた選択肢3が正解だとわかる。

now that 〜は「今や〜なので」という意味の接続詞として使われます。そのため、now that 以下には、通常、「それ以前とは変わった現在の状況」が示されます。例えば Now that I have my own car, it's easier to go shopping. は「（以前はなかったが）今は自分の車があるので、買い物に行くのが楽になった」という意味になります。

覚えておこう！ ●●●●●●●●●●●●●●●●●●●●●●●●●●●●●●●●●●●●●●●

☐ **tennis camp** テニス合宿 ☐ **circuit** 巡業試合

No. 25 **B** Track **27** 正解 **④**

放送英文 ❶ In modern day Zimbabwe, there are a number of huge castle ruins believed to have been part of an African city from around the 11th century known as Great Zimbabwe. These ruins display advanced stone architecture skills. Researchers believe that the civilization that lived there was very advanced and ❷ likely very wealthy. However, one thing researchers do not know is why the people living there suddenly abandoned the city.

Question: What is one thing we learn about Great Zimbabwe?

訳 現代のジンバブエには、たくさんの大規模な城跡があり、それらは11世紀ごろの「グレート・ジンバブエ」として知られている、あるアフリカの都市の一部だったと考えられている。これらの遺跡には、優れた石造建築の技術が用いられている。研究者たちは、この地に存在した文明は大変高度なもので、おそらくは裕福であっただろうと考えている。しかし、研究者たちにもわからないことのひとつは、なぜそこに住んでいた人たちが、突然その街を捨ててしまったのかである。

質問：グレート・ジンバブエについてわかることのひとつは何か。

1 ヨーロッパの人々によってつくられた。
2 11世紀ごろに放棄された。
3 貧しい街だった。
4 大きな建物があった。

解説 グレート・ジンバブエは「アフリカ」の都市であり、「ヨーロッパの人々がつくった」という話は出てこないので1は不適。また、「放棄された年代」については触れられていないので2も除外する。❷より、3もおかしいことがわかる。❶にある「たくさんの大規模な城跡」という表現が聞きとれれば、選択肢4が正解だとわかるはず。

放送英文の最後にある ... one thing researchers do not know is why the people living there suddenly abandoned the city. は、one thing (that) researchers do not know が主語、動詞は is、補語が why 以下という、やや複雑な構造になっています。文字として読む場合は、それほど引っ掛かりがないかもしれませんが、リスニングの場合は「戻って読む」ことができません。ナレーションのちょっとした「ポーズ」やイントネーションを頼りに、意味のまとまりや切れ目を確実につかむようにしましょう。

覚えておこう！

□ **ruin** 廃墟、遺跡（通例、複数形で用いる） □ **architecture** 建築
□ **display** ～を表す、～を示す □ **abandon** ～を捨てる

049

放送英文 Celine works as an editor at a magazine publisher. She lives very far from her company. Her daily commute takes almost two hours, and riding on a crowded train is extremely stressful for her. ❶ Recently, her company has started allowing employees to do remote work. ❷ Now, Celine works from home four out of five days a week. ❸ This saves her money and reduces stress, so she is very happy.

Question: What made Celine happy?

訳 セリーヌは、ある雑誌出版社の編集者として働いている。彼女は、会社からかなり離れたところに住んでいる。彼女の毎日の通勤には2時間近くかかり、混雑した列車に乗ることが、彼女には極度のストレスになっている。最近、彼女の会社は、社員にリモートワークをすることを許可し始めた。今では、セリーヌは週5日のうち、4日を自宅勤務としている。これによって、お金を節約でき、ストレスも減るので、彼女は大変満足している。

質問：何がセリーヌを満足させたのか。

1 もう列車が混んでいない。
2 彼女の会社が方針を変えた。
3 新しい仕事に就いた。
4 働く日が減った。

解説 ❶「会社の方針転換で、リモートワークが認められるようになった」→❷「セリーヌも、週4日リモートワークをしている」→❸「これによって、お金が節約でき、ストレスも減るので満足している」という流れになっている。❸の this は❷の内容を指していると考えられるが、「自宅勤務が増えた」という選択肢はないので、さらに❶を含めて「会社の方針転換のおかげで、自宅勤務ができるようになったために満足している」と考えれば、選択肢2が正解だとわかる。なお、「自宅勤務4日＋出勤1日」で「働く日数」は変わっていないので、選択肢4は不適。

> 「在宅勤務をする」は work at home とも言えますが、work from home のほうが一般的です。work from home は「普段は会社で働いているが、一時的に家で働いている」というニュアンスが強くなります。work at home は「普段から家で働いている」という場合に用いる表現です。

覚えておこう！ ••

☐ **editor** 編集者 ☐ **publisher** 出版社 ☐ **commute** 通勤

No. 27 **B** Track **29** 正解 **4**

放送英文 Uitwaaien is a tradition that is popular in the Netherlands but can be done anywhere in the world. ❶ The word itself is Dutch, and it means "to go out in windy weather," and it refers to the practice of going for walks or exercising in nature in order to refresh and clear one's mind. Research shows that just being out in nature can relieve stress, enhance creativity, and improve focus.

Question: Where does one do uitwaaien?

訳 「アウトワイエン」はオランダで人気のある慣習のひとつだが、それは世界のどこでも行うことができる。「アウトワイエン」という言葉自体はオランダ語で、「風の強い日に出かける」という意味である。そして、それは自然の中で散策や運動を行って、リフレッシュしたり、頭をすっきりさせたりする習慣を指す。研究によると、自然の中にいるだけで、ストレスが和らぎ、創造性も高まり、さらに集中力も高まることがわかっている。

質問：「アウトワイエン」はどこでするのか。

1 オフィスや職場で。
2 オランダ国内のみで。
3 自分の家の中で。
4 自然が豊かな場所で。

解説 ❶で、「アウトワイエンはオランダ語の言葉である」「風の日よい日に出かけるという意味である」「リフレッシュしたりするために、自然の中で散策や運動を行うことである」と述べられている。ここで使われている in nature という表現を「自然が豊かな場所で」と言い換えている、選択肢4が正解である。

放送英文中に relieve stress という表現がありますが、この relieve は「（ストレスなどを）和らげる」という意味です。これを受け身にした I'm relieved. は「私はストレスなどを和らげられた」→「安心した」「安心している」という意味で、I'm relieved to hear[know] that.（それを聞いて安心しました）のように用いられます。

覚えておこう！ ••

☐ **tradition** 伝統、慣習　☐ **the Netherlands** オランダ　☐ **Dutch** オランダ語
☐ **windy** 風の強い　☐ **clear one's mind** 気持ちをすっきりさせる
☐ **enhance** ～を高める、～を強める　☐ **greenery** 緑の草木

放送英文 Miguel has his own video website. On his site, he regularly eats and reviews popular snack food in videos. His site has many followers. ❶ Recently, Miguel's doctor told him that he was getting a little unhealthy, and that he should eat less snack food. Miguel stopped reviewing snack food on his site and started making videos about healthy food. He has fewer followers now, but he feels much healthier.

Question: What was Miguel's problem?

訳 ミゲルは自分の動画サイトを所有している。彼は、自分のサイトで、定期的に人気のスナック菓子を食べて、その評価を動画で行っている。彼のサイトにはたくさんのフォロワーがいる。ミゲルの医者は、ミゲルが少し不健康になりつつあり、スナック菓子の量を減らすべきだと言った。ミゲルは自分のサイトでスナック菓子の評価をするのをやめ、体にいい食べ物についての動画をつくり始めた。彼は、今は以前よりフォロワーの数が減ったものの、ずっと健康的だと感じている。

質問：ミゲルの問題は何か。

1 動画の撮り方を知らなかった。
2 不健康な習慣が身についていた。
3 フォロワーがあまりいなかった。
4 重い病気にかかった。

解説 ❶を見ると「医者に、少し**不健康**気味なので、スナック菓子を食べる量を減らすように言われた」とある。「重い病気になった」のではないから、選択肢4は選べない。「スナック菓子を過度に食べる習慣のために、不健康になった」ということなのだから、unhealthy habit「不健康な習慣」という表現が用いられている選択肢2が正解。

Miguel stopped reviewing... という文が登場しますが、これを Miguel stopped to review ... にすることはできません。stop は動名詞を目的語にとるからです。He stopped to say goodbye. という文は「さよならを言うのをやめた」ではなく、「立ち止まって、さよならを言った」あるいは「さよならを言うために、立ち止まった」という意味になります（to say goodbye は副詞的用法の to 不定詞です）。

（覚えておこう！）••

☐ **review** 批評、評価、レビュー ☐ **unhealthy** 不健康な ☐ **follower** フォロワー
☐ **come down with ~** （病気に）かかる

No. 29 **B** Track **31**

正解 **4**

放送英文 ❶ Good evening, passengers. We have now arrived at O'Hare Airport, slightly ahead of schedule. Passengers transferring to Los Angeles, please head to gate 23 for your connecting flight. ❷ For passengers continuing on to San Francisco, please remain seated, as ❸ we will be departing in 30 minutes. Thank you for flying Alpha Airlines today, and we hope to see you again soon.

Question: What will happen 30 minutes from now?

訳 お客様にご案内申し上げます。ただいま、定刻より少し早くオヘア空港に到着いたしました。ロサンゼルス行きにお乗り継ぎになられる方は、23番搭乗口にご移動いただき、乗り継ぎ便をご利用ください。このままサンフランシスコまでご利用いただくお客様は、そのまま席にてお待ちください。30分後に出発いたします。本日はアルファ航空をご利用いただきありがとうございました。またのご利用をお待ちしております。

質問：今から30分後に何が起こるのか。

1 乗客が搭乗口に向かう。
2 乗客が飛行機に乗る。
3 飛行機がオヘア空港に到着する。
4 飛行機がサンフランシスコに向けて出発する。

解説 選択肢の先読み、および❶の呼びかけ表現から、「飛行機の機内アナウンス」であることがわかる。❸に「30分後に出発する」とあるが、ここだけでは「どこに向かうのか」がわからない。❷では「サンフランシスコまで利用する場合は、そのまま着席していてほしい」と案内されているので、この飛行機がサンフランシスコ行きだと判断できる。❷と❸を合わせて考えると、選択肢4が正解だとわかるはず。

depart は「離陸する」「出発する」という意味の自動詞です。なお、「～に向けて出発する」という場合には、depart for New York「ニューヨークに向けて出発する」のように depart for ～という形にします。

覚えておこう！ ••

☐ **passenger** 乗客　☐ **ahead of schedule** 予定より早く（⇔ behind schedule「予定より遅れて」）
☐ **transfer to** ～ ～に移る、～移動する　☐ **connecting flight** 乗り継ぎ便

放送英文　❶ Mariam is planning to travel to Egypt next week with her older brother. They want to see ancient Egyptian architecture and also visit some family members there. Because Mariam and her brother are U.S. citizens, ❷ they need to get visas from the Egyptian embassy before they can travel to the country. ❸ The embassy also offers classes in Arabic, which Mariam started attending a month ago.

Question: What did Mariam do last month?

訳　マリアムは来週、彼女の兄と一緒にエジプトに旅行する予定だ。ふたりは古代エジプトの建築を見て、さらにエジプトにいる家族のところに行きたいと思っている。マリアムと兄はアメリカ市民なので、エジプトに行く前に、エジプト大使館でビザを取得する必要がある。大使館ではアラビア語講座も行っており、マリアムは、それに1か月前から参加し始めた。

質問：マリアムは先月何をしたか。

1 彼女の家族のところへ行った。
2 別の国に行った。
3 建築を学び始めた。
4 **ある言語の学習を始めた。**

解説　❶で「マリアムたちがエジプト旅行に行く」と述べられており、そのために❷「エジプト大使館でビザを取る必要がある」と言われている。まだ実際にエジプトに行ってはいないので、1と2は除外できる。そして、❸に「**大使館でアラビア語を教えており、マリアムは1か月前からそれに通っている**」とあり、この内容に合致する選択肢4が正解である。

> embassy は「大使館」のことです。やや高度ですが、diplomat「外交官」、ambassador「大使」、Ministry of Foreign Affairs「外務省」などの関連語いも、まとめて覚えておきましょう。

覚えておこう！ ••

☐ **ancient** 古代の　☐ **citizen** 市民　☐ **visa** ビザ、査証　☐ **embassy** 大使館
☐ **Arabic** アラビア語

実戦練習　解答用紙

4 ライティング

| |
| |
| |
| |
| | 5
| |
| |
| |
| |
| | 10
| |
| |
| |
| |
| | 15

模擬試験　解答用紙

4 　ライティング

5
10
15

実戦練習

大問1（p.50）

解 答 欄					
問題番号		1	2	3	4
	(1)	①	②	③	④
	(2)	①	②	③	④
	(3)	①	②	③	④
	(4)	①	②	③	④
	(5)	①	②	③	④
	(6)	①	②	③	④
	(7)	①	②	③	④
	(8)	①	②	③	④
	(9)	①	②	③	④
	(10)	①	②	③	④
1	(11)	①	②	③	④
	(12)	①	②	③	④
	(13)	①	②	③	④
	(14)	①	②	③	④
	(15)	①	②	③	④
	(16)	①	②	③	④
	(17)	①	②	③	④
	(18)	①	②	③	④
	(19)	①	②	③	④
	(20)	①	②	③	④

大問1
（目標：12問）

／20問

大問2（p.74）

解 答 欄					
問題番号		1	2	3	4
	(1)	①	②	③	④
	A (2)	①	②	③	④
2	(3)	①	②	③	④
	(4)	①	②	③	④
	B (5)	①	②	③	④
	(6)	①	②	③	④

大問2
（目標：4問）

／6問

大問3（p.104）

解 答 欄					
問題番号		1	2	3	4
	(1)	①	②	③	④
	A (2)	①	②	③	④
	(3)	①	②	③	④
	(4)	①	②	③	④
	B (5)	①	②	③	④
	(6)	①	②	③	④
3	(7)	①	②	③	④
	(8)	①	②	③	④
	(9)	①	②	③	④
	C (10)	①	②	③	④
	(11)	①	②	③	④
	(12)	①	②	③	④

大問3
（目標：8問）

／12問

第1部（p.158）
第2部（p.200）

リスニング解答欄					
問題番号		1	2	3	4
	No. 1	①	②	③	④
	No. 2	①	②	③	④
	No. 3	①	②	③	④
	No. 4	①	②	③	④
	No. 5	①	②	③	④
	No. 6	①	②	③	④
第	No. 7	①	②	③	④
1	No. 8	①	②	③	④
部	No. 9	①	②	③	④
	No.10	①	②	③	④
	No.11	①	②	③	④
	No.12	①	②	③	④
	No.13	①	②	③	④
	No.14	①	②	③	④
	No.15	①	②	③	④
	No. 1	①	②	③	④
	No. 2	①	②	③	④
	No. 3	①	②	③	④
	No. 4	①	②	③	④
	No. 5	①	②	③	④
	No. 6	①	②	③	④
第	No. 7	①	②	③	④
2	No. 8	①	②	③	④
部	No. 9	①	②	③	④
	No.10	①	②	③	④
	No.11	①	②	③	④
	No.12	①	②	③	④
	No.13	①	②	③	④
	No.14	①	②	③	④
	No.15	①	②	③	④

第1部
（目標：9問）

／15問

第2部
（目標：9問）

／15問

〈キリトリ線〉

*コピーをとってお使いください。

模擬試験

●正解数

筆 記			リスニング		合 計
大問1	大問2	大問3	第1部	第2部	
/20問	/5問	/12問	/15問	/15問	/68問

※合格ライン：40問正解

解 答 欄					
問題番号		1	2	3	4
1	(1)	①	②	③	④
	(2)	①	②	③	④
	(3)	①	②	③	④
	(4)	①	②	③	④
	(5)	①	②	③	④
	(6)	①	②	③	④
	(7)	①	②	③	④
	(8)	①	②	③	④
	(9)	①	②	③	④
	(10)	①	②	③	④
	(11)	①	②	③	④
	(12)	①	②	③	④
	(13)	①	②	③	④
	(14)	①	②	③	④
	(15)	①	②	③	④
	(16)	①	②	③	④
	(17)	①	②	③	④
	(18)	①	②	③	④
	(19)	①	②	③	④
	(20)	①	②	③	④

解 答 欄					
問題番号		1	2	3	4
2	A	(21)	①	②	③	④
		(22)	①	②	③	④
		(23)	①	②	③	④
		(24)	①	②	③	④
	B	(25)	①	②	③	④
		(26)	①	②	③	④

解 答 欄					
問題番号		1	2	3	4
3	A	(27)	①	②	③	④
		(28)	①	②	③	④
		(29)	①	②	③	④
	B	(30)	①	②	③	④
		(31)	①	②	③	④
		(32)	①	②	③	④
		(33)	①	②	③	④
	C	(34)	①	②	③	④
		(35)	①	②	③	④
		(36)	①	②	③	④
		(37)	①	②	③	④
		(38)	①	②	③	④

リスニング解答欄					
問題番号		1	2	3	4
第1部	No. 1	①	②	③	④
	No. 2	①	②	③	④
	No. 3	①	②	③	④
	No. 4	①	②	③	④
	No. 5	①	②	③	④
	No. 6	①	②	③	④
	No. 7	①	②	③	④
	No. 8	①	②	③	④
	No. 9	①	②	③	④
	No.10	①	②	③	④
	No.11	①	②	③	④
	No.12	①	②	③	④
	No.13	①	②	③	④
	No.14	①	②	③	④
	No.15	①	②	③	④
第2部	No.16	①	②	③	④
	No.17	①	②	③	④
	No.18	①	②	③	④
	No.19	①	②	③	④
	No.20	①	②	③	④
	No.21	①	②	③	④
	No.22	①	②	③	④
	No.23	①	②	③	④
	No.24	①	②	③	④
	No.25	①	②	③	④
	No.26	①	②	③	④
	No.27	①	②	③	④
	No.28	①	②	③	④
	No.29	①	②	③	④
	No.30	①	②	③	④

〈キリトリ線〉

*コピーをとってお使いください。